Grimm · Keber · Zöllner | Digitale Ethik

Kompaktwissen XL

Digitale Ethik
Leben in vernetzten Welten

Herausgegeben von
Petra Grimm, Tobias O. Keber und Oliver Zöllner

Reclam

Eine Übersicht zu den Autorinnen und Autoren finden Sie auf S. 248.

Der Verlag behält sich die Verwertung der urheberrechtlich geschützten Inhalte dieses Werkes für Zwecke des Text- und Data- Minings nach § 44b UrhG ausdrücklich vor. Jegliche unbefugte Nutzung ist ausgeschlossen.

Kompaktwissen XL | Nr. 15240
2019 Philipp Reclam jun. Verlag GmbH,
Siemensstraße 32, 71254 Ditzingen
Durchgesehene Ausgabe 2022
Druck und Bindung: Esser printSolutions GmbH,
Untere Sonnenstraße 5, 84030 Ergolding
Printed in Germany 2025
RECLAM ist eine eingetragene Marke
der Philipp Reclam jun. GmbH & Co. KG, Stuttgart
ISBN 978-3-15-015240-9

www.reclam.de | info@reclam.de

Inhalt

Inhalt

1. Digitale Ethik: Positionsbestimmung und Perspektiven

1.1 Was ist Ethik? Und was ist eine Digitale Ethik?

Der Begriff Ethik kann befremden, klingt er doch vielen nach »moralischer Überlegenheit« oder Besserwisserei – oder sogar nach Bevormundung: Da ist anscheinend jemand, der vorgibt, den richtigen Weg zu kennen, und der andere über diesen einzigen richtigen Weg belehren will. Diese Vorbehalte sind verständlich, aber letztlich unbegründet, wie in diesem Band gezeigt werden soll: Ethik ist wichtig, organisiert unser Leben, gibt Hilfestellung und Orientierung – und das gilt für jeden von uns.

Ethik ist ein Teilgebiet der Moralphilosophie. Ethik und Moral sind dabei nicht dasselbe. Der Begriff Ethik stammt vom griechischen Wort *ethos* (›Sitte, Gewohnheit, Charakter‹) ab. Ethos beschreibt die sittliche Gesinnung einer Person oder einer Gruppe. Ethik ist demgegenüber der Ausdruck für eine **wissenschaftliche Disziplin,** oder anders ausgedrückt: für eine Reflexionstheorie der Moral.

Was bedeutet das? Ethik reflektiert über die in einer (digitalen) Gesellschaft geltenden Wertmaßstäbe und Überzeugungen (in diesem Sinne hat sie also eine beschreibende, deskriptive Funktion). Sie muss gute Argumente dafür vorbringen, warum bestimmte Werte und Normen gelten sollen, und formuliert konsensfähige Kriterien sowie ethische Standards, die Handlungsorientierung bieten (in diesem Sinne hat sie eine Regeln vorgebende, also eine normative Funktion).

Anders ausgedrückt begründet Ethik die Antworten auf die Frage »Was soll ich tun?« und kann daher auch als »Theorie des richtigen Handelns« bezeichnet werden. Ethik bezieht sich somit auf das Bewusstsein bzw. die Grundhaltung, die ein Mensch oder ein Kollektiv gegenüber einem bestimmten Sachverhalt hat: Indem man eine Position etwa zu einer problematischen Handlung oder einem fragwürdigen Phänomen einnimmt, beginnt man, sich mit dieser Position auseinanderzusetzen – und eine Lösung für das Problem zu suchen. Man findet vielleicht nicht immer sofort eine perfekte Lösung, doch stößt man bei seiner Suche mindestens schon einmal auf Werthaltungen, die im Konflikt miteinander stehen und die durch diese Spannung den eigentlichen Kern des Problems offenlegen und verstehbar machen. Dies könnte dann der erste Ansatz zur Lösung des Konflikts werden.

Im Lateinischen hat das Wort *mos* (Plural: *mores*) eine ähnliche Bedeutung wie *ethos* und verweist auf verbindliche Verhaltensregeln oder gar Verhaltenskodizes, also Regelwerke. Wir verstehen **Moral** heute oft als eine Botschaft oder Lektion, die man zu lernen hat. Im Kern stimmt dies insofern, als Moral die gültigen **Normen einer Gesellschaft** beschreibt, der die Menschen folgen – oder der sie vielleicht auch nicht folgen.

Und genau hier fängt das Problem an: Wer bestimmt diese Regeln überhaupt, wer schreibt sie vor? Die Antwort gibt der grundlegende Ansatz der Ethik: Wir als Menschen handeln diese Normen, die *mores*, miteinander aus. Wir verstehen sie nicht als gesetzt und für immer fixiert, sondern wir suchen nach den optimalen Wegen, mit auftretenden Problemen, Konflikten und Zweifelsfällen angemessen umzugehen und Lösungen für diese Konflikte und Zweifelsfälle zu finden. Dafür müssen wir aber eine eigene, begründete Haltung den Sachverhalten und Handlungen gegenüber entwickeln. Wir müssen wissen, »was Sache ist«, wir müssen ein Gespür dafür entwickeln, was überhaupt das Problem ist, wessen berechtigte Interessen berührt werden, welche Konflikte sich aus dem Aufeinandertreffen mehrerer Positionen, Handlungen und Handlungsträger ergeben. Dies ist nicht immer eindeutig zu klären – oft überlappen sich beispielsweise die berechtigten, aber nicht miteinander zu vereinbarenden Interessen mehrerer Akteure.

Dieser Ansatz von Ethik ist nicht präskriptiv, er schreibt uns also nicht von vornherein vor, was wir tun sollen. Ethik in diesem Sinne ist vielmehr **diskursiv,** ist ein Gespräch: Sie lädt uns ein, darüber nachzudenken, was für Menschen wir sein wollen. Tatsächlich ist dies eine der großen Herausforderungen für uns Menschen: in Freiheit zu entscheiden, wie wir sein wollen und wie wir angemessen handeln können. Wir können in unserem Leben lernen, die richtigen Dinge zu tun. Wir müssen jedoch auch lernen, mit den Folgen umzugehen, wenn wir uns falsch entscheiden (was man leider meist erst im Nachhinein bemerkt).

Ethik umfasst somit auch eine **Praxis**: Anschlusshandlungen in der realen Welt, die im besten Fall zu einer Verbesserung der Situation führen. Das heißt: Wir müssen uns entscheiden, uns so oder anders einem Sachverhalt gegenüber zu verhalten. Das schließt durchaus ein, einander gegenläufige, jedoch gerechtfertigte bzw. legitime Haltungen oder Interessen im Sinne eines »vernünftigen Pluralismus« anzuerkennen, wie es der amerikanische Philosoph und Gerechtigkeitstheoretiker John Rawls formuliert hat. Auch wenn wir nicht vorschreibend bzw. präskriptiv agieren, also Vorschriften setzen wollen: Wir haben es am Ende stets mit Normen zu tun, mit denen wir uns differenziert auseinandersetzen müssen.

Und genau an dieser Stelle setzt die Digitale Ethik an. Sie sucht nach solchen angemessenen und legitimen Haltungen und Handlungsweisen für zunehmend digitalisierte Lebensumwelten und allgemein für das **Leben in der** Digitalität. Computer, ihre Softwares und deren Algorithmen, der Einsatz von Robotern, das Sammeln und Auswerten von persönlichen

Daten, die Vernetzung zu fast jeder Tageszeit: All diese Innovationen erfordern das (neue) Aushandeln von Regeln und Normen, für die es vor kurzem noch keine Notwendigkeit gab. Nur ein Beispiel: Seit der Markteinführung des Smartphones (2007) trägt fast jeder einen solchen internetfähigen Kleincomputer mit sich herum, mit dem man auch jederzeit und (fast) überall telefonieren kann. Hier fangen Konflikte oft schon im Kleinen an und berühren dennoch Probleme in der Gesellschaft insgesamt: Wie das folgende Beispiel zeigt, geht es um die Frage, wie wir zusammenleben wollen.[1]

Im September 2018 wurde der siebenjährige Emil aus Hamburg deutschlandweit bekannt. Gemeinsam mit anderen Kindern organisierte er eine Demonstration, um gegen den übermäßigen Gebrauch von Smartphones durch seine Eltern zu protestieren: »Spielt mit MIR! Nicht mit Euren Handys«, war auf den Pappschildern zu lesen, die Kinder auf der Demo hochhielten. Emils Vater Martin (37) hatte seinen Sohn bei der Organisation unterstützt, war aber wohl auch ein wenig peinlich berührt. Immerhin war er der Auslöser für den Unmut seines Sohnes: Zu oft wollte Emil mit seinem Papa spielen, »der hat aber nur auf sein Handy geguckt«. Tatsächlich scheint es für die Entwicklung von Kindern nicht gut zu sein, wenn Eltern ständig auf ihre digitalen Geräte konzentriert sind und so den Augenkontakt mit ihren Kindern meiden bzw. stän-

---

1 Heike Klovert / Anne Martin, »Emil und die nervigen Smartphones«, in: *Spiegel Online*, 7. 9. 2018 (www.spiegel.de/lebenundlernen/schule/ hamburg-emil-macht-kinder-demo-gegen-nervige-smartphones- a-1226876.html. Stand aller im vorliegenden Band angegebenen URLs: 24. 6. 2019).

dig abgelenkt sind und ihren Kindern weniger Aufmerksamkeit widmen als ihrem Smartphone. Emils Vater Martin muss sich also ethisch gesehen fragen: Was für ein Mensch will ich als Vater sein?

1.2 Was kann eine Digitale Ethik leisten?

Eine Digitale Ethik hat zum Ziel, dem Menschen dabei zu helfen, in der sich weiter modernisierenden Gesellschaft mit ihren vielfältigen digitalen Geräten und Anwendungen einen angemessenen Umgang mit diesen Technologien und ihren Auswirkungen zu finden. Menschen sollen dazu befähigt werden, Probleme der Digitalität zu erkennen und Lösungen zu entwickeln bzw. vorwegzunehmen – oder auch einfach die Dilemmata bzw. Unauflösbarkeit von Widersprüchen zu erkennen, die manche Handlungen mit sich bringen können. Wie im obigen Beispiel von Emil und seiner Kinderdemo: Kinder haben sowohl das Recht auf eigenes Spielen als auch auf Aufmerksamkeit und Zuwendung von ihren Eltern. Doch Eltern haben auch das Recht auf Information, Erholung und Rückzugräume – und vielleicht ›erkaufen‹ sie sich ja die Zeit für den Besuch auf einem Spielplatz mit der dortigen Erledigung von beruflichen E-Mails auf ihrem Smartphone. Das moderne Leben in der Digitalität bietet nämlich neue Möglichkeiten und provoziert dadurch neue Dilemmata; Spielplatzbesuche oder das Familienleben waren früher sicher anders. Im analogen Zeitalter waren Eltern vielleicht durch andere Dinge abgelenkt oder durch starrere Arbeitszeitregelungen gar nicht so oft für ihre Kinder präsent.

Hier wie auch in anderen Lebensbereichen gilt es also, *alle* Faktoren gegeneinander abzuwägen. Als Eltern müssen wir als

Erziehende (und auch darüber hinaus) lernen, unseren Kindern gegenüber eine Haltung einzunehmen, die ihnen gerecht wird – und müssen gleichzeitig lernen, digitale Anwendungen dabei angemessen zu integrieren. Ebenso wenig wie unsere Kinder, die ja immer unabhängig davon, wie alt sie sind, unsere Kinder bleiben, wird die Digitalität einfach so verschwinden. Wir müssen also lernen, mit den Herausforderungen der digitalen Welt zu leben – wir haben sie erschaffen. Doch wir müssen sie sinnvoll kontrollieren, sie, wo immer dies nötig sein sollte, auch eingrenzen. Nicht alles, was technisch möglich und faszinierend ist, ist automatisch ein Fortschritt.

Als Erweiterung der Ethik analysiert die Digitale Ethik also, welche legitimen Handlungsoptionen sich aus der Entwicklung, dem Einsatz und der Anwendung digitaler Technologien ergeben. Sie kann hierzu auf das bereits zur Verfügung stehende analytische Instrumentarium der Ethik zurückgreifen. Sie will damit jedoch auf keinen Fall die bestehenden Verhältnisse bloß bestätigen, sondern will dort, wo es sinnvoll und möglich ist, ihre theoretisch-analytischen Erwägungen in die Praxis überführen. Die Digitale Ethik hat zum Ziel, den Menschen zu einem reflexionsfähigen Gestalter seiner Welt zu befähigen, der begründbare Haltungen entwickelt und sich auf dieser Basis verantwortlich in der Digitalität verhält. Die Grundfrage der Digitalen Ethik lautet also: Welche ethischen Positionen kommen hierbei – und gerade auch mit Blick auf ihre praktische Anwendbarkeit im Alltag – zum Tragen?

Die Digitale Ethik blickt zum einen auf die Verwendungszusammenhänge von digitalen Technologien. Was ist der ursprünglich ins Auge gefasste Zweck dieser Anwendungen? Und was sind ihre Folgen? Letztere sind oftmals ganz andere als zunächst gedacht. In einer solchen auf das Ziel ausgerichteten, **teleologischen Perspektive** (griech. *telos*, ›Ziel, Zweck‹)

analysiert die Digitale Ethik also die Kosten-Nutzen-Relation von digitalen Technologien, und zwar immer in Bezug auf das Individuum und die Gesellschaft insgesamt.

Dies ist wichtig z. B. für Folgenabschätzungen einer digitalen Innovation (man würde philosophisch solch einen Ansatz konsequentialistisch nennen, also von einem Ansatz reden, der auf die Konsequenzen einer Entscheidung schaut), etwa den Einsatz von Pflegerobotern. Was gewinnt man, was verliert man, wenn man Patienten von digital gesteuerten Maschinen pflegen lässt? Und wer gewinnt? Ist es, utilitaristisch (also vom größten Glücksgewinn für die größte Menge Menschen) gedacht, akzeptabel, wenn eine Mehrheit der Menschen zwar von einer Technologie profitiert, eine Minderheit dafür aber im Sinne einer ökonomischen Rationalität in ihren Rechten beschnitten wird? Hier geht es um weit mehr als nur Geld. Speziell der Utilitarismus ist stark mit einer ökonomistischen Sicht auf die Welt verknüpft, derzufolge fast alles als rationales Geschäftsmodell gesehen wird: Anscheinend geht es nur um Leistung für Gegenleistung zum größtmöglichen Nutzen der meisten. Genau aus dieser ethischen Perspektive heraus sind die modernen Wirtschaftswissenschaften entstanden.

Eine **deontologische Sichtweise** (griech. *deon*, ›Pflicht‹, hier also etwa: eine Sichtweise, die aus Pflichten oder Gesetzen Aussagen ableitet) betrachtet den intrinsischen, also den verinnerlichten moralischen Status einer Handlung oder einer Anwendung. Ist es etwa richtig, einen bettlägerigen alten oder kranken Menschen ganz oder teilweise von einem Roboter behandeln zu lassen, von einem Roboter, der vielleicht sogar wie ein Mensch aussieht, aber eben keiner ist? Der Pflichtethiker geht davon aus, mit einer solchen Handlung einen höheren Wert zu verletzen, der besagt, dass man Alten und Kranken dieselbe Wertschätzung – und genau deshalb auch dieselbe

Qualität der Pflege und Zuwendung – zukommen lassen soll wie etwa Kindern. Wir haben die Pflicht zur Humanität, zur Menschlichkeit, und sollten daher der Verlockung widerstehen, rein aus Kosten- oder Zeitgründen pflegebedürftige Menschen komplett von Robotern versorgen zu lassen. Doch was wäre, wenn es in einem konkreten Fall anders nicht ginge?

Deontologische Analysen verweisen auf das Potenzial der Digitalen Ethik, absolute Werte herauszuarbeiten, zugleich jedoch auch andere Werte gegen jene Werte abzuwägen, die mit dem Fall verbunden sind – Pflichten und Rechte von Menschen stehen ja in einem Wechselverhältnis. Manchmal mag die Pflege durch einen Roboter besser sein als gar keine. Die Deontologie zwingt uns dazu, zu nuancieren, und oft auch dazu, Dilemmata auszuhalten. Sie kann aber auch sehr rigide sein in der Durchsetzung bestimmter Maximen (Leitpflichten) der Lebensführung: Immanuel Kant (1724–1804) lehnte jede Form von Notlüge ab (auch wenn sich dadurch ein Menschenleben retten ließe). Dürfte man also mit Kant heute unter falschem Namen bei Facebook angemeldet sein oder aus legitimen Gründen seine IP-Adresse im Netz verschleiern?

In einer **tugendethischen bzw. eudämonistischen Perspektive** lädt uns die Digitale Ethik zum Nachdenken und Erproben in Bezug darauf ein, wie wir mit anderen Menschen zusammenleben möchten. Ziel ist das »gute« oder »gelingende Leben«, wie es Aristoteles (384–322 v. Chr.) genannt hat. Das altgriechische Wort *eudaimonía* ließe sich auch in etwa mit ›Glück‹ oder ›Glückseligkeit‹ übersetzen. Hinter diesem Begriff steckt immer die Frage, wie Menschen so handeln können, dass sie zum individuellen, aber eben auch zum kollektiven, gesellschaftlichen Glück beitragen.[2] Ein solches Streben nach der

---

2 Siehe ausführlicher zur Philosophie des Glücks Kap. 6.2.

> **Infobox: Analytische Betrachtungsebenen der Digitalen Ethik**
>
> - Teleologische Perspektive: Ziele und Zwecke, Folgenabschätzung, Kosten und Nutzen
> - Deontologische Perspektive: Pflichten und Rechte, intrinsische moralische Werte
> - Tugendethische Perspektive: Streben nach dem guten, glücklichen Leben

»Vortrefflichkeit« (man könnte auch sagen: der Exzellenz) der Lebensweise stellt entsprechend dieser Sichtweise die höchste Tugend dar: Was für ein Mensch will ich sein? Mit Blick auf Pflegeroboter würde eine Digitale Ethik etwa hinterfragen, ob die Auslagerung von menschlicher Zuwendung an Maschinen geeignet zu sein scheint, menschlich zusammenzuleben, oder wie wir uns trotz aller Widrigkeiten und vielleicht guter Gegenargumente mehr anstrengen sollten, die Würde eines pflegebedürftigen Menschen so weit wie es irgend geht zu wahren. Dessen individuelles Glück könnte Ausdruck eines größeren gesellschaftlichen Glücks sein. Dies zu reflektieren, müssen wir in praktischer Vernunft lernen. Was genau Tugenden sind oder was die greifbaren Ergebnisse der Reflexion sind, bleibt in dieser Perspektive notgedrungen oft unklar, wie Kritiker bemängeln.

Indem die Digitale Ethik nun aber aus so unterschiedlichen Perspektiven auf Handlungen und Phänomene (in) der Digitalität blickt, vermag sie eine differenzierte und zugleich ganzheitliche Analyse des Lebens in digitalen Umwelten zu liefern. Dies ist angesichts der zunehmenden Komplexität von digitalen Technologien und ihren Anwendungen dringend geboten. Die (wenn man so will) werkseitigen Standardeinstellungen – die der technischen Hilfsmittel und (metaphorisch ausgedrückt) die unseres eigenen Denkens – sind nicht von Anfang an perfekt oder bräuchten keine Anpassung oder Veränderung; wir müssen sie aber nicht nur updaten, sondern auch weiterentwickeln.

1.3 Narrative Ethik für die Praxis

Menschen erzählen sich **Geschichten**, sie erinnern sich an Geschichten und erstellen ihre Biographie aus einer Anzahl von Geschichten, die wiederum ihre Identität begründen. Menschen sind sozusagen narrative Wesen, die ihre Ideen, Wünsche, Vorstellungen und Erinnerungen in Erzählungen, also Narrativen, kommunizieren. Narrative sind zentrale **Bedeutungsvermittler** und können Werte und Normen, abstrakte Sachverhalte und Prozesse veranschaulichen sowie Emotionen auslösen. Sie vermitteln letztlich auch Moral bzw. Unmoral. Narrative finden sich in unterschiedlicher Gestalt: in Alltagsgeschichten, Romanen, Comics, Filmen oder auch in Szenarien der Technologieforschung.

Eine Ethik, die solche Narrative analysiert und ihre ethischen Implikationen reflektiert, lässt sich als narrative Ethik beschreiben. Erste theoretische Ansätze zu einer solchen Ethik entwickelten z. B. die amerikanischen Philosophen Martha Nussbaum und Richard Rorty, während in Deutschland Dietmar Mieth diesen Begriff im Kontext einer christlichen Moraltheorie prägte.

Narrative Ethik, wie sie im vorliegenden Band verstanden wird, analysiert zum einen die in Geschichten konstruierten

Weltentwürfe und die darin vorhandenen Werte- und Normensysteme. Dazu greift sie auf die Analysemethode der **Narratologie** (Erzählforschung) zurück. So können z. B. mit ihrer Hilfe die Figurenperspektive, die Handlungsstrukturen und die in Geschichten vermittelten Werte nachvollziehbar ermittelt werden. Zum anderen untersucht und reflektiert die narrative Ethik, welche ethischen Semantiken (Bedeutungen) in Erzählungen zu finden sind und welche Bezüge diese zu ethischen Fragestellungen unserer Gesellschaft haben. Die narrative Ethik kann aber auch Geschichten, Szenarien oder moralische Dilemmata selbst entwickeln und diese für die Schärfung von ethischen Aspekten und Konflikten nutzen. Mit ihrer Hilfe können also ethische Problematiken, die ggf. nicht von vornherein bedacht werden oder nicht sichtbar sind, aufgezeigt werden. Sie kann damit für ethische Fragen sensibilisieren. Ebenso kann sie mittels Geschichten bzw. Szenarien Motivation dafür generieren, sich mit ethischen Fragen zu befassen und Lernprozesse in Gang zu setzen. Diese Wirkung wird durch die emotionale Ansprache der narrativen Ethik und ihren Rückgriff auf Erfahrungen aus dem Alltag bekräftigt. In diesem Sinne kann sie auch didaktisch für Bildungsprozesse und Medienkompetenzförderung unterstützend wirken. Narrative können allerdings nicht selbst Reflexionstheorie der Moral sein, sie sind vielmehr ein Mittel für die ethische Reflexion.

Für eine Ethik der Digitalisierung erscheint die narrative Ethik ein probater Ansatz zu sein: Sie macht oftmals abstrakt und schwer zu fassende Sachverhalte, wie z. B. Big Data (Massendaten), autonomes Fahren oder Künstliche Intelligenz, in ihrer ethischen Dimension narrativ leichter zugänglich und arbeitet normative Aspekte und Werte in Anwendungs- und Zunftsszenarien kritisch heraus. Ebenso kann sie dabei helfen, zukünftige digitale Entwicklungen antizipierend zu reflektieren. In dem vorliegenden Band zur Digitalen Ethik wurden deshalb Geschichten zur Reflexion und auch Veranschaulichung ethischer Konflikte bewusst eingesetzt.

1.4 Werte in einer digitalisierten Gesellschaft

Werte sind Vorstellungen, Ideen bzw. Ideale. Sie bezeichnen, welche Handlungen und Einstellungen wünschenswert sind, damit das Zusammenleben in der Gesellschaft gelingt. Werte können im Wesentlichen drei Funktionen erfüllen: Sie steuern unsere Handlungen, beeinflussen unsere Wahrnehmung und Wirklichkeitskonstruktion und sie stellen Motive für unser Handeln dar.

Welche Werte gelten und welche Relevanz sie haben, ist kulturell, historisch und milieubedingt variabel. Allgemein gültige Werte sind mit der 1948 durch die Vereinten Nationen beschlossenen Erklärung der Allgemeinen Menschenrechte konsensuell festgeschrieben worden. »Moralische Werte sind«, so der Ethiker Rüdiger Funiok, »Gesinnungen, Einstellungen und gute Gewohnheiten (Tugenden): in der Internetethik beispielsweise kluge Zurückhaltung bei der Einstellung persönlicher Daten, Achtung der Urheberrechte anderer, Ehrlichkeit bei der Mitteilung über gespeicherte Daten.« Um Demokratie und Menschenrechte zu erreichen, zu sichern und zu erhalten, finden sich solche »moralischen Einstellungen [...] in Grundsätzen der wirtschaftlichen und politischen Ordnung«[3].

---

3 Rüdiger Funiok, »Wertorientierte Strategien zum Schutz der Privatheit in Sozialen Netzwerken«, in: *Schöne neue Kommunikationswelt oder Ende der Privatheit? Die Veröffentlichung des Privaten in Social Media und populären Medienformaten,* hrsg. von Petra Grimm und Oliver Zöllner, Stuttgart 2012, S. 97–118, hier S. 98 f.

Allein auf sich gestellt bleiben Werte allerdings abstrakt; in einer Geschichte hingegen können sie erfahrbar gemacht werden: ihre Bedeutung wird anhand eines Beispiels konkretisiert und die Werte sind auf diese Weise kontextuell eingebunden.

An einem Montag im Frühjahr 2025 fährt ein autonomes Fahrzeug in der Innenstadt eine Straße entlang, am Straßenrand parken Autos. Plötzlich reißt eine junge, gestylte Frau, die auf dem Weg zu ihrem Casting als Model ist, ihre Autotür auf und steigt schnell aus. Gleichzeitig will gegenüber gerade ein älterer Mann, ein Nobelpreisträger, der in Gedanken vertieft ist, die Straße überqueren. Die Bremsen des autonomen Fahrzeugs versagen, das Fahrzeug muss entweder ausscheren und damit den Nobelpreisträger anfahren, oder es bleibt »auf Kurs« und überfährt das Model. Was dann geschieht, erzählt ein Fußgänger, der Zeuge dieses Geschehens ist, am nächsten Tag in einem Video auf YouTube …

Geschichten vermitteln Werte implizit oder explizit; bei Ersterem lassen sie sich durch die Handlung ableiten, bei Letzterem werden sie in der Erzählung direkt thematisiert. So vermittelt z. B. die folgende Geschichte implizit durch die Handlung eine Reihe von Werten:

Diese Geschichte mit offenem Ende adaptiert das berühmte moralische Gedankenexperiment um das sogenannte »Trolley-Problem«[4]: Nach welchen ethischen Prinzipien wird entschieden, wie die Weichen eines Zugs gestellt werden, wenn diese in jedem möglichen Fall zum Tod von Menschen führen

4 Siehe zum »Trolley-Problem« auch Kap. 13, S. 209.

– jedoch mit verschieden hohen Opferzahlen entsprechend der jeweiligen Weichenstellung? Dieses Dilemma wird derzeit in den Medien in unterschiedlichen Varianten erzählt, um moralische Konflikte beim autonomen Fahren zu verdeutlichen: Wie sollen autonome Fahrzeuge reagieren, wenn sie automatisierte Entscheidungen treffen? Das Massachusetts Institute of Technology (MIT) bietet auf seiner Webseite die Möglichkeit an, solche Entscheidungssituationen selbst durchzuspielen.[5] Allerdings ist eine Bewertung und Entscheidung über Leben und Tod der jeweiligen Fußgänger oder Fahrzeuginsassen weder ethisch noch rechtlich zweifelsfrei begründbar, sofern das individuelle Recht auf Leben jedem Menschen zugestanden wird.

Die oben erzählte Geschichte verhandelt Werte implizit: So stehen die Werte »Jugend« und »Schönheit«, die das Model verkörpert, dem Wert »Wissenschaft«, repräsentiert durch den Nobelpreisträger, gegenüber. Ebenso wird der Wert »Verantwortung« lediglich ex negativo thematisiert, indem derjenige, der für die Konsequenzen verantwortlich ist, selbst nicht in der akuten Situation involviert ist: Denn die Handlung des autonomen Fahrzeugs hat zwar schwerwiegende Folgen, wie den Verlust von »Gesundheit« oder gar »Leben«, aber der Handlungsakteur, das Auto, kann diese Verantwortung nicht übernehmen – es ist nur eine Sache, kein denkender Mensch. Verantwortlich ist allenfalls der Programmierer des Fahrzeugs bzw. das Unternehmen, das dieses in Auftrag gegeben hat.

Diese hier über die Handlung vermittelten Werte könnten nun auch explizit von einem Erzähler benannt werden, z. B. indem er die moralischen Fragen stellt: Darf ein Algorithmus den Wert eines Menschen beurteilen? Dürfen Maschinen eine au-

5 Siehe http://moralmachine.mit.edu/.

tomatisierte Entscheidung über Leben und Tod überhaupt treffen? Geschichten, ob reale oder fiktive, können also dazu dienen, Werte- und Normenkonflikte zu reflektieren und zu beurteilen.

1.5 Ethik und Recht

Das Verhältnis zwischen Ethik und Recht ist sehr komplex. Verschiedene Auffassungen finden sich sowohl im interdisziplinären wie auch im intradisziplinären wissenschaftlichen Diskurs. Es ist bemerkenswert, wie in den Disziplinen je nach Ausgangsperspektive einerseits die »Ethisierung des Rechts«, andererseits die »Verrechtlichung der Ethik« beklagt wird. Innerhalb der Rechtswissenschaft streiten die Rechtsphilosophen und die Rechtstheoretiker um den genauen Grenzverlauf zwischen staatlich durchsetzbaren Regeln einerseits (Recht) und Verhaltensregeln andererseits, namentlich der Sitte oder der Moral sowie ihrer Begründbarkeit (Ethik). Einig sind sich die Wissenschaftler zumindest insoweit, als Recht und Ethik nicht ohne Beziehung nebeneinander stehen (können). Sichtbare **Schnittstellen** zwischen den beiden Disziplinen sind beispielsweise die Grundrechte, die nach Jürgen Habermas für eine »ethische Imprägnierung« der Verfassung sorgen.[6] Wie wichtig eine solche Imprägnierung ist, zeigt das systematische Unrecht des Naziregimes, das formal gesehen Recht war. Rechtsethische Schnittstellen finden sich nicht nur in den Grundrechten, sondern auch in vielen weiteren Vorschriften, die mit unbestimmten Rechtsbegriffen oder Öffnungsklauseln arbeiten und so

6 Jürgen Habermas, *Die Einbeziehung des Anderen. Studien zur politischen Theorie*, Frankfurt a. M. 1996, S. 252 ff.

ethischen Bewertungen zugänglich sind.[7] Aus Sicht der Ethik ist dies insoweit problematisch, als dass mit einer solchen ›Überführung‹ in das System des Rechts ethische Begrifflichkeiten ihre Deutungshoheit verlieren. Neben Öffnungsklauseln ist in einigen Bereichen durch Rechtsnormen vorgesehen, dass Ethikräte in Entscheidungsprozesse einzubinden sind. Das wirft die Frage auf, ob und wieweit ihre Voten (rechtlich) verbindlich sind. Ähnlich schwierig ist die (rechtliche) Bewertung der zahlreichen ethischen Kodizes, die unlängst gerade auch mit Blick auf neue technische Entwicklungen (Künstliche Intelligenz, algorithmenbasierte Entscheidungsprozesse) formuliert werden. In diesem Kontext findet sich bisweilen die Bezeichnung des »Soft Law«, die eine nicht verpflichtende Absichtserklärung beschreibt. Diese ist aus Sicht der Rechtswissenschaft nicht zielführend: Das Recht kennt keinen hybriden Zustand eines ›soften‹, nicht verbindlichen Rechts. Problematisch sind die ethischen Kodizes auch deswegen, weil sie etwas (quasi-)verbindlich regeln sollen, das einzig dem Recht als parlamentarisch legitimierten Steuerungskonzept vorbehalten ist.

1.6 Aufbau und Auswahl der Themen

Dieses Buch hat zum Ziel, in die Digitale Ethik einzuführen. Die Autorinnen und Autoren[8] wurden auf ihren öffentlichen Vorträgen immer wieder gefragt, wo die entsprechenden The-

---

7 Unbestimmte Rechtsbegriffe finden sich etwa im § 826 des *Bürgerlichen Gesetzbuches*, der für den Verstoß gegen die »guten Sitten« einen Schadensersatzanspruch vorsieht.
8 Aus Gründen der besseren Lesbarkeit wird im Weiteren auf eine geschlechterspezifische Differenzierung verzichtet. Entsprechende Begriffe gelten im Sinne der Gleichbehandlung aller Geschlechter.

men kompakt nachzulesen seien. So entstand die Idee zu diesem kleinen Vademecum. Alle Autoren arbeiten gemeinsam am Institut für Digitale Ethik (IDE) an der Hochschule der Medien in Stuttgart, gegründet 2014, dem ersten seiner Art im deutschsprachigen Raum.

Die Einleitung sollte in die grundlegenden Theorieansätze, Fragestellungen und Anwendungsgebiete einer Digitalen Ethik einführen. Die folgenden 13 Kapitel widmen sich zentralen Themen dieses Wissens- und Forschungsgebietes. Viele dieser Themen sind wahrscheinlich aus dem Alltag bekannt, manchmal sehr direkt und unmittelbar (etwa die Themen »Datenschutz« oder »Cyber-Mobbing«). Andere Themen werden einem möglicherweise erst bewusst, wenn man sich mit ihnen beschäftigt und eine Vorstellung von den dahinterstehenden Konzepten bekommt (z. B. beim Thema »Privatheit«). Die Beiträge wollen den aktuellen Stand der digitalen Phänomene in der erfahrbaren Gegenwart ebenso aufarbeiten wie auch damit in die Zukunft weisen. Manche Innovationen zeichnen sich gerade erst in ihren praktischen Konturen ab (etwa das vernetzte Fahren), andere wirken noch sehr fern (z. B. Künstliche Intelligenz oder Robotik) – doch das trügt letztlich. Die Digitalisierung und ihre Anwendungen und Auswirkungen haben sich längst grundlegend und teils dominant in den Alltag eingeschrieben; wir müssen lernen, sie zu verstehen und damit umzugehen. Dafür will das vorliegende Buch eine kleine Hilfestellung bieten.

Jedes Kapitel enthält farblich hervorgehobene Geschichten bzw. kurze Fallstudien aus dem lebensweltlichen Alltag sowie Reflexionsfragen, die man zur eigenen, privaten ›Erfolgskontrolle‹ oder auch im Unterricht und Studium einsetzen kann. Am Ende des Bandes befindet sich ein Glossar der wichtigsten Fachbegriffe.

Der deutsche Philosoph Julian Nida-Rümelin schreibt, es sei »die große Herausforderung unserer Verantwortlichkeit, die Digitalisierung so zu gestalten, dass sie zur Humanisierung der Welt beiträgt«[9]. Was für Menschen wollen wir sein? Wir haben es selbst in der Hand, und weder Maschinen noch Firmen noch Staaten oder Demagogen können, sollen, dürfen uns das eigene Denken abnehmen. Auch dies ist Digitale Ethik.   *Petra Grimm, Tobias O. Keber, Oliver Zöllner*

Reflexionsfragen: Digitale Ethik

1. Was leistet Ethik?
2. Wozu kann man Digitale Ethik einsetzen?
3. Was bedeuten Geschichten für die Ethik?
4. Was sind Werte?
5. Worin besteht der Zusammenhang von Ethik und Recht?

---

9 Julian Nida-Rümelin, »Vorwort«, in: J. N.-R. / Nathalie Weidenfeld, *Digitaler Humanismus. Eine Ethik für das Zeitalter der Künstlichen Intelligenz*, München 2018, S. 11.

2. Privatheit – ein digitales Schutzgut?

Warum es gut ist, etwas zu verbergen zu haben

2.1 Das Verschwinden des Privaten

Privatheit ist ein Wert, der im Zuge der fortschreitenden **Digitalisierung** ein sehr kostbares Gut geworden ist. Der Grund hierfür ist, dass Privates im alltäglichen Handeln immer seltener geschützt werden kann. So werden **personen- und aktivitätsbezogene Daten** nicht nur im analogen öffentlichen Raum (z. B. durch Videoüberwachung, Nutzung von Payback-Karten) oder bei der digitalen Kommunikation in sozialen Medien (wie bei Facebook, Instagram, YouTube), bei der Suche nach Informationen (Google) oder dem Konsum im Web (z. B. Amazon, Airbnb, Zalando) erhoben. Auch in unserer Privatsphäre (Privatwohnung, privates Auto) und unserer Intimsphäre (etwa durch Schlaf-Apps, digitale Thermostate im Schlafzimmer) findet eine verstärkte Datengenerierung statt. Das Internet verbirgt sich somit auch in den uns vertrauten ›Dingen‹ des alltäglichen Lebens. Wir sprechen deshalb von einer zunehmenden **Datafizierung** der Privatsphäre.[1]

> Wie das folgende Beispiel zeigt, kann auch Kinderspielzeug zum Überwachungsspion werden: »My Friend Cayla«, eine blonde Puppe mit blauen Augen, wurde 2017 von der Bundesnetzagentur in Deutschland verboten, weil sie

---

1 Vgl. für das Beispiel zu »My friend Cayla«: Jannis Brühl, »So spioniert ›Cayla‹ Kinder aus«, in: *SZ.de*, 17. 2. 2017 (www.sueddeutsche.de/digital/verbotenes-spielzeug-so-spioniert-die-puppe-cayla-kinder-aus-1.3383387).

als »versteckte, sendefähige Anlage« einzustufen ist, von der man nicht weiß, ob und wohin sie die Gespräche des Kindes übermittelt. Cayla verfügt über ein Mikrofon und verbindet sich über Bluetooth mit ihrer App. So kann sie Gespräche und Fragen des Kindes aufnehmen und beantworten. Die Kinderstimmen werden wiederum auf einem US-Server erfasst und können zu Werbezwecken ausgewertet werden. Zudem könnten auch Unbefugte mangels Sicherheitscode auf das Mikrofon zugreifen.

Beispielhaft gibt folgende Tabelle eine Übersicht über Datensammler, die uns in öffentlichen und privaten Räumen sowie bei der Kommunikation, Information und beim Konsum überwachen:

Infobox: Datensammler, die zur Überwachung eingesetzt werden	
Öffentlicher Raum	Videoüberwachung Gesichtserkennung Fingerprinting Kreditkarten, Payback-Karten Flugdaten Navigationsgerät Handy/Tablet
Privater Raum	Smart Home (intelligentes Wohnen) Fitnessarmbänder Schlaf-Apps Smart Clothes (vernetzte Kleidung) Automatisiertes Fahren Sprachassistenten (Alexa) Kinderspielzeug (Cayla, Hello Barbie)

Kommunikation, Information, Konsum	soziale Medien (Facebook, Instagram, Twitter) Instant Messenger (WhatsApp) Suchmaschinen (Google) Apps Onlineshopping (Amazon, Zalando)

Bei der Datensammlung werden Menschen als **Digitale Doubles** klassifiziert – mit der Folge, dass ihnen bestimmte Angebote und Optionen unterbreitet oder ggf. auch vorenthalten werden. Die Nutzer werden hier als kapitalisierbare »Profile« erfasst. Hinzu kommt eine **Informationsasymmetrie** zwischen Nutzer und Datensammler: Weder wissen die Nutzer, welche ihrer Daten in und aus welchem Kontext verwertet werden, noch ist ihnen der Algorithmus bekannt, durch den sie klassifiziert werden. Die von den Nutzern oftmals freiwillig gegebenen oder auch von den Anbietern geforderten privaten Daten werden zu einem Digitalen Double zusammengefügt und auf der Grundlage intransparenter Formeln ›interpretiert‹.

Aus ethischer Sicht stellt sich die Frage, ob die Objektivierung und Kapitalisierung des Menschen als Digitales Double mit der Würde des Menschen vereinbar ist. So steht »Würde« nach Kant im Gegensatz zu »Preis«: Während Dinge einen Preis haben und ausgetauscht werden können, hat der Mensch einen Wert, der über jeden Preis erhaben ist:

»Im Reich der Zwecke hat alles entweder einen Preis oder eine Würde. Was einen Preis hat, an dessen Stelle kann auch etwas anderes, als Äquivalent, gesetzt werden; was dagegen über allen Preis erhaben ist, mithin kein Äquivalent verstattet, das hat eine Würde.«[2]

2 Immanuel Kant, *Grundlegung zur Metaphysik der Sitte*, hrsg. von Bernd Kraft und Dieter Schönecker, Hamburg 1999 [1796], S. 61.

2.2 Was bedeutet »Privatheit«?

2.2.1 Geschichtlicher Hintergrund

Der Begriff ›privat‹ leitet sich vom lateinischen Adjektiv *privatus* ab, das in der Übersetzung ›der Herrschaft beraubt, gesondert, für sich stehend‹ bedeutet und damit die **Trennung** von der öffentlichen Sphäre (vom Staat) meint. Diese ursprünglich abwertende Wortbedeutung des Privaten findet seine Wurzeln im antiken griechischen Stadtstaat, der Polis. Hier wurden Frauen, Sklaven und Unfreie in den privaten Raum verwiesen, einen Raum, der **der Herrschaft beraubt**, also unterworfen ist. Das öffentliche Leben fand hingegen auf der Agora, dem Marktplatz, statt und galt als Ort der Freiheit, wo das Handeln – als im weitesten Sinne politische und somit höchste aller Tätigkeiten – vor den Einflüssen des Privaten zu schützen war.

Erst im Ausgang des 18. Jahrhunderts und im Laufe des 19. Jahrhunderts, infolge der bürgerlichen Emanzipation und der Ausbildung moderner industriekapitalistischer Nationalstaaten, erhielt der **Schutz der Privatsphäre** einen hohen Wert. Durch die Entstehung eines von der Staatsgewalt unabhängigen Marktes und der Herausbildung einer mit Rechten ausgestatteten Bürgerschaft konnte die Feudalherrschaft überwunden werden. Eine Trennung in eine bürgerliche Öffentlichkeit – die politische Sphäre (ähnlich dem antiken Öffentlichkeitsbegriff) – und einen geschützten privaten Bereich, wie sie unter einem Lehnsherrn nicht möglich war, konstituierte sich. Zudem entwickelte sich die Vorstellung vom öffentlichen Raum als Gemeineigentum, wozu auch die Entstehung von Städten und Handelszentren beitrug. Die Lebensbedingungen der Bürger veränderten sich grundlegend von vertrauten sozialen Milieus hin zu einem Zusammenleben unter Fremden, in dem je nach funktionalem Zusammenhang differenzierte zwischenmenschliche Beziehungen eingegangen werden.

Wenngleich die Wertzuschreibung des Privaten im historischen Verlauf variiert: Das Verhältnis von Privatem und Öffentlichem wurde in den verschiedenen Weltmodellen immer als streng zweigeteilt bzw. dualistisch (gegensätzlich) eingestuft. Dies kann als »ideengeschichtliche Tiefenwirkung«[3], also als historische Grundidee begründet werden, die seit der **Aufklärung** und deren Rückbezug auf die **Antike** und das aristotelische Politikverständnis bis heute präsent ist. Im alltäglichen Sprachgebrauch spiegelt sich dieses Ideenkonzept wider, indem »privat« meist in Opposition zu »öffentlich« verwendet wird. Doch so eindeutig, wie es scheint, ist diese Trennung nicht.

2.2.2 Definition und Verständnis des Privaten

Die Frage »**Was ist privat?**« sollte sich jeder einmal in Ruhe selbst stellen. Welche Beispiele fallen einem hierzu ein?

Mögliche Antworten könnten sein: meine Adresse, meine Telefonnummer, mein Handy, mein Gesundheitszustand, meine finanzielle Situation, meine Wohnung, meine Entscheidung für oder gegen eine Abtreibung und vieles mehr. Daraus ist bereits ersichtlich, dass Privates in vielerlei Hinsicht eine Rolle spielt: Nicht nur Räume oder Orte können privat sein, sondern auch Informationen, Einstellungen, Handlungen, Situationen, Gefühle, mentale oder körperliche Zustände, Gedanken und Gegenstände. Die Philosophin Beate Rössler un-

---

3 Kurt Imhof, »Die Verankerung der Utopie herrschaftsemanzipierten Raisonnements im Dualismus Öffentlichkeit und Privatheit. Einführung«, in: *Die Veröffentlichung des Privaten – Die Privatisierung des Öffentlichen*, hrsg. von Kurt Imhof und Peter Schulz, Opladen/Wiesbaden 1998, S. 15–24, hier S. 16.

terscheidet drei Dimensionen: Privatheit lässt sich nicht nur in **räumlicher**, sondern auch in **dezisionaler**, d. h. die Entscheidungen betreffender und in **informationeller** Hinsicht verstehen.[4]

In räumlicher Hinsicht kann man sich die Verwendungsweisen von »öffentlich« und »privat« wie die Schichten einer Zwiebel vorstellen (vgl. Abb. 1). Im Innersten liegt der Bereich der persönlichen (körperlichen) Intimität und Privatheit, im Vergleich zu der alles andere öffentlich ist. Die zweite Schicht ist die des klassischen Privatbereichs, also die Familie oder andere intime Beziehungen. Repräsentiert wird die Privatsphäre hier meist durch private Räume wie die Wohnung. Auch mit Freunden wird Privates ausgetauscht. Die äußerste Schicht ist dann die des gesellschaftlichen und staatlichen Außenbereichs, der Öffentlichkeit. Bezogen auf Handlungen oder Entscheidungen kann man aber auch in der Öffentlichkeit »privat« sein: Ob ich zu einer Demonstration oder in die Kirche gehe, ist ebenso meine Privatsache wie das Gespräch, das ich mit einem Freund im Café führe. Privates Wissen bzw. private Informationen können z. B. meine politische Einstellung, mein Gesundheitszustand oder meine Partnerschaft sein. Das heißt: »Privat« können sowohl **Räume, Handlungen** und **Verhaltensweisen** sowie ein bestimmtes **Wissen** sein.

Privatheit wird in vielen Kulturen als ein gesellschaftlich wichtiges Schutzgut angesehen, auch wenn die Definition dessen, was als privat schützenswert ist, kulturell, historisch und kontextbezogen variiert. Weitgehend Konsens besteht darüber, dass der Begriff »Privatheit« vor allem bedeutet, das ›etwas‹ einer Person (z. B. Wohnung, Informationen, Handlungen, Entscheidungen) vor dem Zugang anderer bzw. Zugriff durch

4 Beate Rössler, *Der Wert des Privaten*, Frankfurt a. M. 2001.

Abb. 1: Zwiebelmodell: Ebenen der Privatheit

andere zu schützen. Es geht also um die **Kontrolle**, die eine Person darüber haben sollte, wer wann in welchem Maße und in welchem Zusammenhang auf etwas zugreift, das zu dieser Person gehört: »[A]ls privat gilt etwas dann, wenn man selbst den Zugang zu diesem ›etwas‹ kontrollieren kann.«[5] Ein weiteres Kriterium für Privatheit besagt, dass sie vom **Kontext** abhängt, also kontextrelevant ist.[6] Zum Beispiel wird eine Person einem Banker nicht dieselben privaten Informationen wie einem Arzt erzählen: Abhängig von den jeweiligen Lebenssphä-

5 Rössler (s. Anm. 4), S. 23.
6 Helen Nissenbaum, *Privacy in Context. Technology, Policy, and the Integration of Social Life*, Stanford 2010.

ren und Funktionszusammenhängen unterscheiden wir, wem wir welche privaten Informationen zukommen lassen.

Nach dem Ethiker Jeroen van den Hoven lassen sich Informationen als »soziale Güter« verstehen.[7] Um Privatheit kontextuell zu sichern, sollte demnach der Informationsaustausch zwischen den verschiedenen Sphären der Gesellschaft (z. B. der medizinischen, rechtlichen, politischen, kommerziellen oder familiären Sphäre) blockiert werden. Die Informationen sollten innerhalb einer Sphäre versiegelt und nicht mit den Informationen aus einer anderen Sphäre vermischt werden. Die Privatheit wird verletzt, wenn die Grenzen der Sphären und des Zugangs nicht respektiert werden. Beispielhaft hierfür ist das Anliegen von Facebook, auf Bankdaten seiner Nutzer zugreifen zu können. So berichtet das *Wall Street Journal*, dass Facebook den US-Banken vorgeschlagen habe, Kontoinformationen einschließlich Kartentransaktionen und Kontobeständen auszutauschen. Die Nutzer könnten dann im Facebook Messenger auf ihre eigenen Kontoinformationen zugreifen und würden länger bei Facebook verweilen. Im Gegenzug könnten die Banken von den bei Facebook gesammelten Daten der Nutzer profitieren, um diesen gezieltere Angebote machen zu können.[8] Für die Nutzer bzw. Kunden hieße dies aber, dass ein massiver Eingriff in ihre Privatsphäre erfolgt und ihre finanziellen Informationen mit allen Facebook zur Verfügung stehenden Daten verknüpft werden.

---

7 Jeroen van den Hoven, »Privacy or Informational Injustice?«, in: *Ethics and Electronic Information in the Twenty-First Century*, hrsg. von Lester J. Pourciau, West Lafayette 1999, S. 139–150, hier S. 144.
8 Emily Glazer / Deepa Seetharaman / AnnaMaria Andriotis, »Facebook to Banks: Give Us Your Data, We'll Give You our Users«, in: *Wall Street Journal*, 6. 8. 2018 (www.wsj.com/articles/facebook-to-banks-give-us-your-data-well-give-you-our-users-1533564049).

2.2.3 Privatheit als Grundrecht

Wenngleich es zahlreiche Indizien für eine Krise der Privatheit gibt, besteht in den Theorien über das Private weitgehend Konsens darüber, Privatheit als Wert und kulturelle Errungenschaft einzustufen, da sie eng mit dem Menschenbild der Moderne eines autonomen, freien und gleichberechtigten Subjekts verschmolzen ist. So meint der Informationsethiker Rainer Kuhlen, dass trotz vorhandener Relativierungstendenzen der Wert der Privatheit weiterhin sehr hoch eingeschätzt wird und gar als **Menschenrecht** gilt: »Privatheit gehört zweifellos zu den Menschenrechten, zum kodifizierten Bestand der grundlegenden Rechte und Freiheiten aller Menschen.«[9]

Die Bedeutung der Privatsphäre für eine liberal-demokratische Gesellschaft spiegelt sich auch in ihren Gesetzen. In Deutschland ist der Schutz der Privatsphäre ein Grundrecht und wird im **Grundgesetz** aus dem allgemeinen Persönlichkeitsrecht (Art. 2 Abs. 1 GG i. V. m. Art. 1 Abs. 1 GG), dem Recht auf Achtung und freie Entfaltung der Persönlichkeit, abgeleitet. Dem Einzelnen soll dadurch ein geschützter Bereich vorbehalten sein, in dem er sich frei und ungezwungen verhalten kann, ohne beobachtet oder abgehört zu werden. Konkretisiert wird dies z. B. durch das Recht auf die Unverletzlichkeit der Wohnung (Art. 13 GG) und das Brief- und Fernmeldegeheimnis (Art. 10 GG). Auch die anderen Individualgrundrechte schützen immer auch die Privatheit bzw. erfordern vice versa ein grundlegendes Recht auf eine Privatsphäre: z. B. das Recht auf freie Meinungsäußerung (Art. 5 GG), die Glaubensfreiheit (Art. 4 GG), die Versammlungsfreiheit (Art. 8 GG), der Schutz

9 Rainer Kuhlen, *Informationsethik*, Konstanz 2004, S. 193.

der Familie (Art. 6 GG) oder die Berufswahl nach eigenen Vorstellungen (Art. 12 GG). Der Eigenwert der Privatsphäre als Grundrecht des Menschen dokumentiert sich auch in der Resolution 217 A (III) der Vereinten Nationen vom 10. Dezember 1948, in Artikel 12 zur »Freiheitssphäre des Einzelnen« in der *Allgemeinen Erklärung der Menschenrechte.*

2.3 Wozu brauchen wir Privatheit?

Warum Privatheit ein wertvolles Gut ist, lässt sich mit einem **Gedankenexperiment** nachvollziehen: Angenommen, man würde in einer Gesellschaft leben, in der es nichts Privates mehr gäbe – Unternehmen, Staat, Nachbarn, Kollegen, Chefs und Freunde wüssten, welche Wünsche, Interessen und Gefühle man hat, ob man gesund oder krank ist, wie viel Geld man zur Verfügung hat, welche Partei man wählt, ob man Alkohol trinkt, religiös ist, ob man sich immer moralisch verhält usw. Das Leben jedes Einzelnen wäre also für alle transparent. Was würde sich dadurch verändern?

Keine Geheimnisse mehr haben zu dürfen, nicht mehr entscheiden zu können, wem man etwas mitteilt oder vorenthält, würde unser **Zusammenleben**, unsere **Freiheit** und auch unsere **Identität** betreffen. So hat bereits Anfang des letzten Jahrhunderts der Soziologe Georg Simmel in seinem Aufsatz »Das Geheimnis und die geheime Gesellschaft« auf die Bedeutung von **Wissen** und **Verbergen** für das Zusammenleben hingewiesen. Konstitutiv für soziale Beziehungen sei der Respekt vor dem nicht geäußerten »Geheimnis des Anderen«: »So scheiden sich die Verhältnisse der Menschen an der Frage des Wissens umeinander: was nicht verborgen wird, darf gewusst werden, und: was nicht offenbart wird, darf auch nicht gewusst werden.«[10] Nichts mehr verbergen zu können würde bedeuten, dass wir nicht mehr entscheiden können, wem wir etwas über uns anvertrauen oder nicht. Eine geschützte Kommunikation wäre nicht mehr möglich. Privates mit bestimmten Menschen auszutauschen oder eben nur zum Teil oder gar nicht, ist der Gradmesser und Faktor für eine vertrauensvolle Beziehung. Nur dadurch, dass man die Wahl hat, Dinge für sich behalten zu dürfen oder sie mit Freunden, Partnern oder der Familie zu teilen, kann eine soziale Bindung zwischen Menschen entstehen und aufrechterhalten werden: Der Verlust von Privatheit und die totale Transparenz führen zu einem Verlust von **Vertrauen** und **Vertrautheit**.

Aber nicht nur unser soziales Zusammenleben, auch unsere Freiheit und **Autonomie** würden ohne Privatheit beeinträchtigt werden. Wenn alles öffentlich wäre, über was wir nachdenken, reden, was wir fühlen, uns erhoffen und wovor wir Angst haben, dann hätten wir keinen Raum für persönliche Gedanken und Gefühle und keinen Ort, wo wir vor **Kontrolle**, **Zwang** und **Diskriminierung** geschützt sind. Das hätte nicht nur Folgen für unsere individuelle Selbstbestimmung, sondern auch für unsere Demokratie, die ohne autonome Bürger keine Demokratie wäre: »Eine Gesellschaft wäre erstickend und unfrei, wenn in ihr der Schutz des Privaten nicht mehr respektiert würde; sie wäre keine Gesellschaft mehr, in der wir leben wollten und frei leben könnten.«[11]

---

10 Georg Simmel, »Das Geheimnis und die geheime Gesellschaft«, in: G. S., *Gesamtausgabe*, hrsg. von Otthein Rammstedt, Bd. 11: *Soziologie. Untersuchungen über die Formen der Vergesellschaftung*, Frankfurt a. M. 1992, S. 396.

11 Beate Rössler, *Autonomie. Ein Versuch über das gelungene Leben*, Berlin 2017, S. 282.

Wenn unsere Privatheit nicht respektiert wird, dann birgt dies auch ein erhöhtes Risiko für **Manipulation**. Denn wer alles über uns weiß, kann nicht nur unsere Konsumwünsche beeinflussen, wie dies schon bei der personalisierten Online-Werbung gang und gäbe ist. Auch das politische Wahlverhalten kann durch zielgenaue Wahlwerbung (Microtargeting und Dark Ads) manipuliert werden. Beispiele hierfür sind die US-Wahlen 2016 und der britische Wahlkampf vor dem Brexit-Referendum. So zeigt der 2018 vom Ausschuss für Digitales, Kultur und Medien des britischen Parlaments vorgelegte Zwischenbericht, dass die Leave-Kampagne auf Facebook Falschinformationen und Ängste schürende Wahlwerbung betrieb, bei der mithilfe von Psychogrammen die Nutzer gezielt desinformiert werden sollten.[12]

Ein weiterer Grund, warum der Schutz des Privaten für den Einzelnen und die Gesellschaft wichtig ist, ist dessen Bedeutung für die Identität und Integrität einer Person. Wenn der Einzelne nicht überschauen kann, was Dritte über ihn wissen, kann dies sein Verhalten beeinflussen und zu einer **Normierung** führen. Auf diesen Aspekt hat auch das Bundesverfassungsgericht bereits in seinem legendären Volkszählungsurteil (1983) zum sogenannten Recht auf informationelle Selbstbestimmung hingewiesen: Das Recht auf informationelle Selbstbestimmung beschreibt das Recht des Einzelnen, grundsätzlich selbst über die Preisgabe und Verwendung seiner personenbezogenen Daten zu bestimmen – ist also ein Grundrecht auf Datenschutz. Begründet wird das Recht auf informationelle Selbstbestimmung damit, dass durch die Be-

---

12 House of Commons: Digital, Culture, Media and Sport Committee, »Disinformation and ›Fake Fews‹: Interim Report. Fifth Report of Session 2017–19«, 24. 7. 2018 (https://publications.parliament.uk/pa/cm201719/cmselect/cmcumeds/363/363.pdf).

dingungen der modernen Datenverarbeitung die Selbstbestimmung bei der freien Entfaltung der Persönlichkeit gefährdet werde: Wer nicht weiß oder beeinflussen kann, welche Informationen bezüglich seines Verhaltens gespeichert und bevorratet werden, werde aus Vorsicht sein Verhalten anpassen. Man nennt dies **chilling effect**: Damit ist ein vorauseilendes, selbstbeschränkendes Handeln aus Angst vor möglichen Folgen gemeint. So kann die Tatsache der ständigen Datenerfassung Menschen dazu veranlassen, sich in ihrem Verhalten einzuschränken, nicht aufzufallen bzw. sich an vermeintlich Normatives zu halten. Sich nur stromlinienförmig zu verhalten und zu äußern bzw. die eigene Meinung zu verschweigen oder gar den Kontakt zu Menschen zu unterbinden, die sich kritisch äußern, bedeutet einen Verzicht auf **Meinungsfreiheit**, **Integrität** und **Authentizität**. Dies würde fatale Folgen für unsere auf diesen Werten begründete Demokratie haben. Es würde sich damit im digitalen Zeitalter eine selbstzensorische Schweigespirale in Gang setzen.

Ein in der Privatheitsforschung noch weitgehend vernachlässigter Aspekt ist die Bedeutung der Privatheit für die Identitätsbildung. Die eigene **Identität** zu bilden, indem man mit Widerständen des Lebens umzugehen lernt, sich die Fähigkeit zur Resilienz (d.h. zum Widerstand gegen negative Einflüsse) also anzueignen, ist ohne den Schutz des Privaten kaum möglich. Denn dieser ermöglicht es, einen eigenen Raum für Reflexionen zu bewahren und sich mit sich selbst auseinanderzusetzen. Insbesondere **Kinder** und **Jugendliche**, die ihre Identität erst bilden müssen, jedoch in den sogenannten sozialen Medien zur Preisgabe von privaten Informationen veranlasst werden, benötigen einen Schutzraum. Hannah Arendt hat diese Bedeutung des Privaten in einer Metapher zum Ausdruck gebracht. Demnach brauchen Kinder einen Raum der »Geborgenheit«, der sie vor dem »hellen Licht der Öffentlichkeit« bewahre.[13] So gesehen wird der digitale Kosmos, in den Kinder heute hineingeboren werden, nicht nur von ökonomischen Prinzipien geprägt. Er ist auch die Bühne, auf der sich jeder im »hellen Licht der Öffentlichkeit« präsentieren soll. Für Kinder und Jugendliche ist dieser Kosmos, den sie in sozialen Medien erleben, selbstverständlich, denn sie kennen keinen anderen. Gerade für Jugendliche, die sich über soziale Medien ständig vergleichen (Wer ist attraktiver? Wer hat die schönsten Urlaubsfotos, wer besucht die originellsten Locations? usw.) und nach Orientierung suchen, stellt der Schutz der Privatsphäre eine besondere Herausforderung dar. Denn Instagram, Facebook und Snapchat geben die Struktur vor, wie man kommuniziert und wie man sich präsentieren soll. So werden Jugendliche durch die Kommunikationsstruktur der sozialen Medien dazu veranlasst, ihre persönlichen Informationen und Bilder preiszugeben und damit Einblick in ihre Privatsphäre zu geben. Damit erhöht sich ihr Verletzungsrisiko, z. B. wenn andere sich über sie lustig machen oder sie gar mobben.

Folgende Übersicht fasst die wesentlichen Funktionen der Privatheit zusammen:

13 Vgl. Hannah Arendt, »Die Krise in der Erziehung«, in: H. A., *Zwischen Vergangenheit und Zukunft. Übungen im politischen Denken I*, hrsg. von Ursula Ludz, München 2016, S. 255–276, hier S. 269.

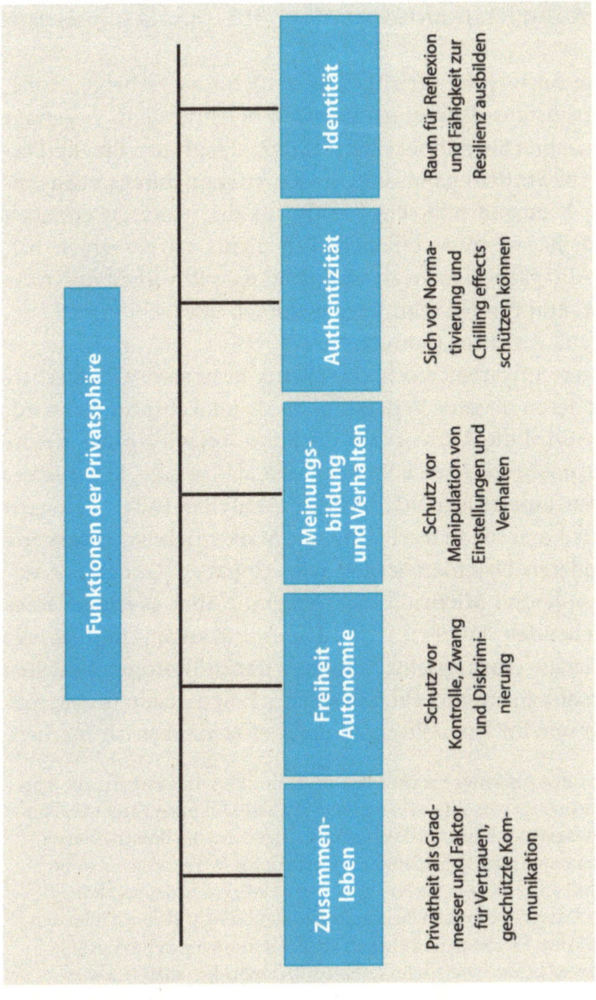

Abb. 2: Funktionen der Privatheit

Funktionen der Privatsphäre

Zusammen-leben
Privatheit als Gradmesser und Faktor für Vertrauen, geschützte Kommunikation

Freiheit Autonomie
Schutz vor Kontrolle, Zwang und Diskriminierung

Meinungs-bildung und Verhalten
Schutz vor Manipulation von Einstellungen und Verhalten

Authentizität
Sich vor Normativierung und Chilling effects schützen können

Identität
Raum für Reflexion und Fähigkeit zur Resilienz ausbilden

2.4 Kann ich meine Privatsphäre (noch) schützen?

Wer die Auffassung vertritt, dass er nichts zu verbergen habe, wird spätestens dann eines Besseren belehrt, wenn er gefragt wird: »Geben Sie mir bitte ihr Handy?«. Fragt man dies als Dozent seine Studierenden, sind die Reaktionen durchgängig dieselben: Niemand will sein Handy aus der Hand geben, auch dann nicht, wenn er offensichtlich nichts zu verbergen hat. Diese Alltagsepisode veranschaulicht, dass Privatheit durchaus als Wert empfunden wird, auch wenn wir uns nicht immer entsprechend verhalten (können).

Solange Privatheit noch ein Thema in unserer Gesellschaft ist und deren massive Verletzung als Skandal empfunden wird, solange wird die Antwort auf die Frage, ob wir unsere Privatsphäre (noch) schützen können, verhandelbar sein. Datenskandale wie zuletzt der »Cambridge Analytica-Fall«[14] befeuern zwar die Versuche in der Politik, die Marktmacht von Facebook und anderen Datenkonzernen wie Alphabet (Google), Amazon, Apple und Microsoft zu regulieren. Aber es bedarf eines tiefergehenden Prozesses des kommunikativen und gesellschaftlichen Aushandelns, um ein **datenökologisches Bewusstsein** zu entwickeln. Ein solches Bewusstsein meint, sich ähnlich wie im Umweltschutz darüber Gedanken zu machen,

14 Cambridge Analytica hat über eine vermeintlich wissenschaftliche App unrechtmäßig persönliche Daten von etwa 87 Millionen Facebook-Nutzern ausgewertet, um US-Wähler mit zielgerichteten Botschaften zu manipulieren. Der Whistleblower Christopher Wylie spricht bei dem von ihm entwickelten System von einem »Werkzeug der psychologischen Kriegsführung«. Siehe Netzpolitik.org, »FAQ: Was wir über den Skandal um Facebook und Cambridge Analytica wissen [UPDATE]«, 21. 3. 2018 (https://netzpolitik.org/2018/cambridge-analytica-was-wir-ueber-das-groesste-datenleck-in-der-geschichte-von-facebook-wissen/).

wie wir den technologischen Fortschritt für ein gelingendes Leben nutzen können. Wie in anderen Bereichen auch ist **Wissen**, aber auch **Werthaltung,** hier der Schlüssel.

Zentrales Mittel, um Wissen und Werthaltung zu sichern, dürfte eine **digitale Privatheitskompetenz** (Privacy Literacy) sein. Dieser Begriff meint, dass Nutzer gewisse Fähigkeiten in ihrem Umgang mit digitalen Medien erlernen sollten. Diese digitale Privatheitskompetenz geht aber über eine technische Digitalkompetenz hinaus und stellt die Bewusstheit über die ethische Dimension des digitalen Lebens in den Mittelpunkt. In summa können folgende Fähigkeiten für eine solche Privatheitskompetenz stehen:

- Nachdenken, warum private Daten als schützenswert einzustufen sind (ethische Reflexionskompetenz)
- Wissen, wer private Daten zu welchem Zweck erhebt, verarbeitet und weitergibt (strukturelle Kompetenz)
- Auseinandersetzen mit eigener Wertekonkurrenz, z. B. private Daten schützen, aber zugleich nicht aus WhatsApp ausgeschlossen sein wollen (Werthaltung)
- Abschätzen der Folgen, die sich aus der Preisgabe privater Daten ergeben, (Risikokompetenz)
- Nutzen von Angeboten, die Privatheit respektieren (Handlungskompetenz) sowie
- Wissen aneignen über Datenkapitalismus (ökonomische und politische Kompetenz)

Petra Grimm

Reflexionsfragen: Privatheit

1. Was ist mit einer Datafizierung der Privatsphäre gemeint?
2. Was bedeutet Privatheit?
3. Wie würde eine Welt aussehen, in der es nichts Privates mehr gäbe?
4. Was sind die Folgen, wenn immer mehr private Daten gesammelt werden?
5. Wie kann Privatheitskompetenz gebildet werden?

3. Datenschutz(recht) – Persönlichkeit als Handelsware?

Warum Regulierung kein Monster, Europa eine Insel und Dateneigentum keine Lösung ist

3.1 Irrationale Auswüchse?

Die Angst, in einer zunehmend vernetzten und hochtechnisierten Gesellschaft die Kontrolle über persönliche Daten zu verlieren, ist derzeit ebenso präsent, wie die Öffentlichkeit immer neuen Datenskandalen vermehrt müde und resigniert zu begegnen scheint. Beide Verhaltensweisen sind Teile des Privacy Paradox, um dessen Erklärung sich die Wissenschaft noch immer bemüht. Wir verhalten uns in Bezug auf unsere digitalisierten Daten widersprüchlich: Medienberichte um die Enthüllungen von Edward Snowden und die Operationen (nicht nur) US-amerikanischer und britischer Geheimdienste nehmen wir erschrocken zur Kenntnis. Unser Kommunikationsverhalten ändern wir aber nicht. In Umfragen geben wir an, der Datenschutz sei uns wichtig. Gleichzeitig akzeptieren wir das Setzen von Cookies[1] auf zahlreichen Webseiten, die unsere Informationen und Einstellungen speichern.[2] Warum und in welcher (technischen) Form genau diese Cookies gesetzt werden, hinterfragen wir nicht.

Die Halbwertszeit der Empörung gegenüber Datenskandalen ist bisweilen kurz. 2014 griff ein Beitrag in der Rubrik

[1] Ein »Cookie« ist ein Datensatz, der von einem Webserver erzeugt und über den Webbrowser des Users als Cookie-Datei auf der Festplatte seines Rechners abgelegt wird.

[2] Vgl. dazu *Datenschutz im Internet: Statista-Dossier zum Thema Datenschutz im Internet*, Hamburg 2018, Folie 21: »Schutzmaßnahmen«.

»Netzwelt« bei *Spiegel Online* die Einführung der seinerzeit neuen blauen Häkchen beim beliebten Messenger WhatsApp noch kritisch auf.[3] Mittlerweile haben wir uns an diese Funktion gewöhnt, die uns den Lesestatus einer gesendeten Nachricht signalisiert. Intensiver wurde die Wiedereinführung der Vorratsdatenspeicherung oder das Pilotprojekt zur smarten Videoüberwachung am Bahnhof Berlin Südkreuz netzpolitisch diskutiert. Gegen diese neuen Formen staatlicher Überwachung demonstrierten die Menschen auf den Straßen. Dabei soll es Teilnehmer gegeben haben, die sich mithilfe ihres Smartphones und Google Maps zum Kundgebungsort haben navigieren lassen. Stimmte das, so wäre auch dieses Verhalten paradox.

Oder ist es tatsächlich weniger problematisch, seine Standortdaten einem privaten (US-amerikanischen) Unternehmen zu geben, als dem Staat unter bestimmten Umständen Zugriff auf diese zu ermöglichen?

Vor dem Hintergrund der seit dem 25. Mai 2018 unmittelbar in allen Mitgliedstaaten der Europäischen Union anwendbaren Datenschutz-Grundverordnung (DSGVO) befindet sich die schon unter Ägide der alten Rechtslage geführte Debatte um eine »Hypertrophie des Datenschutzrechts«[4] erheblich im Aufwind. **Hypertrophie** bezeichnet in der Medizin die (krankhafte) Vergrößerung eines Gewebes oder Organs durch Zellvergrößerung. Im datenschutzrechtlichen Kontext ist damit der Vorwurf einer zu starken und letztlich nicht praxisorientierten Datenschutzregulierung verbunden. Vor allem die Boulevard-

---

3 Vgl. »Whatsapp: Blaue Haken als Beziehungskiller«, in: *Spiegel Online*, 6. 11. 2014 (www.spiegel.de/netzwelt/apps/whatsapp-blaue-haken-zeigen-an-wenn-nachricht-gelesen-wurde-a-1001311.html).
4 Dieser Ausdruck wurde so u. a. vom ersten Bundesbeauftragten für den Datenschutz, Hans Peter Bull, formuliert.

presse nimmt die bisweilen pathologische Angst vor dem Sanktionsregime der Datenschutz-Grundverordnung dankbar auf und weiß von abenteuerlichen Geschichten rund um das neue ›Regulierungsmonstrum‹ zu berichten. Beispiele betreffen die von Kindertagesstätten durchgeführte Schwärzung (Anonymisierung) der Bilder von Kindern in Erinnerungsalben – nach DSGVO angeblich erforderlich – oder das vermeintliche Gebot, keine Mieternamen auf Klingelschildern an Hauseingängen anzugeben. Was die Boulevardpresse dabei verschweigt: Sie hat nennenswerte Eigeninteressen an wenig Datenschutz, denn das Geschäftsmodell für den Online-Bereich der großen Zeitungsverleger basiert in großem Umfang auf Werbung und Nutzer-Tracking, das die Bewegung der Anwender im Internet verfolgt.

3.2 Pest und/oder Cholera?

Die Ausrichtung des Datenschutzes zielt einerseits auf den Staat (Überwachung) und andererseits auf Unternehmen (wirtschaftliche Verwertung der Daten). Man kann überlegen, ob von der einen oder der anderen Dimension die größere Gefahr droht und welche daher intensiver zu regulieren ist. Mit Blick auf staatliche Überwachung und ihren Bezug zum damit verfolgten Schutzzweck der (inneren) Sicherheit lässt sich eine Verhältnismäßigkeitsprüfung anstellen. Überwachung muss auf das zur Erfüllung des Schutzzwecks zwingend erforderliche Maß beschränkt werden und lässt sich leichter in einem System legitimieren, das rechtsstaatliche Kontrollmechanismen vorsieht. Dass die Existenz eines rechtsstaatlichen Umfelds und ein ursprünglich legitimer Zweck für die Datenerhebung allein keine verlässlichen Garantien gegen staatliche Übergriffe geben, folgt aus dem Umstand, dass sich Verarbeitungskontext und die zu Grunde liegenden Verhältnisse jederzeit ändern können. Greifbar wird dies im folgenden historischen Beispiel:[5]

> Im Jahr 1850 beginnt man in der Stadt Amsterdam, systematisch Daten über die Einwohner zu erheben. Im »Bevolkingsregister« werden Name, Geburtsdatum, Geburtsort, Familienort, Beruf, Religion, Umzug und Todesdatum eines jeden Bewohners der Stadt geführt. Ziel der Datensammlung ist es, die Stadtplanung zu optimieren und die Verteilung der Ressourcen bestmöglich auf die individuellen Bedürfnisse der Einwohner zuzuschneiden. 1940 fällt das »Bevolkingsregister« in die Hand der einmarschierten deutschen Truppen. Innerhalb kurzer Zeit werden auf dieser Grundlage die jüdischen Einwohner der Stadt ermittelt. Ein großer Teil von ihnen wird in das Vernichtungslager Auschwitz deportiert. Von den rund 80 000 Amsterdamer Juden vor Beginn der deutschen Besatzung überleben nur 10 000 Menschen den Krieg.

Strukturell lässt sich das skizzierte, mit Aktionen des Staates verbundene Missbrauchspotenzial nicht unmittelbar auf private Akteure (Unternehmen) übertragen. Google, Facebook, Amazon oder sonstige unsere Daten verarbeitende, nicht öffentliche Stellen können uns nicht auf Grundlage ihrer Erkenntnisse direkt ins Gefängnis werfen. Man wird auch der Datenverarbeitung im Rahmen eines Bestellvorgangs etwa auf der

---

5 Der im Beispiel dargestellte »Bevolkingsregister« kann online eingesehen werden unter: https://archief.amsterdam/stukken/amsterdammers/ bevolkingsregister/index.nl.html.

Online-Plattform des Versandhauses Otto in der Regel kein allzu hohes datenschutzrechtliches Risiko beimessen. Das sieht aber schon ganz anders aus, wenn das Unternehmen über besondere wirtschaftliche oder soziale Macht verfügt. Eine monopolartige Stellung kann zu Machtasymmetrien im Verhältnis zwischen Unternehmen und Kunden führen. Eine solche Machtasymmetrie kann durchaus mit dem Subordinationsverhältnis zwischen Bürger und Staat vergleichbar sein. Auch ist es für Privatmenschen der Sache nach leichter als für den Staat, in höchstpersönliche Bereiche vorzudringen. Die Vernetzung und der Datenaustausch zwischen Geräten, Plattformen, Anwendungen und Diensten reicht weit: Wenn der smarte Staubsaugerroboter die Wohnung seines Besitzers kartographiert, erfolgt dies zunächst, um seine ordnungsgemäße Funktion sicherzustellen. Werden die so erstellten Wohnungspläne ohne Zustimmung des Betroffenen an Dritte veräußert, tangiert das nicht nur dessen Privatsphäre. Das Verhältnis zwischen Betroffenem und Staubsaugerhersteller ist außerdem ungleichgewichtig bzw. asymmetrisch, weil sich der Hersteller den in den Daten liegenden wirtschaftlichen Wert (nur) einseitig zuweist. Kritiker sprechen von Überwachungskapitalismus.[6]

3.3 Schritte, die nicht jeder gehen kann

Beim Datenschutz kann es nicht nur um Rechte gehen, die (ausschließlich) im individuellen Interesse stehen. Datenschutzrechtlich relevante Erklärungen wie etwa die Einwilli-

6 Vgl. den Gastbeitrag von Shoshana Zuboff, »Wie wir Googles Sklaven wurden«, in: *F.A.Z.net*, 5. 3. 2016 (www.faz.net/aktuell/feuilleton/debatten/die-digital-debatte/shoshana-zuboff-googles-ueberwachungskapitalismus-14101816.html).

gung zur Erhebung bestimmter Daten durch einen Diensteanbieter betreffen nicht nur uns, sondern können sich auch auf andere auswirken. Das zeigt das Beispiel um datengetriebene Versicherungstarife:[7]

> Der US-Versicherer John Hancock bietet für Lebensversicherungen das »Vitality«-Programm an: Versicherte erhalten eine Apple Watch zum stark vergünstigten Preis. Vertraglich verpflichten sich die mit »Vitality« Versicherten, alle mit der Apple Watch erfassten Daten zwei Jahre lang an den Versicherer zu übermitteln. Das Programm belohnt die tägliche Leistung der Nutzerinnen und Nutzer. Mehr als 15 000 täglich erfasste Schritte erhöhen das individuelle Vitalitätskonto. Bei dauerhaft guter Performance sinken die Prämien für die Versicherung. Bei anhaltend negativem Saldo indes wird der ursprünglich subventionierte Preis für die Apple Watch angepasst und der Versicherte muss nachzahlen.

»Vitality« wirft nicht nur die Frage auf, ob der Vertrag dem Verbraucher gegenüber fair ist und inwieweit die Konditionen transparent kommuniziert werden. Es geht auch um diejenigen, die dieses Modell nicht wählen, weil sie es entweder grundsätzlich ablehnen oder es sich gesundheitsbedingt nicht leisten können. Es geht also damit letztendlich um die Bedrohung des **Solidarprinzips**, nach dem sich die Mitglieder einer definierten Gemeinschaft gegenseitig unterstützen, anstatt le-

---

7 Informationen dazu sind online beim Unternehmen abrufbar: www.johnhancockinsurance.com/vitality-program/apple-watch.html. In Deutschland wird eine abgeschwächte Variante des »Vitality«-Programms von den Generali Versicherungen angeboten.

diglich für sich selbst verantwortlich zu sein. Es geht auch um die Gefahr, dass Datenschutz zum **Luxusgut** wird. Weiter flankiert der Datenschutz andere Rechte und dient letztlich der Freiheit selbst. Diese Dimension unterstreicht auch der Europäische Gerichtshof in seiner (zweiten) Entscheidung zur Vorratsdatenspeicherung, das den Bezug zwischen dem Datenschutz und der **Meinungsfreiheit** betrifft. Mit (anlassloser) massenhafter Überwachung der Kommunikationsvorgänge der Betroffenen gehen abschreckende Effekte (chilling effects) einher: Aus Angst vor Überwachung kommunizieren die Betroffenen beispielsweise weniger. Werden weniger Meinungen ausgetauscht, kann sich dies zu einem grundlegenden Problem für die Demokratie auswachsen.

3.4 Es geht gar nicht um Daten!

Die eingangs genannten Beispiele zu dem Bevölkerungsregister in Amsterdam und dem Versicherungsprogramm »Vitality« markieren verschiedene Konzeptionen bzw. Blickrichtungen auf das Datenschutzrecht. Diese zeigen sich auch bei der scheinbar so trivialen Frage nach dem Schutzgut des Datenschutzes. Im inter- und intradisziplinären wissenschaftlichen Diskurs wird das Schutzgut verschieden definiert und Schwerpunkte unterschiedlich gesetzt. Einigkeit besteht darin, dass es beim Datenschutz entgegen dem Wortlaut gerade nicht um den Schutz von Daten, sondern um den **Schutz von Menschen** geht. Vertreten wird damit die Ansicht, Datenschutz diene dem Schutz der Privatsphäre, also einem räumlichen oder über soziale Sphären definierten Schutzkonzept, was sich zumindest teilweise mit dem Begriff der Privatheit überschneidet. In den zuvor illustrierten Beispielen klangen Begründungsansätze für den Datenschutz an, die diesem entweder eine Funktion zur Sicherung von Freiheitsrechten (wie etwa der freien Meinungsäußerung) zusprechen oder ihn als Mechanismus zur Bekämpfung von Machtasymmetrien begreifen.

Folgt man der Konzeption des Bundesverfassungsgerichts, ist das **Schutzgut** des Datenschutzes die **informationelle Selbstbestimmung**, also die Befugnis des Einzelnen, grundsätzlich selbst über die Preisgabe und Verwendung seiner persönlichen Daten zu bestimmen und nicht zum bloßen Objekt unkontrollierter Datenverarbeitung zu werden. Das Recht auf informationelle Selbstbestimmung leitet das Bundesverfassungsgericht aus dem allgemeinen Persönlichkeitsrecht (Art. 2 I i. V. m. 1 Art. 1 I GG der Verfassung) in deutlichem Bezug zur **Menschenwürde** ab. Eine datenschutzrechtliche Dimension haben daneben das ebenfalls aus dem Persönlichkeitsrecht abgeleitete Recht auf Vertraulichkeit und Integrität informationstechnischer Systeme (das sogenannte IT-Grundrecht), das Fernmeldegeheimnis (Art. 10 GG) und das Recht auf die Unverletzlichkeit der Wohnung (Art. 13 GG). Mit Blick auf das Recht auf informationelle Selbstbestimmung unterstreicht das Verfassungsgericht aber zugleich, dass es sich bei diesem um ein relatives, kontextabhängiges Schutzkonzept handelt. Das bedeutet, dass der Einzelne Einschränkungen dieses Rechts im überwiegenden Allgemeininteresse gegebenenfalls hinnehmen muss. Die Bedeutung des Kontexts wird auch außerhalb juristischer Begründungsansätze unterstrichen.[8]

---

8 Vgl. hierzu die Überlegungen Helen Nissenbaums in ihrem Buch *Privacy in Context* (s. Anm. 6, Kap. 2).

3.5 Datenschutz im europäischen und internationalen System(vergleich)

Das Datenschutzrecht in Deutschland und Europa ist mit der Datenschutz-Grundverordnung (DSGVO) zum 25. Mai 2018 umfänglich reformiert worden. Ein zentraler Grundsatz galt dabei schon lange vor der Reform: Das datenschutzrechtliche Verbot mit Erlaubnisvorbehalt (auch Verbotsprinzip genannt) geht davon aus, dass die Verarbeitung von personenbezogenen Daten rechtswidrig ist, wenn nicht die Einwilligung eines Betroffenen vorliegt oder eine gesetzliche Bestimmung die Verarbeitung ausnahmsweise gestattet. Personenbezogene Daten sind ausweislich der Legaldefinition in der DSGVO alle Informationen, die sich auf eine identifizierte oder identifizierbare natürliche Person beziehen. Das ist ein denkbar weites Konzept und reicht von Name und Alter über Daten zur Gesundheit, charakterlichen Eigenschaften, Qualifikationen dieser Person bis hin zur (IP-)Internetadresse eines Computers.

Während die Verarbeitung personenbezogener Daten im europäischen System grundsätzlich rechtfertigungsbedürftig ist, geht das US-amerikanische System prinzipiell davon aus, dass die Verarbeitung zulässig ist, solange sie nicht explizit verboten ist. Solche Verbote existieren in den USA in zahlreichen bereichsspezifischen Vorgaben (beispielsweise im Wirtschafts-, Handels-, Gesundheits- und Finanzsektor), ein übergeordnetes (allgemeines) Datenschutzrecht existiert hingegen nicht. Insgesamt ist auch die US-amerikanische Perspektive eine andere als die europäische: Der Datenschutz wird in den USA vornehmlich als Verbraucherschutz (Wirtschaftsrecht) und nicht als Grundrecht gedacht. Leitprinzip im Umgang mit Daten ist so überwiegend die Selbstregulierung (mit freiwilliger Selbstverpflichtung der Unternehmen).

Aber auch das US-System kennt den Schutz der Privatheit (Privacy) auf verfassungsrechtlicher Ebene. Hier ist allerdings nach einem 1967 gefällten Urteil des Supreme Court entscheidend, dass Betroffene diesen Schutz nur dann erwarten dürfen, wenn sie ihr Recht auf diesen angemessen begründen können (»Reasonable expectations of privacy«).[9] Dieser Ansatz wird bei Informationen problematisch, die (teil-)öffentlich in sozialen Netzwerken veröffentlicht werden. Darf man erwarten, dass Facebook die dem Netzwerk anvertrauten Informationen schützt?

Einen international (für alle Staaten der Welt) verbindlichen datenschutzrechtlichen Mindeststandard gibt es nicht. Bei den Regeln der Europäischen Union, die den Datenschutz nicht nur in der DSGVO, sondern als Grundrecht auch in Artikel 8 (»Schutz personenbezogener Daten«) der EU-Grundrechte-Charta adressiert, handelt es sich zunächst einmal um ein Recht, das lediglich auf regionaler Ebene mit derzeit noch 28 Mitgliedstaaten besteht. Dieses Grundrecht gilt weiterhin nur regional, obwohl der Anwendungsbereich der DSGVO über das Marktortprinzip weit über die europäischen Grenzen hinausreicht. Nach dem Marktortprinzip, das länderübergreifend die rechtliche Stellung von Waren in einem gemeinsamen Markt bestimmt, gelten die Regeln der DSGVO nämlich auch für ausländische (beispielsweise US-amerikanische) Unternehmen, die keine Niederlassung in der EU haben, wohl aber solche datenschutzrechtlich relevante Geschäftsaktivitäten entfalten, von denen Personen innerhalb der EU betroffen sind. Das gilt namentlich bei der Verarbeitung personenbezogener Daten der Nutzer durch Internet-Suchmaschinen (Goo-

---

9 Vgl. das US-Supreme Court-Urteil zum Fall »Katz v. United States« vom 18. 12. 1967, Azr. 389 U. S. 347.

gle) oder Social-Media-Plattformen (Facebook, Twitter, Instagram).

Wegen des Marktortprinzips beginnen die Regelungen der DSGVO zwar zunehmend, sich international als wichtiger Standard zu etablieren. Einen weltweiten Konsens bilden sie aber nicht ab. Nach Angaben der United Nations Conference on Trade and Development (UNCTAD) haben weltweit nur 57 Prozent aller Staaten Gesetze, die den Datenschutz bzw. die Privatheit (Privacy) schützen.[10]

3.6 Dateneigentum dient nicht dem Datenschutz

Das Dateneigentum ist politisch in aller Munde. Bisweilen durch die Begrifflichkeiten der »Datensouveränität« und der »Datenhoheit« weiter verklärt, wird ein faires System des Dateneigentums gefordert, was nicht nur für bestimmte Branchen (namentlich für die Autoindustrie, die für das hochautomatisierte Fahren auf große Datenmengen angewiesen ist), sondern insgesamt für erforderlich gehalten wird, um innovativ und international wettbewerbsfähig bleiben zu können. Vornehmlich betrifft das Dateneigentum maschinengenerierte und zwischen Systemen ausgetauschte (M2M Communication)[11], nicht personenbezogene Daten. Der genaue Zuschnitt ist in der rechtspolitischen Diskussion aber noch nicht abschließend geklärt.

Will man sich der Debatte auf sachlicher Ebene nähern, lohnt es, bei Begriff und (Rechts-)Natur desjenigen Gegen-

10 Die Auswertung der UNCTAD ist abrufbar unter: https://unctad. org/en/Pages/DTL/STI_and_ICTs/ICT4D-Legislation/eCom-Data-Protection-Laws.aspx.
11 »M2M« steht für »Machine-to-Machine«.

stands zu beginnen, der eigentumsfähig gemacht werden soll: Der Begriff ›**Daten**‹ bezeichnet nämlich zunächst etwas in einer bestimmten Form Vorliegendes bzw. Gegebenes (lat. *dare*, ›geben‹). Die Form des ›Gegebenen‹ (lat. *datum*) kann elektronisch oder magnetisch sein, jedenfalls muss sie maschinenlesbar und damit codiert sein. Nur so können Daten (beispielsweise auf Tonbändern, Disketten, Festplatten, Memory-Sticks, Chip- und Speicherkarten) Gegenstand von Prozessen in oder zwischen Datenverarbeitungsanlagen werden. Während die digitalen Daten von Menschen nur mittels technischer Hilfsmittel sinnlich wahrgenommen werden können, geht es bei Information um (unmittelbar zwischen Menschen) kommunizierbares Wissen. Der Begriff der **Information** verhält sich, wenn man an der lateinischen Herkunft des Begriffes anknüpft und das Präfix ›in‹ im Sinne einer Negation versteht (*informitas* ›Formlosigkeit‹), entgegengesetzt zum Begriff des Datums und setzt einen zur Interpretation fähigen, menschlichen Adressaten voraus. Die Ebenen Daten, Information und Wissen lassen sich einem Schichtenmodell zuordnen, in dem sich physical layer (Datenträger), code layer (Daten) und content layer (Information) unterscheiden lassen.

Diese Vorüberlegungen sind keine akademische Spielerei. Die Frage, auf welcher der drei Ebenen ein Konflikt entsteht bzw. Schutz gewährt werden muss, ist vielmehr essenziell. So verfolgt denn auch vieles, was über ein Eigentumsrecht an Daten einer Ausschließlichkeit[12] zugeführt werden soll, tatsächlich die Absicht, den Zugriff auf Information zu regulieren. Es

12 Ausschließliche Rechte erlauben es dem Begünstigten, eine vermögenswerte Position unter Ausschluss aller weiterer Personen zu nutzen. So kann der Eigentümer einer Sache nach Belieben mit dieser verfahren und andere von jeder Einwirkung ausschließen, soweit nicht das Gesetz oder die Rechte Dritter verletzt werden.

geht um Informationsbeherrschung. Weiter zielführend ist die Erkenntnis, dass Daten nicht miteinander rivalisierende Güter sind. Das bedeutet, dass sie beliebig oft vervielfältigt und von mehreren Personen zugleich genutzt werden können, ohne sich zu verbrauchen. Das ist der wesentliche Unterschied zu materiellen Gütern, bei denen die Nutzung durch eine (exklusiv berechtigte) Person den Ausschluss anderer oder den Verbrauch der Sache bedeuten kann. Aus diesem Grund ist auch die oft bemühte Metapher von Daten als dem neuen Öl verfehlt und als Blaupause für ein Regelungskonzept wenig sachdienlich.

Das Dateneigentum lässt sich auch nicht mit informationeller Selbstbestimmung begründen, denn diese ist, wie oben gesehen, gerade kein absolutes (ausschließliches), sondern ein relatives, kontextabhängiges Konzept. Begründen ließe sich Dateneigentum gegebenenfalls mit einer erbrachten Eigenleistung, soweit man diese (wie im Urheberrecht und auf den Überlegungen von John Locke[13] beruhend) konstituierend für die Güterzuweisung hält. Fraglich ist dann nur, wer diese Eigenleistung angesichts der Produktion von Daten erbringt. Ist es der Datenerzeuger? Ist es derjenige, der zentrale Dienste, also die wesentliche Dateninfrastruktur, zur Verfügung stellt? Oder ist es derjenige, der die Informationen speichert? Gilt eine einheit-

---

13 Nach Locke legitimiert der Einsatz (kreativer) Arbeit die Begründung einer besonderen Rechtsposition. Locke schreibt: »Die Arbeit seines Körpers und das Werk seiner Hände sind, so können wir sagen, im eigentlichen Sinne sein Eigentum. Was immer er also dem Zustand entrückt, den die Natur vorgesehen und in dem sie es belassen hat, hat er mit seiner Arbeit gemischt und ihm etwas Eigenes hinzugefügt. Er hat es somit zu seinem Eigentum gemacht.« John Locke, *Zwei Abhandlungen über die Regierung*, übers. von Hans Jörn Hoffmann, hrsg. von Walter Euchner, 2. Buch, Kapitel 5, §27, Frankfurt a. M. ⁶1995. [Originaltitel: *Two Treatises of Government*, 1689.]

liche Betrachtungsweise, wer die Eigenleistung erbringt, oder variieren die Kriterien bereichsspezifisch (und sind z. B. anders im Zusammenhang mit Wearables, siehe Kap. 6.1, als bei Connected Cars, siehe Kap. 13.2)?

3.7 Datenschutz als Innovationsbremse?

Nun steht ein starker Datenschutz in Verdacht, Innovation zu bremsen. Das als liberaler empfundene US-amerikanische System begünstige die dort ansässigen Unternehmen im weltweiten Wettbewerb, so die These. Bei Lichte betrachtet ist schon die Annahme unzutreffend, das US-amerikanische System sei über alle bereichsspezifisch adressierten Bereiche weniger reguliert als das europäische. Weiter werden gerade auch in den USA zunehmend Stimmen laut, die Nachhaltigkeit und Reflexion im technischen Entwicklungsprozess betonen. Apple-CEO Tim Cook unterstreicht in Interviews regelmäßig, dass Datenschutz Bestandteil der Unternehmenskultur des US-amerikanischen Technologieunternehmens sei. Im Herzen des Silicon Valley wurde jüngst von ehemaligen Mitarbeitern der Tech-Giganten das Center for Humane Technology gegründet, das sich für nachhaltige Technikgestaltung einsetzt, in der der Mensch im Mittelpunkt steht (Responsible Innovation, Privacy and Ethics by design). Entsprechende Kurse gibt es neuerdings an der Harvard University und dem Massachusetts Institute of Technology.

Noch eine weitere Entwicklung widerspricht der These, dass strenger Datenschutz Innovation hemme: Der 2018 herausgegebene, jährlich erscheinende »Global Competitiveness Report« des Weltwirtschaftsforums überrascht mit der Feststellung, dass Deutschland die weltweit besten Voraussetzungen bietet, um innovative Prozesse von der Idee bis hin zur Vermarktung zu bewältigen.[14] Innovationskraft braucht scheinbar kein Dateneigentum – und Datenschutz mit Augenmaß verhindert nicht, sondern begünstigt innovative und nachhaltige Entwicklung.   *Tobias O. Keber*

Reflexionsfragen: Datenschutz(recht)

1. Sollte der Datenschutz die Verarbeitung personenbezogener Daten durch den Staat oder durch Unternehmen regulieren?
2. Sollte ein Versicherungsangebot wie das »Vitality«-Programm in Deutschland zulässig sein?
3. Bewerten Sie den Satz: »Meine Daten gehören mir!«
4. Warum steht der Datenschutz im transatlantischen Verhältnis USA – EU vor großen Herausforderungen?
5. Was könnten Unternehmen tun, um sowohl innovativ zu sein als auch dem Datenschutz Rechnung zu tragen?

14 Die Studie des Weltwirtschaftsforums ist abrufbar unter: http://reports. weforum.org/global-competitiveness-report-2018/.

4. Zur Sicherheit? Überwachung, Transparenz und Kontrolle

> »K. lebte doch in einem Rechtsstaat, überall herrschte
> Friede, alle Gesetze bestanden aufrecht, wer wagte ihn
> in seiner Wohnung zu überfallen?«[1]

Sicherheit begegnet uns tagtäglich in vielen Formen. Eine langfristige Lebensplanung bedarf zum Beispiel Dingen wie einem sicheren Arbeitsplatz, einer Wohnung, einer guten Vorsorge für schwerere Zeiten und Ähnlichem. Um sich in der Öffentlichkeit frei und ohne Angst bewegen zu können, erfordert es sichere Straßen oder eine verlässliche Verfolgung und Prävention von Kriminalität. Ersteres wird als **soziale Sicherheit** bezeichnet, letzteres als **öffentliche Sicherheit**.[2] Allgemein besteht die Aufgabe des Staates darin, seine Bürger zu schützen bzw. die öffentliche Sicherheit herzustellen. Dies ist ein Grundpfeiler von freien demokratischen Gesellschaften, denn ohne ein gewisses Maß an Sicherheit ist kein freies Leben in der Gesellschaft möglich.

Überwachung bedeutet das Ansammeln von Daten mithilfe verschiedener, beobachtender Methoden und die anschließende Auswertung jener Daten, um auf diese Weise weiterführende Informationen zu erhalten. Die Informationen können in verschiedenen Zusammenhängen bewertet werden und zu eigenen Urteilen über Personen oder Situationen führen. Dieser Vorgang kann im Anschluss verschiedene Handlungsoptionen offenbaren. Überwachung hat deshalb vorrangig einen Nutzen für strategische Planung und ermöglicht voraus-

---

1 Franz Kafka, *Der Prozess*, Köln 2006 [1925], S. 7.
2 Vgl. Bernhard Frevel, *Sicherheit. Ein (un)stillbares Grundbedürfnis*, Wiesbaden ²2016, S. 3–5.

schauendes Handeln. Sie ist ein wirksames Instrument zur Gefahrenabwehr, weil sie einen Wissensvorsprung verschafft. Dieses Wissen kann für unterschiedliche Zwecke genutzt werden und verleiht eine ganz bestimmte Art von **Macht** sowie Kontroll- und Steuerungsmöglichkeiten.

Die **Digitalisierung** ermöglicht eine zunehmend weiter reichende Überwachung und Durchdringung aller Lebensbereiche bei immer reduzierterem Aufwand, denn es werden immer weniger personelle Ressourcen benötigt. Maschinen erfassen umfangreiche Daten, die oft freiwillig zur Verfügung gestellt werden, wie beispielsweise durch die Benutzung der virtuellen Assistentin Alexa von Amazon im Wohn- oder Schlafzimmer. Daneben übernehmen Algorithmen einen großen Teil der Auswertung und Kategorisierung der Daten. Meist wird die Ausweitung von Überwachungsmöglichkeiten damit begründet, dass sie mehr Sicherheit bringen, doch es besteht die Sorge, dass dies möglicherweise in eine totale Überwachung aller Menschen bei allen Aktivitäten, an allen Orten und zu jeder Zeit führt.

Neu ist in Zeiten der Digitalisierung demnach vor allem, dass Überwachung ›billig‹ geworden ist und ihren anrüchigen Charakter verliert. Überwachung erscheint notwendig, sinnvoll und wird in unterschiedlichen Kontexten gesellschaftlich akzeptiert – sie wird ›normal‹. Ebenso werden die Erzeugnisse der industriellen Überwachung in Form von gewonnenen Informationen im freien Handel verkauft und erworben, sodass der Handel mit Daten immer weiter aufblüht, wie der prominente Slogan »Data is the New Oil« zeigt. Überwachung kann deshalb als der Tagebau des digitalen Zeitalters bezeichnet werden, sie liegt längst nicht mehr in staatlicher Hand und ist auch nicht mehr rein politisch motiviert. Überwachung findet vielmehr in großem Ausmaß durch industrielle Unternehmen statt und ist dadurch scheinbar salonfähig geworden – aber in welchem Umfang ist sie aus ethischer Perspektive noch legitim?

In einer Demokratie sollte die Macht beim Volk liegen. Wenn sich das **Machtgefälle** aber weiterhin zugunsten von Unternehmen und staatlicher Überwachung verschiebt, birgt das eine Gefahr für die Demokratie. Was geschieht mit einer Demokratie durch eine Digitalisierung, die Praktiken der Überwachung nahezu überall installiert?

Werden wir also in einem düsteren, totalitären Regime erwachen, wie es George Orwell in seinem Klassiker *1984* beschrieben hat? Oder ist diese Überwachung notwendig, um das Volk in dieser immer komplexeren Welt zu schützen? Im Roman *1984* entwirft Orwell eine dystopische Zukunft für das Jahr 1984, in dem die konstante und totale Überwachung herrscht.

Soziologen wie Zygmunt Bauman und David Lyon entdecken jedoch im Roman *Der Prozess* (1925) von Franz Kafka eine treffendere Beschreibung unserer möglichen Zukunft.[3] Kafka schildert einen Rechtsstaat, in dem eine weitere, geheime Macht regiert, von der einige Menschen wissen, dass sie existiert, aber niemand ihre wahre Struktur und ihre Gesetze kennt. Dennoch kann diese geheime Macht komplett über das Leben und das Schicksal von Einzelnen willkürlich bestimmen.

Oder erinnern die Herausforderungen im digitalen Zeitalter zukünftig eher an die antike griechische Tragödie *Antigone* (ca. 442 v. Chr.) von Sophokles, in welcher der absolute Anspruch von Gesetzen und die Moral der Menschlichkeit wie zwei gegnerische Pole unversöhnlich aufeinandertreffen?

---

3 Vgl. Zygmunt Bauman / David Lyon, *Daten, Drohnen, Disziplin. Ein Gespräch über flüchtige Überwachung*, übers. von Frank Jakubzik, Berlin 2013, S. 22–23.

Die Ethik stellt viele Fragen, für die es oft keine eindeutigen Antworten geben kann. Das vorderste Ziel besteht jedoch darin, eine Debatte anzustoßen und zum Nachdenken und anschließenden Neudenken darüber anzuregen, wie wir leben sollen. Dieses Kapitel stellt viele entsprechende Fragen zur Zukunft der Demokratie in Zeiten der Digitalisierung und wie die umfassende digitale Überwachung unser aller Leben nachhaltig verändern könnte. Überwachung kann zum Schutz einer Demokratie und eines guten Lebens dienen und in diesem Sinne zum Einsatz kommen, sie bietet aber ebenso viele Möglichkeiten, um beides zu zerstören.

Ein Ehepaar deutscher Staatsangehörigkeit wollte 2018 in den Urlaub nach Kuba fliegen. Beim Check-in lag ein handschriftlich beschriebener Zettel am Arbeitsplatz der Mitarbeiterin der Fluggesellschaft. Darauf standen die Namen des Ehepaars. Die beiden Eheleute wurden von der Mitarbeiterin darüber informiert, dass sie den Flug nicht antreten könnten, da sie auf dem Weg nach Kuba durch US-Luftraum flögen und ihnen die Behörden der USA diese Durchreise untersagten. Hintergrund war die Tatsache, dass sich das Ehepaar auf der sogenannten »No-Fly-List« der USA befindet, auf der Personen stehen, die als Gefahr für die Sicherheit der USA gewertet werden und somit nicht in die USA einreisen dürfen. Die Eheleute verstanden nicht, wie sie auf diese Liste geraten konnten. Sie sind weder religiös noch politisch aktiv und waren nie straffällig geworden. Erst im Nachhinein sollte sich herausstellen, dass ein Vorfall in der Türkei der Grund war. Im Jahr zuvor wollte das Ehepaar mit Freunden in der Türkei Urlaub machen, dieser endete jedoch bei der Ankunft am Flughafen in der Türkei. Das Ehepaar und das befreundete Paar mussten noch am selben Tag wieder ausreisen. Auslöser dafür war der kurdische Name des Freundes, der den türkischen Behörden bei einer Stichprobe während der Einreise auffiel. Die Regierung Erdoğan sieht Kurden als große Bedrohung für die Sicherheit der Türkei an, sodass die beiden Paare als potenzielle Gefahr eingestuft wurden und nach Überprüfung ihrer Smartphones und eingehender Befragungen umgehend das Land verlassen mussten. Es folgte ein lebenslanges Einreiseverbot in die Türkei sowohl für das befreundete Paar als auch für das besagte Ehepaar selbst. Die Türkei wiederum arbeitet hierbei mit den amerikanischen Behörden zusammen, sodass die Namen der beiden Paare auch in die amerikanische Liste potenziell gefährlicher Personen übernommen wurden. Juristen sind sich einig, dass das Ehepaar wenig Chancen hat, gegen die Einreiseverbote vorzugehen, da es sich die US-Regierung seit den Anschlägen vom 11. September 2001 zur Aufgabe gemacht hat, gegen jegliche Bedrohung ihrer Sicherheit in großzügiger Auslegung von Regeln und nur auf Verdacht bzw. präventiv vorzugehen.

Das Beispiel[4] macht deutlich, dass sowohl die positiven Chancen als auch die möglichen Gefahren der digitalen Überwachung Teil einer gesellschaftlichen Debatte sein müssen, denn die Hoffnung auf ein gelingendes Leben und eine gute Zukunft für alle Menschen liegt und wächst im gemeinsamen Diskurs.

4 Vgl. Katrin Elger [u. a.], »Objekt fremder Mächte«, in: *Der Spiegel* 36 (2018) S. 42–43.

4.1 Der Zweck von digitaler Überwachung: Sicherheit oder Konsum?

> »Das Verfahren ist nämlich im Allgemeinen nicht nur vor der Öffentlichkeit geheim, sondern auch vor dem Angeklagten.«[5]

Überwachung ist ein Zustand, der Schutz bieten oder aber in Repression umschlagen kann. Der Begriff hat also positive und negative Konnotationen und bezieht sich auf möglicherweise sehr unterschiedliche Auswirkungen und Folgen. Überwachung ist jedoch nicht ausschließlich eine rein staatliche Angelegenheit. In einer Gesellschaft sind immer unterschiedliche Überwachungsformen präsent, sei es durch Erziehungsberechtigte, die Nachbarschaft oder in einem religiösen Kontext. Die Aussage »Gott sieht alles« kann zu einer sehr wirkungsvollen Form der internalisierten, also verinnerlichten Überwachung werden. Im Zuge der Digitalisierung wurde die Praxis der Überwachung jedoch immer weiter in die Wirtschaft hineingetragen. Eine neue Form der Überwachung, die nicht sicherheitsrelevante Zwecke verfolgt, ist in der Gesellschaft angekommen. Überwacht wird mittlerweile in großem Ausmaß, etwa zur Steuerung des Konsums.

Konzerne wie Facebook, Amazon oder Google verdienen ihr Geld vorrangig mit den Daten ihrer Nutzer, die sie weiterverkaufen und für die Erstellung von Nutzerprofilen verwenden. Sie perfektionieren eine neue Dimension der Überwachung. Diese gefährdet eine Demokratie, weil sie vollkommen anderen Grundsätzen und Werten folgt. In einer Demokratie sind alle Menschen vor dem Gesetz gleich, sie haben den gleichen Wert und die gleiche Würde. Überwachung durch wirtschaftli-

---

5 Kafka (s. Anm. 1), S. 107.

che Organisationen klassifiziert und bewertet Menschen aber anhand ihres Konsums, ihrer Kaufkraft, ihres Umfeldes oder ihrer Herkunft. Die Menschen haben plötzlich nicht mehr den gleichen Wert. Noch schlimmer: Sie haben nur noch einen Wert, der sich ausschließlich in Relation zum Konsum und daher zum Geld bemisst.[6]

Überwachung durch Industriekonzerne hat demnach nicht nur zur Folge, dass man individualisierte Produktwerbung bekommt. Sie hat ebenso zur Folge, dass **soziale Klassifizierung** begünstigt und unterstützt wird. Daraus folgt wiederum, dass das Prinzip der **Chancengleichheit** schleichend aufgelöst wird. Das Leben der heutigen und zukünftigen Generationen könnte mithin genau diesen Mustern und sozialen Klassifizierungen unterworfen werden.

Die Klassifizierung und Kategorisierung von Menschen ist ein mächtiger und entscheidender Vorgang, der nicht verharmlost werden darf. Die Konsequenzen betreffen in erster Linie das Leben von Individuen, in zweiter Linie formen alle Individuen zusammen unsere Gesellschaft.[7] Selbst so scheinbar harmlose Praktiken wie die individualisierte Produktwerbung, das Tracking (Verfolgen) und die Aufzeichnung des Online-Verhaltens von Nutzern haben sehr grundlegende Veränderungen angestoßen. Hinzu kommt, dass die Strukturen und die Muster, nach denen die Kategorisierungen und Bewertungen erfolgen, in der Öffentlichkeit weitgehend unbekannt sind. Es ist für den Einzelnen und zunehmend auch für den Staat immer schwieriger nachvollziehbar, welche Informationen die Tech-Unternehmen besitzen und für welche Zwecke diese verwendet werden. Das Machtmonopol der großen Unternehmen

6 Zum Aspekt der Menschenwürde siehe auch Kap. 2.1.
7 Siehe ausführlich hierzu Kap. 2.3.

besteht aus einem Wissensvorsprung und lebt von intransparenten Prozessen.

Eine Demokratie ist aber direkt abhängig von einem geteilten und gerechten Wissensstand all ihrer Bürger. Sogenannte Filterblasen zerstören diesen Grundsatz. Sie können durch eine individualisierte Informationszufuhr im Internet entstehen, indem Algorithmen Inhalte und Informationen anhand der persönlichen Interessen sortieren und fortan den Nutzern hauptsächlich thematisch passende Nachrichten empfehlen, woraus sich ein verzerrter Informationsschwerpunkt und kein gemeinsamer Wissensstand ergibt. Eine Demokratie sollte zum Ziel haben, dass für alle Bürger Chancengleichheit herrscht und soziale Unterschiede aus eigener Kraft und eigenem Willen überwunden werden können. Eine geheime Klassifizierung anhand des Konsumverhaltens und der Verkauf sowie die weitreichende Verbreitung dieser Daten und Nutzerprofile ermöglichen aber eine neue Manifestation von sozialer Ungleichheit und ein völlig neues Klassendenken entsprechend diesen digitalen Strukturen. Soziale Ungleichheiten werden in der Folge unhinterfragt festgelegt, und es findet eine schleichende Aushöhlung von demokratischen Grundsätzen und Idealen statt. Wie lassen sich demokratische Prinzipien und Strukturen angesichts der industriellen Überwachungspraktiken für die Gegenwart und die Zukunft schützen? Wie werden sich Staats- und Regierungsformen im Zuge dieser Phänomene des digitalen Zeitalters weiter verändern?

4.2 Sicherheit und Überwachung: Vorsicht ohne Ende?

> »Die Toten ehren, eine Art frommer Dienst ist's,
> doch der Staatsmacht – wem immer die Staatsmacht obliegt –
> darf man keinesfalls trotzen.
> Dich aber hat dein eigenwilliges, heftiges Wesen
> vernichtet.«[8]

Eine Möglichkeit, die Sicherheit in der Gemeinschaft allgemein zu erhöhen, besteht darin, Gefahren gezielt abzuwehren. Hierfür werden Informationen benötigt, die dazu dienen, im Voraus zu erkennen, welche Situationen oder Personen eine Bedrohung für die (öffentliche) Sicherheit darstellen könnten. Je mehr Informationen vorliegen, desto zuverlässigere Prognosen über Risiken können gestellt und präventive Gegenmaßnahmen getroffen werden. Diese Prozesse dienen in staatlichen Organisationen dazu, die entsprechenden Behörden rechtzeitig und umfassend über eine drohende Gefahr zu informieren. Dies reicht vom Wetterbericht und der Warnung vor Naturkatastrophen bis hin zur Abwehr von terroristischen Attacken. Auf diese Weise wird eine präventive Sicherheitspolitik ermöglicht, die vor allem handeln soll, bevor ein Unglück oder eine Straftat geschieht.

Doch solange die Gefahr unbekannt ist, lässt sich schwer vorhersagen, was eine unnötige Information sein könnte und was nicht. Eine Folge hiervon ist, dass immer mehr Daten gesammelt werden – auch Daten, von denen man den wahren Informationswert noch gar nicht kennt oder abschätzen kann. Ein Beispiel für solch eine umfangreiche Überwachung der Weltbevölkerung, die aus einer präventiven Sicherheitspolitik resul-

---

8 Sophokles, *Antigone*, Stuttgart 2016, S. 39, V. 872–875.

tieren kann, ist der NSA-Skandal, der vom Whistleblower Edward Snowden im Jahr 2013 an die Öffentlichkeit getragen wurde.

Die Möglichkeit der **Prävention** soll dort eine Handlungsmacht erkennen lassen, wo in der Geschichte bisher zumeist nur Ohnmacht geherrscht hat. Vermeintlich ist die Menschheit mittlerweile dank der Technik nicht mehr sich selbst, dem blinden Zufall oder dem Schicksal überlassen. Menschen können sich heute viel besser auf Gefahren einstellen.

Wie aber geht eine Gesellschaft mit der Bedrohung um, die von der menschlichen Natur ausgeht? Lässt sich durch eine umfangreiche Überwachung von einzelnen Menschen, größeren Gruppen oder ganzen Gesellschaften Gewalt vorhersagen und somit verhindern? Die entscheidende ethische Frage lautet, ob mehr Überwachung wirklich alles sicherer macht und wie sie eine Gesellschaft verwandeln kann oder in Zukunft verwandeln wird.

Im Gegensatz zur Natur und dem Wetter verändern Menschen ihr Verhalten, wenn sie sich beobachtet fühlen. Die Überwachung beeinflusst das körperliche und seelisch-emotionale Befinden von Individuen. Wie sehr dürfen liberale Gesellschaften das Leben von einzelnen Personen im Namen der Sicherheit beeinflussen? Und fühlen wir uns momentan wirklich sicherer dadurch, dass wir immer mehr Wissen über die Umwelt und unsere Mitmenschen haben?

Ein Beispiel für vorhersagende Datenanalysen ist die Software COMPAS, die seit 2012 in einigen Bundesstaaten der USA genutzt wird, um die Wahrscheinlichkeit der Strafrückfälligkeit von verurteilten Kriminellen zu berechnen. COMPAS wertet die Wahrscheinlichkeit anhand von 137 Eigenschaften der Person aus. Das klingt vielversprechend. Doch wie eine Studie von 2018 ergab, treffen selbst ungebildete Laien vergleichbare Vorhersagen wie die Software. Hinzu kommt, dass rassistische Vorurteile durch die Software eher noch verstärkt werden, wie beispielsweise der prominente Fall von Eric Loomis zeigt. Der Afroamerikaner wurde 2013 wegen Fahren ohne Fahrerlaubnis zu elf Jahren Gefängnis verurteilt. Grund für das ungewöhnlich harte Strafmaß war ein hohes Risiko der Strafrückfälligkeit, das COMPAS für Loomis berechnet hatte. Wie der Algorithmus genau arbeitet, wird jedoch vom Hersteller nicht offengelegt. Bekannt ist, dass auch das Umfeld der Person, also Wohngebiet, Freunde und Verwandte einbezogen werden. Da ein Algorithmus nur Korrelationen (Zusammenhänge) zwischen Daten eruieren kann, die ihm vorliegen, werden strukturell bedingte Ungleichheiten nicht als solche erkannt, sondern unreflektiert als Fakten aufgefasst. Dies verändert den Umgang mit Individuen, denn es zählen nur noch statistische Wahrscheinlichkeiten, die aber als quasi unausweichliche Kausalitäten gewertet werden. Es gilt somit nur noch der Erwartungswert, und es wird nicht mehr auf die Ausnahme (den Ausreißer) geachtet. Aus der prädiktiven Datenanalyse ergeben sich neue ethische Herausforderungen für die Gesellschaft, denn die Sphären der Sozialität und der Liberalität können sich im Zuge der Digitalisierung potenziell radikal verändern.

4.3 Transparenz: Kontrolle dank Sichtbarkeit?

> »How could you have a slogan like ›freedom is slavery‹ when the concept of freedom has been abolished? The whole climate of thought will be different. In fact there will be no thought, as we understand it now.«[9]

Forderungen nach mehr Transparenz bei der digitalen Datenanalyse sind immer häufiger zu vernehmen, weil durch die undurchsichtigen Praktiken der Überwachung zunehmend ein **Ungleichgewicht** aufgrund ungleicher Wissensstände etabliert wird. Die Forderung nach Transparenz an die Adresse entsprechender Akteure aus Politik oder Wirtschaft ist somit ein Ruf, dass diese freiwillig ein Stück ihrer Macht zugunsten eines demokratischeren Gleichgewichtes aufgeben sollen. Es ist der Wunsch nach Teilhabe an einem bestimmten Wissenstand und Ausdruck des Bedürfnisses, eine bestimmte Macht zu kontrollieren. Transparenz ist gleichzeitig jedoch nicht immer möglich und auch nicht immer wünschenswert. Transparenz verändert Systeme, und deshalb sollten im Rahmen einer solchen Forderung die Kontexte stets mitbetrachtet werden.[10]

Ein Beispiel hierfür sehen der Philosoph Daniel Dennett und der Medienwissenschaftler Deb Roy in der Evolutionsgeschichte. Die kambrische Explosion vor ungefähr 541 Millionen Jahren hätte nach einer Theorie des Zoolo-

---

9 George Orwell, *Nineteen Eighty-Four*, London [u. a.] 2008 [1949], S. 56.
10 Vgl. für das Beispiel zu Dennetts und Roys Theorie: Daniel C. Dennett / Deb Roy, »Wie digitale Transparenz die Welt verändert«, in: *Unsere digitale Zukunft. In welcher Welt wollen wir leben?*, hrsg. von Carsten Könneker, Berlin 2017, S. 161–172.

gen Andrew Parker innerhalb eines relativ kurzen Zeitraumes in der Natur eine unglaubliche Artenvielfalt hervorgebracht. Die Theorie besagt, dass die Ozeane durch chemische Veränderungen lichtdurchlässig und somit transparent wurden. Alle Lebewesen im Wasser hätten sich daraufhin ihrer neuen Umwelt anpassen müssen, um zu überleben. Lebewesen, die Augen ausbildeten und sehen konnten, wurden die besseren Jäger. Organismen, die sich tarnen konnten, hatten die größeren Überlebenschancen. Das Spiel aus Sehen und Gesehenwerden begann: Sichtbarkeit verschafft dem Jäger leichte Beute, Unsichtbarkeit und Tarnung bieten hingegen Schutz. Für Dennett und Roy ist es daher nur logisch, dass auch menschliche Machtstrategien sich dagegen wehren, allzu leicht entblößt zu werden.

In Zeiten von Konzernen wie Facebook, Alphabet (Google) und Amazon scheint sich das Monopol auf Informationen über die Bürger eines Staates verschoben zu haben. Während der Staat die Aufgabe und das Interesse hat, seine Bürger zu schützen, bleiben die Tech-Riesen Wirtschaftsunternehmen, die in erster Linie daran interessiert sind, ihre Position im Markt und damit ihre Profite zu sichern.

Wie soll und kann dieser Tatsache begegnet werden? Die Offenlegung von bestimmten Praktiken dieser Tech-Unternehmen, ihren Interessen und Funktionen wäre ein erster Schritt, denn demokratische Strukturen zeichnen sich durch Sichtbarmachung und Aufklärung aus. Die Forderung nach Transparenz findet in diesem Bezug auf demokratische Strukturen ihre beste Legitimation.

Gleichzeitig muss aber auch das **Geheimnis** sein Recht auf Existenz in liberalen Gesellschaften haben. So sammeln Geheimdienste die unterschiedlichsten Informationen, doch sie handeln immer im Verborgenen, funktionieren verdeckt. Nationale Sicherheit wird deshalb an Geheimnisse gekoppelt, weil Sicherheit eben nicht von Transparenz lebt. Im Gegenteil: Es ist das Geheimnis, welches Schutz bietet. Doch wer ist Freund und wer ist Feind – wer muss seine Geheimnisse offenbaren und wer darf in Zukunft überhaupt noch Geheimnisse haben?

Die Digitalisierung und neue Technologien bieten insgesamt viele großartige Chancen. Zugewinn auf einer Seite bedeutet zumeist aber auch Verlust auf einer anderen. Sicherheit und Überwachung sind kritische Themen im Zusammenhang mit der Digitalisierung unserer Lebenswelt. Sicherheit ist jedoch nicht nur an Tatsachen gebunden, sondern auch an das Empfinden der Menschen. Ohne das Gefühl von **Vertrauen** kann sich kein Gefühl von Sicherheit einstellen.

Ein paternalistischer (bevormundender) Staat ist ein System ohne Vertrauen, vergleichbar mit dem mangelnden Vertrauen von überwachsamen Eltern, die ihren Kindern keine Möglichkeit lassen, ein eigenständiges Leben zu führen. Ein Gefühl von Sicherheit herrscht jedoch nur in einer Gesellschaft, die sich als Gemeinschaft betrachtet. Teil einer Gemeinschaft zu sein ist ein wichtiges Ziel für Individuen und für ein gelingendes und selbstbestimmtes Leben in Freiheit. Wie viel Vertrauen muss also ein Staat in seine Bürger haben, damit eine liberale Demokratie noch funktioniert?

In diesem Zusammenhang muss immer im Blick behalten werden, dass Transparenz in Relation zur **Kontrolle** steht. Geheimnisse und undurchsichtige Strukturen entziehen sich der Kontrolle. Das Wesen liberaler Gesellschaften ist jedoch die **Freiheit**. Freiheit bedeutet, dass man sich auch ein Stück der

Kontrolle entziehen kann. Die Tech-Riesen konnten ihre Praktiken nur in einer freien Marktwirtschaft und in liberalen Demokratien etablieren. Autoritäre Staaten erlauben den Anbietern meist nicht einmal, ihre Dienste offen anzubieten, sondern bringen lieber eigene Unternehmen, die staatlich kontrolliert werden, ins Spiel. Unternehmen, welche die Vorteile der Demokratie für ihre Zwecke nutzen, sollten daher selbst demokratischen Grundsätzen folgen. Der wichtigste demokratische Grundsatz ist das Gleichgewicht von Macht. Die Digitalisierung könnte dazu beitragen, dieses Gleichgewicht zu stärken und es nicht weiter abzuschwächen. Momentan ist dieser Wunsch aber mehr eine Hoffnung, die zunehmend zu verschwinden droht, die Realität gleicht sich immer weiter düsteren Utopien an, wie sie bereits in Romanen und Filmen heraufbeschworen wurde, beispielsweise in George Orwells Roman *1984*. Die Mahnungen, die in diesen fiktiven Entwürfen ausgesprochen werden, zeigen deutlich, was Menschen verlieren, wenn die totale Überwachung ihre Freiheit raubt. Diese Geschichten erinnern die Leser aber auch, wofür es sich zu kämpfen lohnt:

»Winston stopped reading, chiefly in order to appreciate the fact that he was reading, in comfort and safety. He was alone: no telescreen, no ear at the keyhole, no nervous impulse to glance over his shoulder or cover the page with his hand. [...] It was bliss, it was eternity.«[11]

Susanne Kuhnert, Tino Wagner

11 Orwell (s. Anm. 9), S. 192.

Reflexionsfragen: Überwachung, Transparenz und Kontrolle

1. Welches Ausmaß an Überwachung ist legitim und sinnvoll innerhalb eines demokratischen Rechtsstaates? Und wie viel Überwachung ist notwendig, um die Bevölkerung in einer immer komplexeren Welt zu schützen?

2. Welche Möglichkeiten hat eine Gesellschaft, um mit der Bedrohung umzugehen, die von der menschlichen Natur ausgeht?

3. Wie weit darf eine liberale Gesellschaft in die Freiheit von einzelnen Personen im Namen der Sicherheit eingreifen?

4. Wer erfährt Schutz durch staatliche Überwachung und wer ist besonders schutzbedürftig: Individuen? Minderheiten? Die Mehrheit? Oder die gesamte Gesellschaft?

5. Wer ist Freund und wer ist Feind eines demokratischen Rechtsstaates – wer muss seine Geheimnisse offenbaren und wer darf in Zukunft überhaupt noch Geheimnisse haben?

6. Wie soll ein liberaler Staat industrielle Überwachungsmethoden und Strategien regulieren?

5. Der zwanglose Zwang des »Always on«

Informationsdruck, soziale Vernetzung und das neue Bild des Menschen in der Digitalität

5.1 Unsere digitale Gegenwart

Es reicht heutzutage, sich in ein Café zu setzen oder sich an eine beliebige belebte Straßenecke zu stellen: Überall sieht man Menschen aller Altersstufen intensiv auf ihre Smartphones oder Tablets starren, mit ihren Fingern über das Display wischen oder Fotos machen. Manchmal wird man den Eindruck nicht los, dass diese Menschen dem realen Leben um sie herum verlorengegangen sind: wie ferngesteuert wirken sie. Das passende umgangssprachliche Wort dafür ist »Smombie« (Smartphone-Zombie). YouTube ist voller Videos, die Missgeschicke und Unfälle zeigen, die Fußgängern beim weltvergessenen Starren auf den Bildschirm passieren. Auch am Steuer eines Fahrzeugs birgt die Nutzung von Mobilgeräten ein hohes Unfallrisiko – und ist dennoch alltägliche Praxis. Viele Menschen scheinen im wahrsten Sinne des Wortes ihr Smartphone nicht loslassen zu können.

Sie setzen damit ein Wortbild um, das die amerikanische Linguistin Naomi S. Baron bereits 2008 geprägt hat: »Always on«. Das heißt: Die Menschen sind immer online, sind vom Aufstehen bis zum Schlafengehen vernetzt und teilen sich ständig mit. Das bereitet ihnen offenbar Freude, stillt ihre Neugier, verschafft ihnen auch notwendige Entspannung oder schlicht: Unterhaltung. Jeden Tag werden so etwa Millionen Pizzabilder gepostet. Viele Menschen vermessen auch ihre sämtlichen Aktivitäten und Körperfunktionen und treten über diese Daten in Online-Foren in einen Wettbewerb. Sich mit anderen zu vernetzen, ist eines der wesentlichen Merkmale menschlicher Existenz. Im digitalen Zeitalter erfolgt diese Vernetzung nun eben auch online – und erfordert oft großen Zeitaufwand.

In einer Studie von 2017 geben 38 Prozent der befragten Briten an, das Smartphone »zu häufig« zu benutzen; bei den Befragten im Alter von 16 bis 24 Jahren sagt das mehr als die Hälfte. Unabhängig vom Alter beschreiben 79 Prozent der Briten es als ihre Gewohnheit, kurz vor dem Einschlafen nochmal ihre Apps aufzurufen und Statusmeldungen zu kontrollieren, 55 Prozent der Befragten machen das innerhalb von 15 Minuten nach dem Aufwachen. In Großbritannien haben Aktivisten 2016 daher bereits einen »National Unplugging Day« ins Leben gerufen, einen landesweiten »Ausschalttag«, in dessen Umfeld u. a. auch Psychotherapeuten Menschen dabei helfen sollen, digitale Geräte sinnvoll und reflektiert einzusetzen – oder sie vielleicht wirklich sogar einmal auszuschalten.

Für Außenstehende mutet eine fast pausenlose Nutzung[1] von Digitalgeräten zum Chatten, zum Kontakthalten oder zur unablässigen Protokollierung fast aller Lebensbereiche und Verrichtungen (oft auch sehr intimer Art) zwanghaft an, auch wenn es kein Zwang im psychopathologischen Sinne sein muss. Dieser Zwang wird als **Erwartungshaltung** von außen an uns herangetragen. Viele Menschen haben dies längst verin-

---

1 Vgl. zu den Angaben im Kasten: Stuart Dredge, »Mobile Phone Addiction? It's Time to Take Back Control«, in: *The Guardian Online*, 27. 1. 2018 (www.theguardian.com/technology/2018/jan/27/mobile-phone-addiction-apps-break-the-habit-take-back-control).

nerlicht und sich zu eigen gemacht. Sie würden wohl widersprechen, wenn man ihnen sagte, dass sie mit ihrem Verhalten einen Teil ihrer Autonomie aufgeben. Aber es scheint auf vielen Menschen ein **Informationsdruck** zu lasten, der die Freiwilligkeit des eigenen Mitteilens hinter sich lässt. Das Internet, speziell die Social Media, sind mit einem »zwanglosen Zwang« belegt.

5.2 Individuum und Selbstbestimmung

Ein Merkmal des Erwachsenwerdens ist der Gewinn an Unabhängigkeit. Im Laufe seiner Sozialisation erwirbt der Mensch ein zunehmendes Maß an Autonomie und lernt eigenständig zu denken und zu handeln. Autonomie bedeutet Selbstbestimmung. Die »Fähigkeit, Entscheidungen zu treffen, die den besten Gründen folgen, ist das, was die menschliche Freiheit und Verantwortung ausmacht und uns von Tieren unterscheidet«, formulieren es Julian Nida-Rümelin und Nathalie Weidenfeld in ihrem Buch zum digitalen Humanismus treffend.[2] Doch die kulturell geprägten Normen, die das Zusammenleben in der Gesellschaft bestimmen, scheinen sich zu verändern.

Im digitalen Zeitalter des »Always on« steht die Kollaboration, also das Zusammenarbeiten mit anderen Menschen, stärker im Mittelpunkt der Gesellschaft als zuvor. Dies ist eine teilweise Abkehr von hyperindividuellen Leitbildern vergangener Jahrzehnte und vielleicht zugleich eine Rückkehr zu eher kleinteiligen Arbeitsarrangements, wie wir sie im vorindustriellen Zeitalter etwa als Manufakturen kannten – mit dem bedeutsamen Unterschied, dass sich die online verbindenden bzw. kol-

---

2 Rümelin/Weidenfeld (s. Anm. 9, Kap. 1), S. 45.

laborierenden Menschen der Gegenwart dabei an unterschiedlichen Orten aufhalten, losgelöst von Zeit und Raum. Wir sind heutzutage selbst dann mit irgendwem zusammen, wenn wir alleine sind, so hat es die amerikanische Sozialwissenschaftlerin und Psychologin Sherry Turkle 2011 in ihrem Buch *Alone Together* (dt.: *Verloren unter 100 Freunden*) formuliert. Wir sind »zusammen allein« und beziehen uns dabei doch immer aufeinander.

Die Online-Vernetzung mache es laut Turkle leichter, mit eigenen Identitäten zu spielen, also z. B. über Avatare oder Zweitprofile alternative Ichs auszuprobieren. Es werde aber auch schwieriger, die Vergangenheit hinter sich zu lassen, denn »das Internet ist für immer«: Alles, was man einmal gepostet oder hinterlassen hat, bleibt abgespeichert, auch wenn man es von seiner Timeline gelöscht hat. Dieses Aufwachsen im permanent verbundenen Raum bedeutet, dass man ständig beobachtbar und kontrollierbar ist – man ist gewissermaßen ›angebunden‹, wie an einer Leine.

Dies führt in vielen Fällen dazu, dass man sein Verhalten anpasst: Man postet Texte und Bilder nicht, weil man diese besonders empfehlenswert findet, sondern um sein Dazugehören zu dokumentieren, und man passt seine Äußerungen dabei zugleich an die Erfordernisse der Gruppe an. Dies ist ein komplexer, wechselseitiger Prozess. Sherry Turkle weist in diesem Kontext darauf hin, dass man Persönlichkeiten, die so zerbrechlich und fragil sind, dass sie konstante Unterstützung von anderen brauchen, als narzisstisch bezeichnet. Das narzisstische Selbst passt seine **Selbstdarstellung** an die wahrgenommenen **Erwartungen** anderer Menschen an. Dies ist eine Verstellung, die man als Verzerrung des eigenen Ichs bezeichnet. Zugleich ist im Internet ein Effekt der **Enthemmung** (Disinhibition) zu beobachten. Viele Menschen geben in der Online-Welt ihre in Jahren der Sozialisation angeeignete Zurückhaltung auf. Nicht nur posten sie oft sehr viel, sie pöbeln im Netz teilweise auch hemmungslos andere Netzbürger an. Man sieht das in vielen Foren und in den Social Media – und wundert sich, denn von Angesicht zu Angesicht würden diese Pöbler sich wahrscheinlich kaum so verhalten (obwohl ihr Verhalten inzwischen auch auf das gesellschaftliche Miteinander in der Realität abzufärben scheint).

Es ist nicht die Technologie des Internets bzw. der Social Media alleine, die dieses neuartige In-Beziehung-Setzen der eigenen Emotionen mit anderen Menschen hervorbringt, aber sie macht es einfacher. Jede Technologie hat einen Aufforderungscharakter, eine »Affordanz«, mit der sie uns Anweisungen gibt, wie wir uns verhalten sollen, wie wir sie einsetzen sollen: Vor dem Fernseher sitzt man, Autos haben möglichst schnell zu sein, E-Mails sind sofort zu beantworten usw. Die Technologie des Internets lässt es längst als normal erscheinen, alle möglichen Details von sich preiszugeben und seine Meinungen im Netz zu posten. Wir haben zunehmend die Vorstellung, verfügbar sein zu müssen, am besten ›24/7‹, also rund um die Uhr, sieben Tage die Woche. Wir empfinden diesen zwanglosen Zwang nicht als Persönlichkeitsstörung, als die man diese Neigung noch vor kaum 20 Jahren oftmals diagnostiziert hätte.[3]

---

3 Vgl. für das folgende Beispiel über die »Snapchat-Dysmorphie«: Sam Wolfson, »Snapchat Photo Filters Linked to Rise in Cosmetic Surgery Requests«, in: *The Guardian Online*, 9. 8. 2018 (www.theguardian.com/ technology/ 2018/aug/08/snapchat-surgery-doctors-report-rise-in-patient-requests-to-look-filtered).

Plastische Chirurgen berichten inzwischen, dass sie vermehrt Anfragen erhalten, in denen Social-Media-Nutzer ihre Gesichtszüge so umoperieren lassen möchten, dass sie wie auf ihren eigenen, bearbeiteten Selfies aussehen. Es gibt schon einen Fachausdruck dafür: »Snapchat-Dysmorphie«, eine moderne Ausprägung der Dysmorphophobie, einer Körperbildstörung. Die Ratsuchenden finden sich nicht schön genug, empfinden sich gar als missgestaltet – und präsentieren sich online in einer Art optimierten Version. Den Medizinern zufolge haben die Fotobearbeitungsfilter von Snapchat, Instagram & Co. »desaströse Auswirkungen auf das Selbstwertgefühl der Menschen«. Wie groß dieser Trend wird, ist noch nicht abzuschätzen.

Die Affordanz, sich ständig im Netz verhalten und teils anpassen zu müssen – also: ständig etwas mitteilen, kommentieren, bebildern, perfekt sein zu müssen –, ist Teil des Geschäftsmodells der sozialen Online-Netzwerke. Sie leben von den Interaktionen ihrer Mitglieder, denn jeder Post verrät ein kleines bisschen mehr über den sich mitteilenden Menschen, etwa seine Aufenthaltsorte und seine Kontakte (und somit sein soziales Umfeld), seine Meinung zu bestimmten Themen (und in der Kombination mit anderen Meinungsäußerungen damit seine politischen Überzeugungen), die von ihm gekauften Konsumartikel (und so seine Kaufgewohnheiten und seine wirtschaftliche Kaufkraft), seine Wünsche und Hoffnungen. Je mehr wir posten, desto besser sind wir einzuordnen und vorherzusehen, also zu kontrollieren. Und desto passgenauer können die Online-Netzwerke an den individuellen Nutzer gerichtete Werbung ausspielen. Dies ist ein Szenario des Marketing.

Letzteres ist das Kerngeschäft der Internet-/Tech-Unternehmen, ob sie nun Facebook oder Alphabet (Google), Apple oder Microsoft heißen. Sie verdienen ihr Geld damit. Auch wenn die Nutzung von Facebook, WhatsApp oder Instagram vordergründig ›kostenlos‹ ist: Wir bezahlen sie immer mit unseren Daten, ob wir wollen oder nicht. Wir müssen Nutzerkonten einrichten und sie bespielen – am liebsten von morgens früh bis spät am Abend, im Auto, im Zug, auf der Toilette und unterwegs. Die denkbare freie Entscheidung, bei diesem Datenbewirtschaftungssystem nicht mitzumachen, fällt vielen Menschen zunehmend schwer: zum einen, weil es vor allem für jüngere Leute eben längst normal ist, solchermaßen vernetzt zu leben (sie können sich eine andere Lebensweise kaum mehr vorstellen), und zum anderen, weil die Entscheidung dafür oder dagegen eine Art **Alles-oder-nichts**-Entscheidung« ist. Es gibt eigentlich nur die Zustände »1« (dabei) oder »0« (nicht dabei). Dies ist die ursprüngliche Grundbedeutung von »digital«: mit den Fingern (lat. *digiti*) abzählend. Dazwischen gibt es nichts.

Man kann die diversen Facebook-Dienste nur nutzen, wenn man den jeweiligen Geschäftsbedingungen voll und ganz zustimmt. Letztere sind sehr lang (teilweise mehr als 60 Seiten) und für Nichtjuristen weitgehend unverständlich; zudem ändern sie sich häufig. Man hat aber am Ende immer nur zwei Entscheidungsoptionen: »Ich stimme zu« oder »Ich lehne ab«. Stimmt man zu, tritt man seine datengestützte Privatsphäre sehr umfassend ab. Lehnt man die Nutzungsbedingungen ab, wird man von Informationsquellen und Vernetzungsmöglichkeiten ausgeschlossen, die für viele Menschen längst zentral sind, etwa von Partyeinladungen, Freundschaftsanfragen, Nachrichten, der Teilnahme an Lerngruppen, Selbsthilfegruppen. Also: Wie autonom oder frei ist man noch bei seiner Entscheidung für oder gegen eine Social-Media-Plattform? Und wie freiwillig ist im Umkehrschluss die Teilnahme daran? Bequem und technisch faszinierend sind die Dienste allemal, aber sind sie auch gut für ihre Nutzer?

In der Digitalität sind es die Zwänge eines neuen **Kollektivismus**, einer neuen Art der Kollaboration und des Aufeinander-Bezogen-Seins, die den Menschen dazu drängen, sich preiszugeben, ohne dass ihm das immer klar ist. Dieser Zustand erscheint geradezu »alternativlos«. Er ist Ausdruck einer Machtbeziehung, bei der die Plattformanbieter in der machtvolleren Position sind. Immer, wenn wir von einem **Kontrollverlust** sprechen, haben wir es mit einer graduellen Abgabe von eigener Macht und einer Aufgabe von Autonomie zu tun – mal mehr, mal weniger. In dem Augenblick, wo eine andere Instanz (etwa ein Unternehmen oder eine Software) unser Verhalten auf der Basis großer Datensätze vorab berechnet, also ›kennt‹, sind wir als handelnde Individuen nicht mehr wirklich frei.

Wir scheinen auch nicht mehr individuell verantwortlich zu sein, denn unsere Handlungen sind gekoppelt an ein kollektives Verhalten, dessen Muster im Rahmen gewisser Wahrscheinlichkeiten ermittelt werden können.

Somit gehen wir eines Wesenselements unserer menschlichen Existenz verlustig. Der Mensch sei frei, aber er ist für seine Freiheit auch verantwortlich. Ein System, in dem diese Maxime nicht gegeben ist (dies kann eine Diktatur sein oder etwa eine rigide Bewirtschaftungsform), würden wir nicht als menschlich bezeichnen: Seine Zwänge dehumanisieren den Menschen.

5.3 Das neue Selbstbild des Menschen

Wir stehen zu Beginn des 21. Jahrhunderts an einer kulturellen Zeitenwende, was das Bild des Menschen von sich selbst anbelangt. Wir haben bereits erörtert, wie scheinbar individuelle Entscheidungen über ganz persönliche Belange (etwa wie viel und was alles poste ich in Social Media?) unter den Bedingungen der Netzwerkökonomie kaum noch wirklich frei möglich sind. Dieser Verlust an Autonomie bestimmt nicht nur in steigendem Maße, wie wir in der Welt wahrgenommen werden, sondern eben auch, wie unsere Gesellschaft aufgebaut ist: zunehmend weniger solidarisch, zunehmend ichbezogen und insofern individueller und womöglich auch egoistischer, teils narzisstischer, aber zugleich auch kollaborativer und kollektiver orientiert, als dies in früheren Zeiten der Fall war. Woher rührt dieses Paradoxon der Existenz im Digitalen?

Der kanadische Medientheoretiker Marshall McLuhan hat bereits in den 1960er-Jahren, also zu Beginn der Computerisierung und noch lange vor der Entwicklung des World Wide Web, die These aufgestellt, dass sich die Menschen unter dem Einfluss elektronischer Massenmedien (damals waren das vor allem Radio und Fernsehen) von Büchern und dem gedruckten Wort (genauer: vom Prinzip der linearen Organisation von Zeichen und Argumenten, wie wir sie etwa als Buchstabenfolgen auf einer Druckseite finden) abwendeten. Stattdessen würden sie vermehrt zirkulär, also kreisförmig denken und argumentieren. McLuhan verwendete für diese Form der kulturellen Prägung 1964 in seinem Buch *Understanding Media* (dt.: *Die magischen Kanäle*, 1968) die Metapher des elektrischen Schaltkreises, des Vorläuferprinzips des Computerchips, der damals noch eine faszinierende Innovation war. Mehr noch: Das seit der Alphabetisierung überkommene Prinzip der Schriftlichkeit, also der schriftlichen Überlieferung von Wissen, werde von einer neuen Mündlichkeit (Oralität) abgelöst. Die Menschen würden in Zukunft nicht mehr in der klassischen Logik des gedruckten Wortes leben, in der man (über Bildungsinstanzen wie etwa die Schule vermittelt) lerne, mittels Lesen und Schreiben seinen eigenen Standpunkt einzunehmen und so seine eigene Individualität auszubilden. Vielmehr würden sie gewissermaßen in kleineren oralen »Stammeskulturen« aufgehen, in einer zweiten Phase der Oralität, den Menschen der Urzeit nicht unähnlich.

In diesen tribalistisch (von engl. *tribe* für ›Stamm‹) orientierten Lebensumwelten sei alles mit allem verknüpft, jeder mit jedermann, und alles finde gleichzeitig, simultan und synchron statt. Für McLuhan selbst, einen klassischen Gelehrten, war das persönlich wohl eher eine grauenhafte Vorstellung, aber er gilt bis heute als einer der wesentlichen Vordenker der Netzgesellschaft. »Das Medium ist die Botschaft«: Es kommt nicht so sehr darauf an, *was* wir inhaltlich mitteilen, sondern *dass* wir das möglichst permanent auf eine bestimmte Weise tun. In der Tat lesen sich viele solcher spekulativen Thesen heute erstaunlich aktuell. Fast so, als hätte McLuhan schon an die Social Media gedacht, die wir heute kennen.

Der Osloer Medienethiker Charles Ess hat McLuhans Theoreme in der Gegenwart wiederholt aufgegriffen und weiterentwickelt, 2014 etwa in seinem Lehrbuch *Digital Media Ethics*. Er geht davon aus, dass Menschen im Zeitalter des Internets und der sozialen Online-Netzwerke wie Facebook, Twitter, Instagram u. a. nicht nur zur Oralität des Informationsaustausches und der Wissensorganisation zurückkehrten (auch wenn sie dabei durchaus pausenlos Texte tippen), sondern dass damit auch eine allmähliche Ablösung des »individuellen Selbst« durch eine Art Netzwerk-Persönlichkeit erfolge, die Ess »relationales Selbst« nennt. Dieses **neue Selbstverständnis des Menschen** finde sich im Web in der Art, wie Menschen sich vernetzen und sich miteinander verschalten: jeder potenziell mit jedem, abgekoppelt von linear aufgebauten Argumentationsfolgen, stattdessen zirkulär, assoziativ und gleichzeitig.

Wie schon McLuhan behauptet auch Ess nicht, dass die Zeit für die Schriftkultur vollständig abgelaufen sei und wir keine »individuellen« Wesen mehr seien – vielmehr vollziehe sich ein allmählicher Übergang hin zum »relationalen Selbst«. Dieses in permanentem Austausch mit anderen Menschen befindliche und ständig auf das Verhalten von anderen Netzbürgern schielende und sich daran ausrichtende relationale Selbst bedeute im Kern die Abkehr von der menschlichen Autonomie, wie wir sie kennen und wie sie uns in der Schule vermittelt worden ist.

Charles Ess ist weit davon entfernt, ein Apokalyptiker oder Schwarzseher zu sein, doch er hält angesichts dieses Autonomieverlustes das Ende der Demokratie, wie wir sie heute in der Hochmoderne kennen, für möglich – und es folge eine Tyrannei, die nur dem Namen nach noch demokratisch sei. Wir können sie etwas vorsichtiger zumindest die »Post-Demokratie« nennen, eine Demokratie anderer Art, auf die es in den letzten Jahren durchaus einige skandalöse Hinweise gegeben hat. In ihr lenken Algorithmen viele Bedürfnisse der Netzbürger, etwa ihr Abstimmungsverhalten bei Wahlen, ihre Meinungsbildung. Menschen richten sich nach dem aus, was andere tun; oft ist nicht klar, ob diese aus freier Willensentscheidung handeln. Das war natürlich auch früher so: Schon vor dem Internetzeitalter lebten Menschen in klassische soziale Netzwerke eingebunden und keineswegs isoliert; bloß hat diese relationale Netzorientierung online eine höhere Stufe der Kollektivität erreicht und ist viel größer und breiter aufgestellt.

In China etwa, einer Ein-Partei-Diktatur, wird gerade ein

Big-Data-basiertes, überwachungsorientiertes Social-Credit-System aufgebaut, in dem gesellschaftlich nützliches Verhalten belohnt, unerwünschtes Verhalten aber mit Punktabzug bestraft wird. Ohne entsprechendes Punktekonto können Chinesen bald keine Bahnfahrkarten mehr kaufen, erhalten nicht die Wunschwohnung zugeteilt oder bekommen keinen Reisepass – um nur einige Konsequenzen zu nennen.

China ist natürlich ein extremes Beispiel, das nicht ohne Weiteres auf andere Weltgegenden übertragbar ist. Aber es ist ein Menetekel. Das ›gute Leben‹ mit seinen selbstbestimmten Entscheidungen, das wir in Kapitel 1 als Kern der Tugendethik kennen gelernt haben, und die Maxime unbedingter Freiheit als moralisches Wesensmerkmal des Menschen, wie wir sie in der Pflichtethik finden, steht in Gefahr, in der neuen digitalen Daseinsform des Menschen aufgehoben zu werden.

Was bleibt dann noch? Wirklich nur die Tyrannei? Es lebt sich sehr bequem in der Online-Welt der Gegenwart, zumindest dann, wenn wir Bewohner der westlich-industrialisierten Welt sind. Aber die allgegenwärtige Bequemlichkeit der Netzwerkexistenz mit ihren vielfältigen kurzfristigen Belohnungen sollte uns nicht die Autonomie, die Freiheit des Menschen aus den Augen verlieren lassen. Sie ist das höchste Gut. Wir sind »für unsere Handlungen (moralisch) verantwortlich und werden von anderen dafür zur Rechenschaft gezogen«, schreibt die Philosophin Beate Rössler treffend. Dies gelte »auch für die Verantwortung, die wir uns selbst gegenüber haben«[4].

---

4 Beate Rössler (s. Anm. 4, Kap. 2), S. 393.

5.4 Ein anderes Internet?

Die Utopie eines selbstbestimmten Umgangs mit dem eigenen Online-Leben ist in der Realität einer sehr weitgehenden systematischen Bewirtschaftung menschlicher Daten gewichen. Wir nehmen das bisher recht kritiklos hin, weil uns das Netz als Umgebung und Raum (als Habitat) bereits völlig normal und natürlich erscheint. Wir müssen aber **Haltungen** einnehmen, die uns nicht vergessen machen lassen, dass ein ›anderes Internet‹ denkbar und wünschbar sein könnte. Bloß: Wie könnte ein solches aussehen?

Es müsste ein Internet, es müssten Social Media sein, deren Angebote und Anwendungen nicht den Fokus auf die kommerzielle Ausbeutung von Daten legen (und damit auf den zwanglosen Zwang zu einer sehr detailreichen Protokollierung unseres Lebens). Es müssten stattdessen Plattformen entstehen, die **Vernetzung** und **Kommunikation** ermöglichen, **ohne Überwachungsagenturen** zu sein, und in denen stattdessen der Datenschutz Teil des Geschäftsmodells ist. Die Social Media müssten zu im wahrsten Sinne des Wortes sozialen, also gesellschaftlich orientierten Plattformen einer **freien, diskursiven Öffentlichkeit** umformiert werden, die nicht bloß unter den Vorgaben und Bedingungen mächtiger Datenmonopolisten kommuniziert (und noch dazu auf deren digitalem Privatgelände).

Wir müssen uns als ethisch handelnde Subjekte die Entscheidungshoheit über das digitale Leben zurückholen, wenn wir die Frage, was für Menschen wir sein wollen, mit »freie Menschen« beantworten wollen. Wir haben **Verantwortung** für unsere Freiheit. Aber wir müssten wohl auch – und das ist für viele eine fremde und unangenehme Vorstellung – für die Nutzung von Online-Netzwerken ohne Datenausbeutung monetär etwas zahlen. Nennen wir es einen Beitrag. Das dürfte allemal besser sein, als von Technologiefirmen als bloßes Datenobjekt bewirtschaftet zu werden. In ökonomisch und technisch transparent gemachten Social Media könnten wir uns frei entscheiden, ob wir »always on« sein wollen oder nicht, und auch, was wir »on« genau machen und was mit uns gemacht wird – oder eben nicht. *Oliver Zöllner*

Reflexionsfragen: **Der zwanglose Zwang des »Always on«**

1. Warum ist die Nutzung von Social Media mit einem zwanglosen Zwang verbunden?
2. Wofür ist Autonomie wichtig? Welche Rolle spielt sie für den einzelnen Menschen sowie für eine demokratische Gesellschaft?
3. Was ist der Zusammenhang zwischen Autonomie und Freiheit?
4. Wie unterscheidet sich das »individuelle« vom »relationalen Selbst«?
5. Warum ist es schwierig, ein ›anderes Internet‹ zu verwirklichen?

6. Das optimierte Ich: Mit Selbstvermessung und Selbstinszenierung zum Glück?

6.1 Messen, vergleichen und jemand Besonderes sein

Mit der **Digitalisierung** ist uns eine Vielzahl an Hilfsmitteln, wie z. B. Fitness-Apps, zur Verfügung gestellt worden, die es uns ermöglichen, uns selbst zu vermessen. Ein Ausdruck für diese Selbstvermessung ist die sogenannte Quantified-Self-**Bewegung**, die 2007 in den USA von den Journalisten Gary Wolf und Kevin Kelly gegründet wurde. Die Idee dahinter ist simpel: **»Erkenne dich selbst in Zahlen.«** Mangelnder Motivation und Trägheit soll der Kampf angesagt werden, indem unsere Aktivitäten und Gesundheitsdaten dokumentiert werden. Schritte, Puls, Körpergewicht, Schlafqualität, Kaffeekonsum oder die tägliche Stimmungslage werden gemessen. Man nennt dies Lifelogging (das Leben protokollieren) bzw. Self-Tracking. Ziel ist, durch Selbstvermessung sich selbst zu optimieren, um ein gesünderes und glücklicheres Leben zu führen. Aber was macht die permanente Selbstvermessung mit uns Menschen?

Diese Frage war Anstoß eines Selbstexperiments, das ich im Rahmen des Think Tank-Seminars im Wintersemester 2015/2016 an der Hochschule der Medien durchführte. Zwei Wochen, 24 Stunden am Tag, ließ ich meine Aktivitäten, meinen Kalorienverbrauch und meinen Schlaf mithilfe eines Fitnessarmbands aufzeichnen. Die tägliche Schrittzahl vor Augen geführt zu bekommen, spornte mich die ersten Tage an. An einem faulen Sonntag war mein Tageslevel relativ niedrig, weshalb ich mich zu einer Runde Joggen im Park entschloss. Als ich zu Hause ankam, war ich stolz auf meine Leistung, die in einem langen Balken in meiner App sichtbar war. Doch das Gefühl von Zufriedenheit verflog nach einem Klick – und zwar in dem Moment, als ich die Statistiken meiner Freunde sah, die meine Werte übertrumpften. Die App sollte mich durch freiwillige Selbstkontrolle zu einem gesünderen Leben motivieren, das mir Glück beschert. Von jenem Glücksgefühl war ich an diesem Sonntagabend jedoch weit entfernt. Auch die folgenden Tage lief jemand anderes immer mehr oder schneller als ich, sodass ich nie das Gefühl hatte, das Optimum erreicht zu haben.

Erfahrungsbericht von Nadine Hammele, Doktorandin an der Hochschule der Medien in Stuttgart

Tragbare Geräte zur Selbstvermessung – sogenannte Wearables – ermöglichen uns nicht nur, das eigene Leben zu protokollieren, sondern auch, das tiefsitzende Bedürfnis nach **Selbsterkenntnis** und **Selbstermächtigung** zu erfüllen. Gleichzeitig befähigen sie uns, sich in den ›Communities‹ der digitalen Vermessungsgeräte-Nutzer mit anderen im Wettbewerb um Leistungskraft zu messen und zu vergleichen. Dieses Verhalten kann einerseits als Ansporn zur Verbesserung oder Nachahmung dienen. Andererseits kann es auch dazu führen, dass wir uns unterlegen und abgewertet fühlen, da es immer noch jemanden gibt, der bessere Leistungswerte vorzeigen kann.

Praktiken des Messens und Vergleichens sind nicht nur in Hinblick auf die körperliche Fitness beliebt. Auch vor dem Gehirn macht der Selbstoptimierungstrend nicht Halt. Schüler, Studierende, Manager und sonstige Leistungsträger steigern immer häufiger ihre geistige Leistungsfähigkeit durch Medikamente. Das sogenannte Neuro-Enhancement – oft auch Hirndoping genannt – nimmt trotz ungeklärter Nebenwirkungen seit einigen Jahren zu. Eigentlich sind die Pharmazeutika verschreibungspflichtig, oft werden sie jedoch ohne Beratung durch medizinische Experten auf dem Schwarzmarkt besorgt. Schneller, effizienter und produktiver zu lernen und zu arbeiten, ist Ausdruck einer in allen Lebensbereichen durchökonomisierten Welt.[1]

Der auf YouTube zu findende kurze 2D-Animationsfilm *Sry bsy* von Verena Westphal zeigt auf schwarzhumorige Art, zu welchen absurden Hilfsmitteln die Protagonistin greifen muss, um ihr Arbeitssoll zu erfüllen. Der Leistungswahn führt schließlich zu ihrem Zusammenbruch.

Der Selbstoptimierungszwang zeigt sich in anderer Gestalt auch in den **sozialen Medien**. Gemessen wird hier mit der Währung der Likes, die symbolisch für Aufmerksamkeit, Anerkennung und Bestätigung stehen. Fehlen sie, leidet unser Selbstwertgefühl. »Bin ich nicht hübsch genug? Bin ich zu dick? Bin ich uncool?« sind Fragen, die vor allem junge Menschen beschäftigen. Auch vor dem Einzug digitaler Medien waren Attraktivität und Selbstdarstellung ein wichtiges Thema. Neu ist allerdings, dass die Bewertung permanent stattfindet, während sie früher punktuell, das heißt in bestimmten Situa-

---

1 Quelle des Beispiels: *Sry bsy*, Regie und Drehbuch: Verena Westphal, Deutschland 2015 (www.youtube.com/watch?v=ahBp-ynQVwM).

tionen und zu bestimmten Zeiten, erfolgte. Dies bezieht sich nicht nur auf das eigene Aussehen oder materielle Besitztümer, sondern auf die gesamte Lebensperformance. Aber wie viele Likes sind eigentlich genug? Ab wann stellt sich ein Sättigungs- bzw. Zufriedenheitsgefühl ein?

Immanent ist der Struktur der sozialen Medien das Prinzip der **Steigerung**. Eine ständige Steigerung impliziert, dass das Ziel nie erreicht wird. Vielmehr befindet man sich in einer End- losschleife, in der man sich mit Fotos, Videos und Stories kon- tinuierlich präsentieren soll, um entsprechende messbare Be- lohnungen in Form von Anerkennung immer wieder zu be- kommen. Damit baut sich aber zugleich ein Inszenierungsdruck auf – man muss seinen Urlaub, seine Erlebnisse oder sein Aus- sehen möglichst authentisch und besonders darstellen, um eine entsprechende Resonanz zu erzielen.

Selbstoptimierung ist keine neue Erfindung des digitalen Zeitalters. Bereits in der Antike bemühte man sich, sich selbst zu optimieren, um Glück und ein gutes Leben zu bekommen. Aber was heißt eigentlich Glück? Und können die digitalen Selbstvermessungstechnologien ein glückliches Leben ermög- lichen?

6.2 Die Suche nach dem Glück

6.2.1 Was ist Glück?

Der Glücksbegriff umfasst in unserem Alltagsverständnis zwei Bedeutungen: zum einen das Glück im Sinne von **Zufalls- glück** (engl. *luck*), zum anderen das **Lebensglück** (engl. *happi- ness*). Letzteres kann auch synonym für Wohlergehen oder Le- bensqualität stehen. Glück kann sich auf einen Moment oder eine Lebensspanne bzw. das Leben in seiner Gesamtschau beziehen. Glück lässt sich sowohl als Gefühl und Empfindung als auch als Erfüllung verstehen. So kann ich allein oder mit anderen zusammen glückliche Momente erleben oder wegen der Zusage eines Stipendiums glücklich sein. Aber auch rückblickend kann ich mein Leben als ein erfülltes bewerten. Glück ist relativ, sowohl historisch, kulturell, situativ als auch personell gesehen. Es kann trotz äußerer glücklicher Gegebenheiten wie Wohlstand, Gesundheit, Schönheit etc. eine Person unzufrieden und unglücklich sein. Umgekehrt kann trotz widriger Lebensumstände eine andere Person glücklich sein. Das Glück ist sowohl begrifflich als auch in seiner Bedeutung vage und zugleich komplex.

6.2.2 Glücksmodelle gestern und heute

Prägend für die Philosophie des Glücks sind Entwürfe aus der Antike, die das Lebensglück, eigentlich **Eudämonie**, als höchstes Gut sehen. Eudämonie (von altgriech. *eudaimonía*) heißt wörtlich übersetzt ›einen guten Dämon haben‹. So schwingt hier die Bedeutung mit, dass Glück von außen, also extrinsisch, von objektivierbaren Gütern wie Wohlstand, Macht und Schönheit abhängig ist. In der von Aristoteles (384–322 v. Chr.) und dann auch nachfolgend vom Hedonismus und der Stoa vertretenen Glückstheorie ist der Weg zum höchsten Gut aber eine individuelle Aufgabe. Gleichwohl unterscheidet sich das aristotelische Glücksmodell von den später entwickelten hellenistischen dadurch, dass der Mensch als gesellschaftliches Wesen gesehen wird und Glück nicht eine subjektive Angelegenheit, sondern an die Gemeinschaft gekoppelt ist. So kann eine Person gemäß ihrer Stellung innerhalb der Gesellschaft, wenn sie ihre Vernunft gebraucht und die entsprechenden Regeln einhält, das ihrem Wesen nach mögliche Lebensglück erreichen.

Das Prinzip der **richtigen Mitte** (griech. *mesotes*) zwischen zwei extremen Verhaltensweisen stellt im aristotelischen Modell des guten Lebens eine wichtige Verhaltensnorm, eine Tugend dar. Dieses Prinzip ließe sich auch auf unser heutiges digitales Handeln übertragen: »Weder ein Zuviel noch ein Zuwenig«, etwa bei der Sorge um sich selbst, könnte hierbei als Maxime dienen. Zwischen einem Zuviel der Selbstoptimierung und einem Zuwenig der Selbstaufmerksamkeit würde in der Mitte eine vernünftige Sorge um sich selbst liegen; eine Sorge, die zu verstehen ist als Reflexion des eigenen Handelns und als Sorge, die sich nicht an Zahlen und Likes orientiert.

Im Unterschied zum aristotelischen Glücksmodell entstand in der hellenistischen Zeit (336–30 v. Chr.) nach dem Verfall sicher geglaubter politischer Strukturen eine »Privatisierung des Glücks«[2]. Für den Hedonismus wie auch für die Stoa ist die Eudämonie eine individuelle Angelegenheit. Beide verbindet auch die Vorstellung davon, dass Glück als Ausgeglichenheit und innerer Frieden zu verstehen ist. Metaphern hierfür sind die »Meeresstille« oder der »Wohlfluss des Lebens«. Individuelles Glück ist relativ: Ausschließlich man selbst kann entscheiden, wann und unter welchen Umständen man glücklich ist. Dies ist unter anderem auch ein Grund dafür, warum in der Geschichte der Philosophie die Theorie des Glücks lange Zeit nicht mehr im Vordergrund stand. Insbesondere Kant (1724–1804), der nicht das Streben nach dem Glück, sondern das Prinzip der Vernünftigkeit als oberstes normatives Prinzip benannte, übte hier einen starken Einfluss aus.

---

2 Malte Hossenfelder, *Antike Glückslehren. Quellen zur hellenistischen Ethik in deutscher Übersetzung*, 2., aktual. und erg. Aufl., Stuttgart 2013, S. XXVI.

Gleichwohl hat in unserer Zeit die Frage nach dem guten Leben und dem Glück erneut Hochkonjunktur. So befasst sich in der empirischen Glücksforschung die Psychologie mit der Frage, welche subjektiven Bedingungen unsere Lebensqualität beeinflussen (wie z. B. Bindungsfähigkeit, soziale Anerkennung, Wertekonflikte), und die Sozial- und Wirtschaftswissenschaften widmen sich den objektiven Faktoren, wie z. B. Lebensstandard, Chancen der gesellschaftlichen Teilhabe, Bildung, Gesundheitsversorgung, Wohnraum, politische Sicherheit usw. Neuere philosophische Ansätze, etwa der Fähigkeitenansatz (Capabilities Approach)[3] von Martha Nussbaum, stützen sich auf eine solche empirische Forschung, um die Frage nach einer guten Lebensqualität zu beantworten (s. Kap. 1).

Auch die Neurowissenschaft und die Biologie sind auf der Suche nach dem Glück. So wird z. B. erforscht, welche Faktoren ein Glücksempfinden im Gehirn (und wo dort?) auslösen und welche biochemischen Prozesse dabei stattfinden – bekanntermaßen handelt es sich um die sogenannten Glückshormone, also körpereigene Neuropeptide, v. a. Endorphine. Die Erforschung der (neuro-)biologischen Prozesse beantwortet allerdings nicht die Fragen: Wie kann ich ein gutes Leben führen? Kann man unter den gegebenen Bedingungen überhaupt glücklich sein? Dieses Vakuum füllen die zahlreichen Glücksratgeber auf dem Buch- und Zeitschriftenmarkt, aber auch die Glücksangebote der digitalen Technologien.

3 Nach dem Fähigkeitenansatz sollten die politischen und wirtschaftlichen Verhältnisse derart gestaltet werden, dass sie Menschen zu einem guten und würdevollen Leben befähigen, auf das diese einen Anspruch haben.

6.3 Glücksangebote der digitalen Selbsttechnologien

Glückscredo Nr. 1: Erkenne Dich in Zahlen!

Das erste Charakteristikum digitaler Glücksangebote ist die vermeintliche **Messbarkeit** von Glück. »Selbsterkenntnis durch Zahlen« lautet das Glückscredo der Quantified-Self-Bewegung. Die Bezugnahme auf den antiken delphischen Orakelspruch »Erkenne Dich selbst« wird hier allerdings völlig umgekehrt. Demnach stand der auffordernde Orakelspruch sowohl in der griechischen wie auch römischen Antike für die Erkenntnis, dass jedem Menschen körperliche und geistige Grenzen gesetzt sind und er verletzbar ist. Jeder sollte sich der eigenen Schwäche und seines begrenzten Wissens bewusst sein. Demgegenüber versprechen die Self-Tracker bzw. Lifelogger genau das Gegenteil: Der Mensch kann sich durch quantifizierbare Daten erst richtig erkennen. Andreas Bernard weist in seinem Buch *Komplizen des Erkennungsdienstes. Das Selbst in der digitalen Kultur* (2017) darauf hin, dass in den modernen Wissenschaften seit Beginn an zwei Fraktionen um die »Lesbarkeit des Menschen« konkurrieren. So würde die eine Fraktion anhand messbarer Körperzeichen und die andere mittels Sprache, wie z. B. die Psychoanalyse, versuchen, das Selbst zu erkennen. Die Quantified-Self-Bewegung ignoriert allerdings mit ihrer Fixierung auf Zahlen den Vorteil der sprachlichen Zugangsweise. Denn nur mittels Sprache ist eine Reflexion des eigenen Verhaltens und Empfindens möglich.

Glückscredo Nr. 2: Real ist, was man zählen kann!

Der in unserer Gesellschaft weitverbreitete Glaube, dass Aussagen über die Realität am glaubwürdigsten in Zahlen, Prozenten, Noten, Indices und Skalen getroffen werden können, findet sich in der Selbstvermessung unseres Körpers, der Anerkennung unserer Person durch Likes und dem ständigen Feedback bei WhatsApp wieder. Dieses **metrische Weltmodell** ist allerdings ein reduktionistisches, das die einzelnen Elemente getrennt voneinander betrachtet, ohne sie in einen Zusammenhang mit anderen wichtigen Faktoren zu bringen, die uns und unsere Realität ausmachen. Es blendet den Realitätsbereich aus, der nicht messbar ist, kurz: alles Intuitive, Komplexe und Unscharfe, also alles, was nur in Sprache zu beschreiben ist. Pointiert gesagt: Nicht alles, was zählt, kann gezählt werden, und nicht alles, was gezählt werden kann, zählt.[4] Technik, die versucht unsere Realität in Zahlen abzubilden, verändert grundlegend unsere Sicht der Welt und uns selbst. Der Soziologe Steffen Mau spricht deshalb von einem »metrischen Wir«, wonach »wir Komplizen und zugleich Zeugen einer Entwicklung sind, im Zuge derer immer mehr gesellschaftliche Phänomene vermessen, durch Zahlen beschrieben und beeinflusst werden«.[5]

So ist auch die Wirkungsmacht dieses metrischen Weltmodells auf unser Selbstbild nicht zu unterschätzen. Indem Self-

---

4 Das Zitat stammt von einem Schild in Albert Einsteins Büro an der Universität Princeton, auf dem steht: »Not everything that counts can be counted, and not everything that can be counted counts.« Der Ursprung dieser Aussage wird Albert Einstein zugesprochen. Vgl. Nils Pleier, *Performance-Measurement-Systeme und der Faktor Mensch*, Wiesbaden 2008, S. 1.

5 Steffen Mau, *Das metrische Wir: Über die Quantifizierung des Sozialen*, Berlin 2017, S. 49.

Tracking-Geräte ständig Aussagen über unsere körperliche Verfassung treffen, tritt unsere innere Stimme in den Hintergrund. Wir lassen uns von den Zahlen einer Maschine beeinflussen, da sie korrekt, präzise und objektiv erscheinen. Hierbei kann es sich aber auch um einen Trugschluss handeln. So haben Forscher herausgefunden, dass Schlaf-Apps und Fitness-Armbänder über die Schlafqualität keine zuverlässige Aussage treffen können.[6]

Glückscredo Nr. 3: Vergleiche Dich!

Ob der Mensch ein geborener Komparatist ist, also das Vergleichen mit anderen dem menschlichen Wesen entspricht, oder ob dieses anerzogen und kulturell bedingt ist, sei dahingestellt. Sich mit anderen zu vergleichen, ist an sich nicht schlecht. Sich mit anderen abzugleichen, also Unterschiede und Gemeinsamkeiten festzustellen, kann die eigene Identität bilden. Es kann aber auch als Distinktionswerkzeug dienen, also die Abwertung des anderen hervorrufen, weil man sich überlegen fühlt, oder die eigene Unterlegenheit markieren, weil der andere scheinbar besser, schöner, erfolgreicher ist. Selbstvermessungstools wie auch soziale Medien verstärken den Impuls des ständigen Vergleichens, was für das eigene Wohlbefinden und Selbstwertgefühl nicht selten von Nachteil ist. Empirische Studien zeigen, dass das Vergleichen in sozialen Medien im Grunde eine **Anleitung zum Unglücklichsein** ist. So ergab die britische RSPH-Studie (2017), dass die Nutzung der sozialen Medien Instagram, Snapchat, Twitter und Facebook sich auf die

6 Vgl. Anna Shcherbina [u. a.], »Accuracy in Wrist-Worn, Sensor-Based Measurements of Heart Rate and Energy Expenditure in a Diverse Cohort«, in: Journal of Personalized Medicine 7 (2017) Nr. 2, S. 3, DOI:10.3390/jpm7020003.

Psyche der jungen Nutzer negativ auswirkt.[7] Am deutlichsten tritt dieser Effekt bei Instagram zu Tage. Demnach zeigten die Nutzer ein vermindertes Selbstbild, eine negative Körperwahrnehmung und depressive Verstimmungen. Verursacht sei dies durch die schöngefärbten Darstellungen und das Gefühl, dass man selber etwas verpasse oder ein schlechteres Leben führe.

Glückscredo Nr. 4: Sei etwas Besonderes!

Optimal bedeutet keinesfalls, durchschnittlich zu sein. Stattdessen ist die allgemein geltende Zielvorgabe, *besonders* zu sein. So zeichnet sich neben dem derzeitigen Trend des Messens und Vergleichens eine weitere Entwicklung ab: die **Singularisierung der Gesellschaft**. Der Kultursoziologe Andreas Reckwitz beschreibt diese wie folgt: »Wohin wir auch schauen in der Gesellschaft der Gegenwart: Was immer mehr erwartet wird, ist nicht das Allgemeine, sondern das Besondere. Nicht an das Standardisierte und Regulierte heften sich die Hoffnungen, das Interesse und die Anstrengungen von Institutionen und Individuen, sondern an das Einzigartige, das Singuläre.«[8]

Der Wunsch, nicht alltäglich, sondern außergewöhnlich zu sein, wird durch die digitalen Selbstmanagement-Medien, die die sozialen Medien letztlich sind, konsequent ermöglicht. Sie triggern diesen Wunsch nach Einzigartigkeit an und bieten eine Bühne, auf der jedermann seine Originalität und Authentizität beweisen kann. Sich »instagrammable« zu inszenieren, heißt, entsprechende ästhetische Codes der Instagram-Nutzer zu beherrschen. So muss man auch eine scheinbar alltägliche

---

7 Vgl. Royal Society for Public Health, »#StatusOfMind. Social Media and Young People's Mental Health and Wellbeing«, 2017 (www.rsph.org.uk/uploads/assets/uploaded/d125b27c-0b62-41c5-a2c0155a8887cd01.pdf).
8 Andreas Reckwitz, *Die Gesellschaft der Singularitäten*, Berlin 2017, S. 7.

Situation – wie z. B. einen Espresso zu trinken – auf originelle Art und Weise fotografieren. Sich von anderen unterscheidbar zu machen, einen unverwechselbaren Habitus zu kreieren, sich aber gleichzeitig flexibel zu zeigen und diesen auch wieder ändern zu können, ist in Zeiten ständig wechselnder Anforderungen des Arbeitsmarkts scheinbar auch ökonomisch erforderlich. Dabei helfen die sogenannten Influencer, die vor allem für jüngere Nutzer Vorbildfunktion haben und sie beraten, wie man optimal aussehen, sich verhalten und glücklich sein kann.

6.4 Ist jeder seines Glückes Schmied?

Der bekannte Spruch »Jeder ist seines Glückes Schmied« verweist darauf, dass man sein Schicksal selbst in die Hand nehmen muss. Er bedeutet auch, dass man – wie bereits in den antiken Glückstheorien des Hedonismus und der Stoa angelegt – für sein individuelles Glück selbst verantwortlich ist. Die digitalen Selbstvermessungstechnologien beinhalten zwei Seiten dieser Eigenverantwortlichkeit: Einerseits ermächtigen sie den Einzelnen, sich über den eigenen Körper Wissen anzueignen, sich zu motivieren und für die eigene Gesundheit etwas zu tun. Andererseits können sie aber auch unsere Wertegemeinschaft infrage stellen, indem sie unsere Privatsphäre verletzen, Diskriminierung erlauben, unsere Freiheit einschränken und unser Solidaritätsprinzip außer Kraft setzen. Beginnen wir bei Ersterem:

Selbstvermessung hat etwas Gutes. Selbstvermessungsgeräte haben etwa das Potenzial, ihre Nutzer zu ermächtigen, sich eigenständig über ihre Gesundheit bzw. Krankheit Wissen anzueignen. So können Wearables, die Daten über Blutdruck, Herzfrequenz oder auch Puls liefern, ggf. darauf hinweisen, dass Gesundheitsrisiken vorliegen. Bei Bedarf können sie sogar

Warnungen oder Notrufe senden. Ebenso können Patienten, die z. B. regelmäßig Medikamente einnehmen müssen, sich durch entsprechende Geräte, die sie an die Einnahme erinnern, unterstützen lassen. Auch die individuelle Kontrolle und Medikation, die etwa bei Diabetes notwendig ist, kann durch digitalisierte Messungen erleichtert werden. Darüber hinaus können kooperative Selbstvermessungen, bei denen chronisch Kranke ihre Erfahrungen mit Medikamenten auf einer Plattform teilen, zur **Selbstermächtigung** und Emanzipation der Patienten führen, indem sie die Wirkungsversprechen der Pharmaunternehmen infrage stellen oder problematische Nebenwirkungen ersichtlich machen.

Selbstvermessungstechnologien sind allerdings nicht unser aller Glück, wenn die getrackten Daten von den Anbietern zu Geld gemacht und als Vermögenswerte betrachtet werden. Damit wird unsere Privatsphäre verletzt. So zeigt eine Untersuchung der Verbraucherzentralen (2017), dass die Nutzerdaten von den meisten Fitness-Apps nicht ausreichend geschützt sind. Im Gegenteil: Mehr als die Hälfte der Anbieter senden Daten auch an Drittanbieter, z. B. für Werbe- oder Analysezwecke.[9] Viele Fitness-Apps erheben auch Daten fernab der sportlichen Bewegung, indem sie auf Fotos und Kontakte der Nutzer oder Profilseiten in sozialen Medien zugreifen.

Bedenklich ist vor allem, wenn Versicherungen zu diesen Daten Zugang haben. Self-Tracking kann u. a. dazu führen, dass Versicherte zukünftig für ihre Lebensweise sanktioniert werden, indem sie höhere Prämien zahlen müssen, weil sie sich

---

9 Vgl. Verbraucherzentrale NRW, »Unsportlich: Datenschutz-Mängel bei Wearables und Fitness-Apps«, 2017 (www.verbraucherzentrale.de/aktuelle-meldungen/digitale-welt/unsportlich-datenschutzmaengel-bei-wearables-und-fitnessapps-13659).

nicht an einen als »Fit-Norm« definierten Lebensstil halten (z. B. auf Extremsportarten verzichten, fettes Essen meiden etc.). Dies würde bedeuten, dass Menschen, die sich nicht der Norm anpassen, diskriminiert und in ihrer Freiheit eingeschränkt werden. Erste Angebote, sich an einem Self-Tracking freiwillig zu beteiligen, bietet z. B. die in Deutschland zweitgrößte Privatversicherung Generali. Letztere offeriert dem Kunden ein »Vitality«-Programm, das Rabatte und niedrigere Versicherungsbeiträge für gesundheitsbewusstes Verhalten vergibt.[10]

Eigentliches Ziel der Datenerfassung ist es, durch Scoring zukünftiges Verhalten vorherzusagen. Beim Scoring wird die Eigenschaft einer Person durch eine mathematisch-statistische Analyse von Erfahrungswerten aus der Vergangenheit bewertet. Jeder hat einen Scorewert als Ausdruck eines bestimmten für seine Person vorhergesagten Verhaltens. Scoring basiert des Weiteren auf der Annahme, dass bei Vorliegen bestimmter vergleichbarer Merkmale *anderer* Personen ein ähnliches Verhalten für die zu bewertende Person vorausgesagt werden kann. So kann es auf der Basis schon weniger Daten von einer Person zu Risikoeinschätzungen für ihre Zukunft kommen. Im Fall von Wearables kann dies zur Prognose des Gesundheitszustands führen oder zur Einschätzung der zukünftigen Arbeitsleistung. So werden in den USA zunehmend auch Arbeitnehmer motiviert, ihre Vitalitätsdaten durch Fitnessarmbänder zu erfassen, um damit ihr Gesundheitsbewusstsein zu fördern und Krankheitstage zu reduzieren. Auch wenn eine Person trotz eines vermeintlichen Risikofaktors nicht krank wird, kann sie aufgrund ihres schlechten Scorewerts mit negativen Konsequenzen rechnen.

10 Vgl. zum Vitality-Programm von Generali: www.generalivitalityerleben.de.

Doch nicht nur der Einzelne, sondern auch unser gesellschaftliches Wertesystem kann Schaden nehmen. Zu den Grundwerten eines demokratischen Gemeinwesens gehört das **Solidaritätsprinzip**. Im Gesundheitswesen sorgt die Solidargemeinschaft dafür, dass benachteiligte Menschen angemessen versorgt werden. Das Solidaritätsprinzip stellt eine der wichtigsten Grundwerte unseres demokratischen Gemeinwesens dar. Es dient dem Zusammenhalt unserer Gesellschaft, indem ein Gefühl der wechselseitigen Verbundenheit zwischen den Gesellschaftsmitgliedern besteht. Das Solidaritätsprinzip würde ausgehebelt werden, wenn Krankheiten aufgrund vermeintlichen Fehlverhaltens, das durch Self-Tracking erfasst wurde, jedem selbstverantwortlich zugeschrieben werden.

6.5 Was verhindert ein gutes Leben?

Ob man daran gehindert wird, ein gutes Leben zu finden, hat subjektive wie objektive Gründe. Objektive Voraussetzungen für eine gute Lebensqualität sind vor allem durch die Gesellschaft, in der man lebt, bestimmt. Die Chancen für ein gutes Leben werden verringert, wenn das Gesundheits- und Bildungssystem krankt, die ökonomischen Verhältnisse unfair oder gar unmenschlich sind, die Meinungsfreiheit eingeschränkt wird, wenn es keine politische Freiheit und keine Beteiligungschancen usw. gibt. So gesehen ist ein gutes Leben im falschen System nicht möglich.

Was die subjektiven Bedingungen betrifft, verhält es sich mit dem Glück schwieriger. Drei Verhaltensweisen, die das gute Leben eher nicht befördern, lassen sich anhand der oben beschriebenen Sachverhalte ausmachen:

1. Macht man sich von Zahlen und Likes abhängig, kann das Selbstwertgefühl darunter leiden. Denn man gibt damit auch ein Stück seiner Selbstbestimmung darüber auf, was einen als Individuum wertvoll macht.

2. Sich mit anderen in sozialen Medien ständig zu vergleichen, bringt mit sich, dass das eigene Wohlbefinden nicht erhöht wird.

3. Sich nur auf die eigene Selbstoptimierung und das eigene Glück zu konzentrieren, vernachlässigt die Sorge um die anderen und die Gemeinschaft. Sich gar nicht um sich selbst zu sorgen, wäre aber auch keine Alternative. Das Prinzip der Mitte, also ein »nicht Zuviel und nicht Zuwenig«, kann die Balance von Selbstsorge und Fürsorge ermöglichen.

Petra Grimm, Nadine Hammele

Reflexionsfragen: Das optimierte Ich

1. Was ist unter »Glück« zu verstehen?
2. Wie geht es mir, wenn ich mich mit anderen bei Instagram, Facebook etc. vergleiche?
3. Warum macht man seinen Selbstwert von Zahlen und Likes abhängig?
4. Was wird ausgeblendet, wenn nur das gilt, was messbar ist?
5. Was sind die Pros und Kontras des Spruchs »Jeder ist seines Glückes Schmied«?

7. Fake News überall?

Wenn Meinungsbildung und Demokratie auf dem Prüfstand stehen

7.1 Fake News – kein neues Phänomen

Fake News sind keine Erfindung des Internetzeitalters. Gerüchte, handfeste Lügen, bewusste Umdeutungen und Propaganda hat es schon immer gegeben: als Satire, als gezielte Rufschädigung durch falsche Berichte über Unternehmen oder falsche Bewertungen von Produkten, als Fälschungen (z. B. die gefälschten TV-Beiträge von Michael Born), Verschwörungstheorien (beispielsweise die auf Fälschungen beruhende antisemitische Schmähschrift *Protokolle der Weisen von Zion*, die eine nicht existente jüdische Weltverschwörung zu enttarnen vorgibt) oder staatliche Propaganda, etwa um kriegerische Handlungen zu rechtfertigen (z. B. der angebliche Angriff Polens, mit dem Hitler seinen Überfall auf Polen begründete und den Zweiten Weltkrieg begann). Selbst die Bezeichnung »Fake News« ist nicht neu, findet sie doch im Englischen bereits seit dem Ende des 19. Jahrhunderts Verwendung.[1] Warum dann eine neuerliche Diskussion darum? Und in welchem Zusammenhang taucht der Begriff heutzutage auf?

Populär wurde die Bezeichnung im Zusammenhang mit den US-Präsidentschaftswahlen Ende 2016. Der Wahlkampf zwischen Hillary Clinton und Donald Trump wurde sehr emotional und reißerisch geführt. Es kursierten insbesondere unwahre Meldungen, die sich gegen Clinton, ihr Team und ihre Fami-

---

1 »The Real Story of ›Fake News‹«, in: *Merriam-Webster* (www.merriam-webster.com/words-at-play/the-real-story-of-fake-news).

lie richteten (s. dazu S. 108). Die Berichterstattung über mögliche Auswirkungen von Fake News auf den Ausgang der Wahl zugunsten Donald Trumps wie auch die gezielt eingesetzten Falschinformationen im Vorfeld des Brexit-Referendums im Sommer 2016 schürten in Deutschland die Befürchtungen, dass Fake News einen Einfluss auf die Wahlentscheidung bei der Bundestagswahl 2017 und somit letztlich auf die Demokratie haben könnten. Die plötzliche Allgegenwärtigkeit des Begriffs im öffentlichen Diskurs zeigt sich auch darin, dass »Fake News« 2017 Eingang in den Rechtschreibduden fand und zum Anglizismus des Jahres gewählt wurde.

7.2 Was sind Fake News?

7.2.1 Gezielte Falschinformationen

Der Duden definiert Fake News als »in den Medien u. im Internet, bes. in den **Social Media**, in manipulativer Absicht verbreitete Falschmeldungen«[2]. In dieser kurzen Beschreibung steckt bereits das wesentliche Kriterium von Fake News: Zentral ist dabei die Intention der Falschmeldung, die **Täuschungsabsicht** mit dem Ziel, die **öffentliche Meinungsbildung** strategisch zu **beeinflussen**. Gemeint sind also **nicht klassische Falschmeldungen** oder »Enten« im Journalismus, also Falschinformationen auf der Basis journalistischer Fehler. Ihnen fehlt die Absicht. Das drückt sich auch bereits im englischen Begriff *fake* aus, der anders als *false* nicht ›falsch‹ bedeutet, sondern ›fälschen, fingieren, erfinden, imitieren‹ meint.

---

2 »Fake News, Fake-News, Fakenews«, in: Duden. Die deutsche Rechtschreibung. Berlin ²⁷2017, S. 428. [Hervorhebung durch Verfasser.]

Ganz im Wortsinn **ahmen** Fake News **den Stil echter Nachrichten nach,** gaukeln seriöse Berichterstattung vor und lassen sich so auf den ersten Blick nicht leicht von faktisch korrekten Nachrichten unterscheiden.

Fake News sind also keine Irrtümer, abweichenden Meinungen oder Fehleinschätzungen der Autoren. Sie sind beabsichtigte Irreführungen, auch wenn sich die Grenzen zwischen einseitiger Betrachtung, bewusster Auslassung relevanter Fakten und offener Lüge nicht immer trennscharf ziehen lassen. Die Bandbreite bewusst gestreuter Falschinformationen reicht dabei von völlig **frei erfundenen Nachrichten** über **manipulierte Inhalte,** bei denen wahre Informationen, Bilder, Filme oder Tondokumente absichtlich verändert werden, bis hin zu Fakten, die aus dem Zusammenhang gerissen und in einen **fremden Kontext** gestellt werden, um aus ihnen falsche Interpretationen und Schlussfolgerungen zu ziehen.

Ein Beispiel für eine völlig frei erfundene Nachricht war die Behauptung im US-Wahlkampf, Hillary Clinton und ihr Team betrieben einen Kinderpornoring aus einer Pizzeria in Washington, D. C. heraus. Nutzer der Webseite 4chan meinten in den geleakten E-Mails des Wahlkampfmanagers von Hillary Clinton Code-Wörter zu erkennen, mit denen das Wahlkampfteam über die Kindersklaven in der Pizzeria kommuniziere. In den geleakten E-Mails fanden sich lediglich mehrere Bestellungen für Pizzen aus diesem Restaurant – soweit der wahre Kern dieser Fake News. Die Falschmeldung verbreitete sich rasch über soziale Medien wie Twitter und Reddit, sodass nach Einschätzungen von CNN Anfang Dezember 2016 bereits Millionen von Amerikanern vom sogenannten »Pizzagate« gehört hatten. Einen von ihnen veranlasste die falsche Anschuldigung dazu, mit einem Gewehr in die Pizzeria einzudringen, um die angeblich dort festgehaltenen und missbrauchten Kinder zu befreien. Er feuerte offenbar einen Schuss ab und erzeugte Panik, verletzt wurde niemand. Nachdem der Angreifer keine Kinder oder Hinweise finden konnte, ließ er sich widerstandslos festnehmen. Er wurde später verurteilt.

Im politischen Kontext[3] werden Fake News also eingesetzt, um **politische Debatten zu beeinflussen**, indem Stimmung für oder gegen bestimmte Gruppen oder Organisationen gemacht, Gruppen politisch unterstützt oder abgewertet und einzelne Personen oder Gruppen in der Öffentlichkeit diskreditiert werden.

7.2.2 Kampfbegriff

Es gibt noch eine zweite Möglichkeit, den Begriff »Fake News« zu verwenden, und zwar als generalisierende Beschimpfung, als **Kampfbegriff**, so wie ihn etwa Donald Trump immer wieder einsetzt. Schon in seiner ersten Pressekonferenz als designierter US-Präsident am 11. Januar 2017 bezichtigte er einen CNN-Reporter »You are fake news!«. Die Vokabel dient – wie das in Deutschland äquivalent genutzte Wort **»Lügenpresse«** – dazu, klassische Medien zu diskreditieren und ihnen ihre Funktion abzusprechen, über das Weltgeschehen so umfassend

---

3 Fake News werden auch aus rein kommerziellen Gründen verfasst; hier soll aber lediglich ein Fokus auf die politischen Zusammenhänge gelegt werden.

und gewissenhaft wie möglich aufzuklären. Indem diese Behauptung permanent wiederholt wird, ohne Belege dafür vorzulegen, untergräbt sie das Image seriöser Medien.

7.3 Akteure, Verbreitung und Ziele

Gezielte Falschinformationen werden in erster Linie aus politischen Gründen lanciert, um die öffentliche Meinung in eine bestimmte Richtung zu beeinflussen bzw. zu manipulieren. Für ihre Entstehung bedeutsam sind vor allem Presseorgane wie u. a. *Russia Today*, *Compact* oder *Breitbart.com*, die in ihrer Berichterstattung bewusst einen einseitigen Standpunkt einnehmen und Falschnachrichten verbreiten, die zu dieser Auffassung passen. Diese Meldungen sind redaktionell erstellt und ähneln in Aufmachung und Stil seriösen Nachrichten. Urheber von Fake News können aber auch Einzelpersonen, politische Parteien, Verbände, politisch orientierte Organisationen oder Unternehmen sein. Grundsätzlich gilt: Jeder kann Fake News erzeugen und verbreiten, weil es aufgrund der digitalen Möglichkeiten keines klassischen Gatekeepers mehr bedarf, sie nur geringe Kosten verursachen und sie, wenn sie ›viral gehen‹, schnell eine große Anzahl von Menschen erreichen, ohne dass ihr Schöpfer hierzu viel beitragen muss.

Eine große Rolle bei der Verbreitung von Fake News spielt also das Internet, hier sind vor allem soziale Netzwerke (wie Facebook und Twitter), Blogs, Video-Plattformen (wie YouTube) und Online-Foren von Bedeutung. Große Aufmerksamkeit und Verbreitung finden darin besonders absurde und skandalträchtige Fake News, weil sie häufig Tabus brechen oder Unglauben hervorrufen. Kommen bei der Verbreitung Social Bots ins Spiel, werden Fake News hunderttausendfach geteilt.

Social Bots sind Computerprogramme, die automatisiert bestimmte Aufgaben erfüllen und in sozialen Netzwerken vortäuschen, ein Nutzer zu sein. Sie werden eingesetzt, um öffentliche Debatten zu manipulieren, indem sie sich zu bestimmten Twitter-Hashtags oder auf Facebook-Profilen äußern und so eine Meinungsmehrheit vortäuschen, die nicht wirklich existiert.

Fake News finden sich insbesondere zu Themen, die sehr emotional diskutiert werden, da diese sich gut dazu eignen, Stimmungen zu erzeugen. In den USA war es etwa, wie oben beschrieben, der US-Wahlkampf 2016, in Deutschland sind das beispielsweise das Thema »Flüchtlinge« oder der Ukrainekonflikt bzw. die Russlandberichterstattung. Aufgegriffen werden also reale Ereignisse, die dann jedoch verzerrt oder verschärft werden.

Ein prominentes Beispiel hierfür ist der Fall der 13-jährigen russisch-deutschen Lisa K. aus Berlin-Marzahn. Anfang 2016 verschwand Lisa auf dem Weg zur Schule, woraufhin ihre Eltern sie bei der Polizei als vermisst meldeten und sie suchen ließen. Am nächsten Tag tauchte sie wieder auf und behauptete, von ›Südländern‹ verschleppt, festgehalten und vergewaltigt worden zu sein. Die Polizei dementierte Lisas Aussagen bald darauf, weil sie aufgrund der Mobilfunkdaten rekonstruieren konnte, dass Lisa in der besagten Nacht bei einem Freund war. Ärzte fanden keinen Hinweis auf eine Vergewaltigung. Wegen schlechter schulischer Leistungen hatte sie sich nicht nach Hause getraut, gab Lisa später zu. Trotz Richtigstellung hielten sich die von russischen Medien ausgehenden Falschinformationen, die den Fall auf die Kombination »Flüchtlinge und Vergewaltigung« zuspitzten, tagelang im Netz. Es kam in mehreren deutschen Städten zu Demonstrationen und zu einer politischen Einmischung durch den russischen Außenminister Sergej Lawrow, der die Hoffnung äußerte, dass nicht aus politischer Korrektheit ein Verbrechen vertuscht werden würde. Es müssten »Wahrheit und Gerechtigkeit siegen«. Diese Unterstellung trieb die Falschmeldungen im Netz weiter an.

Die Streuung der Falschinformationen rund um den »Fall Lisa« war der zielgerichtete Versuch, die Stimmung gegen Flüchtlinge und Fremde in Deutschland anzuheizen und das Misstrauen gegen den deutschen Staat zu steigern.[4] Verteidigungsministerin Ursula von der Leyen sprach in diesem Zusammenhang von »Destabilisierungspropaganda«, die wie Gift »unauffällig, stetig und gut verpackt in vermeintlich objektive Informationen in unsere Gesellschaften« träufele.[5] Ganz im Sinne von **Propaganda** wurde hier mittels Fake News gezielt **Desinformation** betrieben, um Zweifel daran zu säen, was wahr und was falsch ist, und ob man den Informationen des Staates und der Presse noch trauen kann oder nicht. Dabei scheint es nicht notwendig, dass Fake News als tatsächlich wahre Nachrichten akzeptiert werden, sondern ausreichend, dass mit Desinformationen Verwirrung gestiftet wird, sodass am Ende keiner mehr weiß, was wirklich passiert ist. Wenn der gesäte Zweifel sich manifestiert,

---

4 Vgl. zum »Fall Lisa«: »Lawrow wirft deutscher Polizei Vertuschung vor«, in: *Zeit Online*, 26. 1. 2016 (www.zeit.de/gesellschaft/zeitgeschehen/2016-01/sergej-lawrow-vorwurf-polizei-berlin-vertuschung-verschwinden-maedchen).

5 Ursula von der Leyen, »Offene Gesellschaft«, in: *Der Spiegel* 5 (2017).

verbreitet das Unsicherheit. Auf diese Weise sollen die Bürger ihr Vertrauen verlieren: »in die Sicherheit des Landes, in die Stabilität des täglichen Lebens, in die Integrität von Personen und Institutionen. Ein alles zersetzender Verdacht soll sich ausbreiten, die Demokratie schwächen – und jene stärken, deren politisches Geschäft die Angst ist.«[6]

7.4 Meinungsbildung im digitalen Zeitalter

Die **Digitalisierung** hat die Art und Weise verändert, wie in offenen, demokratischen Gesellschaften Informationsflüsse und Kommunikationsprozesse stattfinden. Meinungsbildung geschieht heute unter anderen Rahmenbedingungen als vor der Einführung des Internets und vor allem der sozialen Medien. Diese Veränderungen begünstigen die Entstehung und Verbreitung von Fake News.

So hat sich **die Zahl der Kanäle deutlich erhöht,** aus denen Menschen Nachrichten beziehen können, und darunter sind zunehmend Social-Media-Plattformen wie Facebook und YouTube, aber auch Suchmaschinen wie Google. Wenngleich der Großteil der Menschen in Deutschland sich noch immer hauptsächlich über die klassischen Medien wie Fernsehen, Radio und Zeitungen (und deren Onlineableger) informiert, steigt die Anzahl derer, die Social Media als ihre Hauptnachrichtenquelle nutzen. Neu ist zudem, dass sich in den sozialen Medien die journalistisch seriösen Meldungen mit den ungesicherten Beiträgen alternativer Medienangebote sowie der öffentlichen Kommunikation unter den Nutzern vermischen. Das heißt,

6 Patrick Beuth [u. a.], »Krieg ohne Blut. Fake-News als Gefahr für die Gesellschaft«, in: *Die Zeit* 9 (2017).

dass Nachrichten, Fake News und Hasskommentare direkt nebeneinanderstehen. Das kann zu Einordnungsschwierigkeiten führen und die eigene Medienkompetenz überfordern. Die gestiegene Vielfalt an Informationen bedeutet auch, unbeabsichtigt mit Angeboten konfrontiert werden zu können, die etwa im Grenzbereich zwischen Rechtskonservatismus und Rechtsextremismus angesiedelt sind, verschwörungstheoretische Positionen vertreten oder Teil staatlicher Desinformationskampagnen sind.

Heute kann **jeder** nicht nur Nutzer sein, sondern **selbst Produzent von Informationen** werden. Auch Politiker, Parteien, Gruppierungen oder Organisationen können sich ohne Umwege über journalistische »Torwächter« (Gatekeeper) direkt an die Bürger richten und erreichen damit im Zweifelsfall mehr Menschen als über das Fernsehen. Donald Trump hat allein auf Twitter über 60 Millionen Follower (Stand im Sommer 2019) – und ist selbst eine nicht unerhebliche Quelle von Fake News. In sozialen Netzwerken dienen neben den Algorithmen **Freunde und Bekannte als Gatekeeper**. Erreichen einen Nutzer Informationen über soziale Kontakte, erhöht dies tendenziell das Vertrauen in die Information. Die meisten Menschen halten Aussagen und Empfehlungen aus ihrem persönlichen Umfeld für glaubwürdig, egal ob im direkten Gespräch oder über soziale Netzwerke. Konsumiert der Einzelne nun nicht nur passiv Fake News, sondern verbreitet sie aktiv in seinem Umfeld, erscheint die Falschmeldung in einem persönlichen Kontext, was deren virale Verbreitung verstärken kann, insbesondere wenn der Verbreiter als sympathisch und kompetent wahrgenommen wird.

Verändert haben die Informationsrezeption auch die in den sozialen Medien wirksamen und intransparenten **Filter-, Empfehlungs- und Personalisierungsmechanismen**. Algorithmen lernen aus dem Nutzerverhalten und präsentieren bevorzugt Informationen bzw. Nachrichten, bei denen eine hohe Wahrscheinlichkeit besteht, dass der Nutzer ein großes Interesse an ihnen hat. Diese Art der Informationsauswahl bzw. Selektion hat in der Öffentlichkeit zu einer Diskussion über den Einfluss von Algorithmen auf die Meinungsbildung geführt, die unter den Stichworten »Filterblasen« und »Echokammern« verhandelt wird.

Das Konzept der Filterblasen geht zurück auf den Polit-Aktivisten Eli Pariser, der in seinem Text *The Filter Bubble: What The Internet Is Hiding From You* (2011) die These ausführt, dass Nutzer von Online-Netzwerken und Suchmaschinen nicht die verfügbare Vielfalt von Informationen wahrnehmen können, sondern nur die Informationen präsentiert bekommen, die ohnehin ihre vorherrschende Meinung widerspiegeln. Mit der Zeit würden sich die Nutzer teils durch die Rahmenbedingungen in sozialen Medien (algorithmische Selektion), teils durch das eigene Handeln in immer stärker auf sie zugeschnittenen Filterblasen bewegen, was zu einem Zerfall der (politischen) Öffentlichkeit führe. Als Basis für eine funktionierende demokratische Gesellschaft gilt jedoch die Annahme, dass es möglich ist, sich im Austausch gemeinsam auf Wissen einigen sowie ein geteiltes Bewusstsein für die Realität schaffen zu können. Beides ist wichtig, damit sich eine Gesellschaft verständigen oder gemeinsame Entscheidungen treffen kann.

Die Echokammer-These bezieht sich auf Kommunikationsräume wie Diskussionsforen oder Kommentarbereiche und besagt, dass sich Nutzer in diesen ›Räumen‹ in ihren vorgefassten Meinungen bestärken und keine abweichenden oder widersprechenden Informationen zulassen würden.

Bisher sind die empirischen Befunde zu beiden Thesen nicht einheitlich. Unstrittig ist jedoch, dass gerade auf Facebook und Twitter Gruppen existieren, die sich von Informationen abschotten, die nicht ihrem Meinungsbild entsprechen, und die anfälliger für Fake News sind, wenn diese ihre Weltsicht bestätigen. Studien hierzu liegen etwa für Anhänger von Verschwörungstheorien sowie für populistische und politisch extreme Gruppierungen vor.[7] Spaltet sich eine Gesellschaft in verschiedene Gruppen auf, die sich jeweils in ihren Vorurteilen einnisten und andere Auffassungen verneinen, verhindert das den gesamtgesellschaftlichen Diskurs. Stattdessen wird eine Zersplitterung der Gesellschaft begünstigt, da die einzelnen Gruppen zum einen weniger mit den Sichtweisen und Argumenten der Andersdenkenden konfrontiert werden; zum anderen sind sie nicht gezwungen, sich argumentativ mit anderen Auffassungen auseinanderzusetzen oder gar die eigenen Wahrheitsbehauptungen gegen wissenschaftlich und gesamtgesellschaftlich gültige Verfahren wie Untersuchungen und Erhebungen behaupten zu müssen.

Die Digitalisierung hat auch erhebliche Veränderungen für den Journalismus geschaffen. Die Transformation der Nachrichten von Offline- zu Online-Vertrieb und der Aufstieg der sozialen Medien als Nachrichten-Vertriebskanal haben den Journalismus in strukturelle und finanzielle Schwierigkeiten gebracht. Heute müssen mehr Plattformen bedient werden, ohne dass dafür in höherem Maße Personal oder finanzielle Mittel zur Verfügung stehen. Zudem hat der digitale Journalismus nur bedingt erfolgreiche Erlösmodelle im Internet. Der Aktualitätsdruck im Internet hat zudem den **Journalismus beschleunigt** und zu mehr Fehlern in der journalistischen Arbeit geführt, die Finanznot u. a. Trends wie Clickbaiting hervorgerufen, den Versuch, mit reißerischen Überschriften die

---

7 Siehe hierzu die Übersicht in: Jan-Hinrik Schmidt [u. a.], *Zur Relevanz von Online-Intermediären für die Meinungsbildung*, Hamburg 2017, S. 27.

Leser zum Weiterklicken zu verlocken, um möglichst viel Werbung auf den einzelnen Seiten verkaufen zu können. Wird die Erwartungshaltung an spektakuläre Inhalte dann nicht erfüllt, lässt das Leser an der Zuverlässigkeit und dem Wahrheitsgehalt der Nachrichtenangebote zweifeln. Fake News nähren diese Skepsis und sind vor allem für Menschen attraktiv, die grundsätzliche Zweifel am Staat, ›den Medien‹ oder dem Gesellschaftssystem hegen.

7.5 Schaden Fake News der Demokratie?

»Jeder hat das Recht, seine Meinung in Wort, Schrift und Bild frei zu äußern und zu verbreiten und sich aus allgemein zugänglichen Quellen ungehindert zu unterrichten.«[8] So steht es in Artikel 5 im Grundgesetz. Was aber bedeutet es für eine Gesellschaft, wenn immer mehr Unwahrheiten in »allgemein zugänglichen Quellen« verbreitet werden? Ist **Wahrheit** verhandelbar?

Fake News erzeugen Unsicherheit darüber, auf welche Wahrheit man sich innerhalb einer Gemeinschaft vernünftigerweise einigen kann: Sie geben sich den Schein echter Nachrichten, stellen sich als journalistisch und wahrheitssuchend dar und versuchen, ihre Glaubwürdigkeit durch seriös klingende Webadressen und ›Beweise‹, wie mal mehr oder weniger gekonnt manipuliertes Bild- oder Videomaterial, zu untermauern. In der Gesamtperspektive entsteht so der Eindruck, dass die Medien beliebig Wahrheiten erschaffen, auf die hinsichtlich ihrer Geltung und Richtigkeit aber kein Verlass ist.

8 Bundesministerium für Justiz und Verbraucherschutz, »Grundgesetz für die Bundesrepublik Deutschland, Art 5« (www.gesetze-im-internet.de/gg/art_5.html).

Dabei übernehmen die Medien wesentliche Funktionen in einer Demokratie: eine Informations-, eine Meinungsbildungs- und eine Kontrollfunktion. Sie haben die Aufgabe, so vollständig, sachlich und verständlich wie möglich über alle wichtigen Bereiche der Gesellschaft zu informieren, in freier und offener Diskussion zur Meinungsbildung beizutragen und mit Kritik und Kontrolle die Entwicklungen in Politik, Wirtschaft, Sozialem und Kultur durch investigativen Journalismus zu begleiten. Neben reinen Informationen wird Journalisten auch eine eigene Meinung zugestanden, die sie etwa in Kommentaren oder Leitartikeln vertreten. Ihre Thesen und Argumente sind Teil der freiheitlichen Streit- und Debattenkultur einer Gesellschaft. Oberstes Prinzip bleibt jedoch, wahrhaftig zu berichten, d. h. den Tatsachen auf den Grund zu gehen, was bei der Sammlung und Verifizierung von Fakten beginnt und gegebenenfalls damit endet, Aussagen zu korrigieren, wenn sie falsch sind oder neue Erkenntnisse vorliegen. Ist der Journalismus hier bezogen auf seine Quellen und Methoden so transparent wie möglich, kann der Rezipient die Glaubwürdigkeit der Information selbst bewerten. Es gibt vieles, was man (noch) nicht weiß. Es macht jedoch einen Unterschied, ob man uninformiert ist oder desinformiert und absichtlich in die Irre geführt wird.

Fake News oder auch die Bezeichnung »alternative Fakten«, die Trump-Beraterin Kellyanne Conway eingeführt hat, machen deutlich, dass es Menschen gibt, die Fakten nicht trauen wollen oder sie sogar leugnen und das Bild einer anderen Wirklichkeit zeichnen, ohne dass es dafür Belege gibt. Wenn außerdem Tatsachen, über die man sich schon einig war, immer wieder zur Diskussion gestellt werden, stiftet das Unsicherheit und Verwirrung und untergräbt die anerkannten Leitlinien der Rationalität und Faktizität. Halten Menschen irgendwann alle Informationen für gleich zweifelhaft, egal von welcher Quelle sie stammen, entzieht das einer Gesellschaft die Grundlage, sich auf der Basis von Fakten und Beweisen verständigungsorientiert miteinander auszutauschen. Wenn sich Menschen also auf dieses Fundament nicht mehr einigen können, bricht eine Gesellschaft auseinander:

»Wer ›alternative Fakten‹ gebraucht, der negiert nicht nur jegliche wissenschaftlich-empirisch belegbaren Beweise. Er zerstört gleich den ganzen Diskurs, indem er alle, die auf der Basis von Tatsachen diskutieren wollen, entwaffnet. Auf welcher Grundlage soll man noch debattieren, wenn jeder seiner eigenen Wahrheit folgt? Der Glaube – und das ist es ja, ein Glaube – an ›alternative Fakten‹ kündigt den Gesellschaftsvertrag auf. Er spaltet, statt zu einen. Er betont Unterschiede, er trennt in Lager.«[9]

Ohne gemeinsame Grundlage werden die Menschen kaum noch einer Meinung darüber sein, was die wichtigsten Probleme im Land sind, geschweige denn diese gemeinsam lösen können. Das gefährdet eine Demokratie.   *Karla Neef*

9 Carolin Gasteiger, »Eine Welt, in der alle nur noch meinen wollen«, in: *SZ.de*, 16. 1. 2018 (www.sueddeutsche.de/kultur/unwort-des-jahres-alternative-fakten-kuendigt-den-gesellschaftsvertrag-1.3827379). Unter einem Gesellschaftsvertrag versteht man die freiwillige, vernunftgeleitete Vereinbarung über eine allgemein anerkannte gesellschaftliche oder staatliche Ordnung. Die grundlegende Idee ist, dass durch einen solchen ›Vertrag‹ der Wille des Einzelnen dem Willen der Allgemeinheit untergeordnet bzw. mit ihm in Einklang gebracht wird und so »eine wechselseitige Verbindlichkeit entsteht, die als Grundlage einer Herrschaftsordnung« dient. Siehe hierzu: Metzler Lexikon Philosophie, »Gesellschaftsvertrag«, in: *Spektrum.de* (www.spektrum.de/lexikon/philosophie/gesellschaftsvertrag/801).

Reflexionsfragen: Fake News überall?

1. Was versteht man unter Fake News?
2. Mit welcher Intention werden Fake News verbreitet?
3. Wie werden Meinungen im digitalen Zeitalter gebildet, wie wurden sie früher gewonnen? Was hat sich dabei durch die Digitalisierung verändert?
4. Wozu braucht man eine freie Presse?
5. Was bedeuten Fake News für eine demokratische Gesellschaft?

8. Verletzungen und Übergriffe: Cyber-Mobbing und andere Formen von Online-Gewalt

Dieses Kapitel beschäftigt sich mit Gewalt in Form von Verletzungen und Übergriffen, die online stattfinden. Das Internet ist ein Medium, und wie bei jedem Medium liegt es in der Hand der Nutzer, für was es verwendet wird. Für Menschen, die die Absicht verfolgen, anderen zu schaden, bietet das Internet eine Vielzahl von Möglichkeiten, diese Absicht umzusetzen.

Am 7. September 2012 lädt Amanda Todd, eine damals 15-jährige Schülerin aus den USA, ein Video auf YouTube hoch, in dem sie davon erzählt, wie sie täglich beleidigt und belästigt wird. Das Video war ein Versuch der jungen Frau, sich gegen das Mobbing zu wehren, das Jahre zuvor begonnen hatte, nachdem sie in einem Chat ein Foto ihres nackten Oberkörpers an ihren Gesprächspartner geschickt hatte, der sie daraufhin erpresste. Letztendlich sendete der Mann das Foto an Amandas Mitschüler und Bekannte und veröffentlichte es zudem auf seiner eigenen Facebook-Seite. Damit begann das Mobbing gegen Amanda. Sie musste den Wohnort wechseln, doch auch dort wurde sie weiterhin über das Internet beleidigt. Ihre alten Freundschaften zerbrachen. Niemand wollte mit ihr in Verbindung gebracht werden. Ihr neuer Wohnort wurde ermittelt und öffentlich bekanntgegeben. Zu diesem Zeitpunkt wollte Amanda nicht mehr leben. Sie trank Bleichmittel und überlebte nur knapp. Um dem Mobbing zu entgehen, zog Amandas Familie erneut um. Doch auch das half nichts. Die Geschichte war bereits zu weit verbreitet und nicht mehr aufzuhalten. Nachdem die Lage eskalierte und sie auch körperlich angegriffen wurde, erhängte sich Amanda.

Auch nach ihrem Tod verhöhnen einige Nutzer Amanda Todd noch immer im Internet, verbreiten geschmacklose Memes (schlagwortartige Bild-Text-Kombinationen) und erstellen Seiten, die ihren Tod feiern. Die Schülerin kam zu trauriger Berühmtheit und gilt seitdem als Mahnmal dafür, wie schnell Online-Gewalt zu drastischen Konsequenzen im realen Leben führen kann.

Wie das Beispiel zeigt,[1] sind die Folgen von Online-Angriffen real und schaden den Opfern bzw. zerstören im schlimmsten Fall deren Leben, sodass zu Recht von **Online-Gewalt** gesprochen werden kann. Im Folgenden werden die gängigsten Formen dieses Phänomens vorgestellt und anschließend daraus konkrete Herausforderungen für die **Digitale Ethik** dargestellt. Besonderes Augenmerk gilt dabei dem Cyber-Mobbing, welche eine der drastischsten Formen der Gewalt im Netz ist.

8.1 Formen der Online-Gewalt

Es ist sinnvoll, immer dann von Online-Gewalt zu sprechen, wenn eine Handlung, die mithilfe des Internets vollzogen wird, zum Ziel hat, einer anderen Person Schaden zuzufügen. Klassisch sind Beleidigungen, Drohungen und Aufrufe zur Ge-

---

1 Vgl. Jennifer Eickelmann, *»Hate Speech« und Verletzbarkeit im Digitalen Zeitalter. Phänomene mediatisierter Missachtung aus Perspektive der Gender Media Studies*, Bielefeld 2017, S. 229–268.

walt gegen eine bestimmte Person als Online-Gewalt zu klassifizieren. Aber auch die Vergiftung des Gesprächsklimas, die durch emotional aufgeladene, oft feindliche Auseinandersetzungen oder durch die Verleumdung bestimmter Gruppen oder Personen im Internet erfolgt, sowie der strategische Angriff, bei dem zum Beispiel private Daten veröffentlicht werden – das sogenannte Doxxing – zählen dazu. Um die Unterschiede der verschiedenen Formen von Online-Gewalt deutlich zu machen, werden die drei am häufigsten zu beobachtenden Phänomene im Folgenden genauer betrachtet.

8.1.1 Cyber-Mobbing

Der Begriff **Cyber-Mobbing** leitet sich von dem englischen Wort *mobbing* ab (*to mob* bedeutet ›angreifen‹). Unter Mobbing versteht man das gezielte Drangsalieren einer einzelnen Person durch wiederholte Beleidigungen, Demütigungen oder körperliche Angriffe.[2] Wie die Geschichte der Schülerin Amanda Todd aus dem einführenden Beispiel zeigt, kann schon ein kleiner Anlass wie ein falsch versendetes Bild dazu führen, zur Zielscheibe einer regelrechten Mobbingkampagne zu werden. Da die zunehmende **Digitalisierung** aller Lebensbereiche dazu führt, dass gerade junge Menschen unvorsichtig Dinge von sich preisgeben, die sehr intim sind oder sie in den Augen anderer angreifbar machen, kann das Cyber-Mobbing auf noch persönlichere Weise verletzen als das klassische Mobbing in der Offlinewelt. Dinge, wie das Foto von Amanda, die nur für bestimmte Augen bestimmt sind, werden als Waffe gegen die schikanierte Person eingesetzt. Die mangelnde Empathie der Mitmenschen und das Gefühl der Macht, jemand bloßstellen

2 Eickelmann (s. Anm. 1), S. 163–166.

zu können, führen zu Handlungen, die den Ruf eines Menschen dauerhaft schädigen können. Besonders kritisch daran ist, dass die Angriffe auf eine Person meist gleichzeitig offline und online geschehen. Durch die Dauerkonnektivität moderner digitaler Geräte in Form von Smartphones oder Tablets und der damit einhergehenden ständigen Teilnahme an der Online-Kommunikation mithilfe von Applikationen wie WhatsApp, Instagram, Snapchat oder auch Facebook wird das Mobbing zur Dauerbelastung für das Opfer. Es gibt oft keinen Rückzugsort mehr für die betroffene Person. Wie im einleitenden Beispiel gezeigt wurde, können sich beim Cyber-Mobbing zusätzlich Außenstehende an den Angriffen beteiligen, die das Opfer außerhalb des Internets nicht kennen.

Das Internet bietet den Tätern hierbei einen besonderen Schutz, da diese oft schwer zu identifizieren sind und deshalb keine Konsequenzen für ihr Verhalten fürchten müssen. Dadurch entsteht eine **Asymmetrie der Macht**; ihr Überlegenheitsgefühl kann die Täter noch weiter animieren. Auch entwickelt sich bei den Opfern allzu leicht der Eindruck, die ganze Welt würde sie hassen. Wie deutlich wurde, kann dieses Empfinden so stark werden, dass das Opfer nicht mehr weiterleben möchte. Ebenfalls kritisch am Cyber-Mobbing ist die Tatsache, dass viele Angreifer die Folgen ihrer Handlungen nicht erfahren, da sie nicht direkt mit dem Opfer in Verbindung stehen. Das emotionale Erleben der Konsequenzen ihrer Handlungen bleibt aus, sodass sie nicht zur Reflexion ihrer Taten gezwungen werden. Die widerlichen Reaktionen, die im Internet auf den Tod von Amanda Todd folgten, zeigen dies auf eindrückliche Weise.

Zusammengefasst ist Cyber-Mobbing also die gezielte Demütigung einer Person mithilfe des Internets. Es stellt im Vergleich zum Offline-Mobbing eine besondere Belastung für die

Opfer dar, die aufgrund der ständigen Präsenz dieser Angriffe, aber auch durch die Masse an Beleidigungen und der Anonymität der Täter entsteht.

8.1.2 Hate Speech

Eine weitere Form von Online-Gewalt, die verstärkt in den letzten Jahren an trauriger Popularität gewonnen hat, ist die sogenannte **Hate Speech**, im deutschen Sprachraum **Hassrede** genannt. Hate Speech an sich ist kein neues Phänomen. Der Hass im Netz greift lediglich die **Macht- und Diskriminierungsstrukturen des realen Lebens** auf und überträgt sie in den digitalen Raum. Hate Speech tritt dabei in verschiedenen Gestalten auf. So kann eine Aussage als Hate Speech gewertet werden, wenn sie direkt beleidigend ist, aber auch, wenn sie indirekt beleidigt: Beispielsweise zielt der Ausdruck »Schwuchtel« immer darauf ab, Homosexuelle zu diffamieren – unabhängig davon, ob ein homosexueller Mann derart genannt wird (direkte Beleidigung) oder ein heterosexueller Mann mit dem Ausdruck beschimpft wird (indirekte Beleidigung). Dieser Bezug auf eine bestimmte Gruppe von Menschen ist das entscheidende Merkmal von Hate Speech. Sie beabsichtigt in der Regel, eine ausgewählte Eigenschaft wie Hautfarbe, Herkunft, Religion, Geschlecht oder sexuelle Orientierung zu diskriminieren, und ist deshalb eng verbunden mit der sogenannten **gruppenbezogenen Menschenfeindlichkeit**.

Es gelten sowohl offen zur Schau gestellter als auch eher verdeckter Hass, zum Beispiel in Form eines rassistischen Witzes, als Hate Speech. Denn selbst scheinbar gewaltlose Äußerungen können eine Person oder eine Gruppe aufgrund einer bestimmten Eigenschaft diskriminieren und damit verletzen. Solche feindlichen Aussagen können das Klima einer Unterhaltung im schlimmsten Fall so weit vergiften, dass ein respektvoller Meinungsaustausch nicht mehr möglich ist.

Menschen, die Hass im Netz ausleben, verfolgen dabei mitunter ganz persönliche Ziele: Dann richten sie ihren Hass gegen eine Person oder eine Gruppe von Personen oder verbreiten eine radikale politische, religiöse oder ähnlich geartete Ideologie. Besonders Menschen, die letztere Intention verfolgen, ist gemein, dass sie mit ihrer Art der Kommunikation im Netz die Grenzen des Sagbaren verschieben wollen. Durch besonders drastische Äußerungen versuchen sie, den Diskurs zu vergiften und den Bereich der allgemein akzeptierten Äußerungen zu einem Thema, auch als das Overton-Fenster bekannt, so zu verschieben, dass ihre eigene radikale Ideologie weiter in die Mitte des Meinungsmainstreams rückt. Besonders gut ist dies bei der AfD zu beobachten, die in ihrer noch recht jungen Parteigeschichte immer wieder Aussagen tätigt, die bewusst die Grenzen überschreiten sollen, um so den Diskurs zu beeinflussen. Beispielhaft ist dafür unter anderem der Ausdruck der »Messermigration«, den die AfD wiederholt in Tweets verwendet hat und der mittlerweile in immer mehr Tweets verschiedener Nutzer auftaucht.[3] Hierbei handelt es sich um eine Bezeichnung, die offensichtlich versucht, ein bedrohliches Szenario von aggressiven messerstechenden Migranten entstehen zu lassen, um so radikalere Maßnahmen gegen Migranten fordern zu können.

---

3 Siehe dafür beispielhaft den Tweet des AfD-Politikers Malte Kaufmann: https://twitter.com/hashtag/Messermigration?src=hash&lang=de.

8.1.3 Shitstorms

Eine besondere Form der Online-Gewalt ist der sogenannte **Shitstorm**. Dieser tritt meist als Reaktion auf eine vorangegangene Handlung bzw. Äußerung einer Person, einer Institution oder eines Unternehmens auf. Im Gegensatz zu den bereits beschriebenen Formen, dem Cyber-Mobbing und der Hate Speech, treten Shitstorms in einem zeitlich sehr eng begrenzten Rahmen auf und zeichnen sich vor allem dadurch aus, dass sich die Äußerungen innerhalb eines solchen Shitstorms schnell vom eigentlichen Thema entfernen und zunehmend aggressiver und gewalttätiger werden.[4]

Als Justine Sacco, damals eine erfolgreiche PR-Beraterin und Sprecherin eines US-amerikanischen Medienkonzerns, im Dezember 2013 kurz vor ihrem Abflug in London einen Tweet abschickt, ahnt sie noch nicht, dass sie einige Stunden später das Flugzeug in Kapstadt als die meistgehasste Frau des Internets verlassen wird. Die Nachricht, die sie über Twitter veröffentlicht, lautet: »Going to Africa. Hope I don't get AIDS. Just kidding. I'm white!« (Dt.: »Ich fliege nach Afrika. Hoffe, ich bekomme kein Aids. Nur Spaß. Ich bin weiß.«) Ein Witz, wie sie bis heute beteuert.

Nur wenige Minuten nach Justines Tweet beginnt der Hashtag #HasJustineLandedYet in den Twitter-Trends zu erscheinen. Minütlich veröffentlichen andere Twitter-Nutzer dutzende empörte Tweets. Nachrichtenseiten berichten über den Tweet. Justines Arbeitgeber wird auf den

---

4 Eickelmann (s. Anm. 1), S. 172–175.

Tweet aufmerksam. Als Justine in Kapstadt ankommt, wird sie von einer Flut von Beschimpfungen und Morddrohungen überrollt. Fremde Menschen fotografieren sie. Kurz darauf verliert Justine ihren Job. Dieser Vorfall ist bis heute als eines der extremsten Beispiele eines Shitstorms bekannt.

Shitstorms wie der gegen Justine Sacco[5] sind Beispiele dafür, wie schnell Online-Gewalt sowohl quantitativ als auch qualitativ eskalieren kann. Das Opfer wird dann innerhalb von Minuten zum Ziel von enorm vielen Attacken. Der Eindruck, plötzlich von tausenden Menschen gehasst und bedroht zu werden, kann psychisch schwere Folgen haben. Wie das obige Beispiel zeigt, kann ein Shitstorm meist nicht mehr gestoppt werden, wenn er einmal begonnen hat. Dem Opfer bleibt keine andere Wahl, als diese Angriffe nicht persönlich zu nehmen, und zu warten, bis die Angreifer das Interesse verlieren.

Infobox: Formen der Online-Gewalt und ihre Merkmale	
Cyber-Mobbing	Gezielte Angriffe auf eine einzelne Person in Form von Beleidigungen, Demütigung und Angriffen auf das Privatleben.

5 Vgl Oliver Noffke, »In 64 Zeichen zur meistgehassten Frau des Internets«, in: *Stern Online*, 21.12.2013 (www.stern.de/digital/online/rassistischer-tweet-in-64-zeichen-zur-meistgehassten-frau-des-internets-3642070.html).

Hate Speech (Hassrede)	Verbale Angriffe auf Personen aufgrund ihrer Zugehörigkeit zu einer Gruppe oder auf diese Gruppe selbst (beispielsweise Muslime, Migranten, Frauen, Homosexuelle), teilweise mit konkretem Aufruf zur Gewalt gegen diese Gruppe.
Shitstorm	Kurzzeitige Flut an Beleidigungen auf eine Person, Institution oder ein Unternehmen, meist in Reaktion auf eine vorangegangene Handlung oder Aussage.

8.2 Zwischen Meinungsfreiheit und Hassrede

In der Debatte um Online-Gewalt wird oft das Argument ins Feld geführt, dass die **freie Meinungsäußerung** in einer liberalen Demokratie geschützt werden muss. Selbst krudeste Äußerungen werden dann unter dem Vorwand der Meinungsfreiheit verteidigt. Das Recht auf freie Meinungsäußerung darf aber unter keinen Umständen dazu missbraucht werden, um Personen in ihrer **Würde** anzugreifen, um diese zu verletzen oder um ihnen irgendeinen Schaden zuzufügen. Die Demütigung eines einzelnen Menschen oder die von Menschengruppen dürfen deshalb nicht akzeptiert werden, auch nicht zugunsten der Meinungsfreiheit. Das führt zu folgenden Verhaltensrichtlinien:

1. Meinungen verantwortungsvoll frei äußern
Bezüglich der Diskussionskultur im digitalen Raum ist ein Umdenken in der Gesellschaft notwendig. Die Verantwortung dafür liegt zum einen bei den Betreibern der Plattformen, die konsequent gegen Hass auf ihren Seiten vorgehen sollten. Zum anderen steht aber auch jeder einzelne Nutzer in der Verant-

wortung, sich aktiv für den respektvollen Meinungsaustausch einzusetzen. Denn gegenseitiger **Respekt** im Umgang miteinander ist eine Notwendigkeit für das soziale Zusammenleben. Dies gilt online genauso wie offline. Das Internet hat unser Leben verändert und nimmt Einfluss auf das soziale Miteinander. Es bietet die Chance, in einen Austausch mit vielen Menschen aus der ganzen Welt zu treten – und damit auch die gesamte Weltbevölkerung an seinen Gedanken und Gefühlen teilhaben zu lassen; Menschen, denen man physisch vielleicht nie begegnen wird und mit deren Lebenswelt man unter Umständen nur kurz und sehr partiell in Berührung kommt.

Wie bereits angesprochen, ist es einerseits gerade vielen jungen Menschen nicht bewusst, wie verletzlich und angreifbar sie sich im Internet machen. Hier erfordert es frühzeitig **Aufklärung und Sensibilisierung**, um junge Menschen zu einem sicheren Umgang mit dem digitalen Raum zu erziehen. Andererseits ist vielen Menschen scheinbar nicht bewusst, welche Folgen es hat, wenn sie ihre Wut ungefiltert in die Welt hinausschreien. Das mangelnde Bewusstsein über Folgen und Konsequenzen stellt eine große Herausforderung dar. Denn hinter jedem (echten) Profil in einem sozialen Netzwerk, hinter jedem Kommentar und jeder Nachricht steht ein Mensch, für den die gleichen Rechte gelten wie für jede Person aus dem Lebensumfeld in der Offline-Welt. Damit ist auch im Netz Menschen mit Respekt zu begegnen, ihre Würde ist gemäß dem Artikel 1 des Grundgesetzes (»Die Würde des Menschen ist unantastbar«) zu achten. Ein moralisch richtiges Verhalten im Netz ist deshalb auch dadurch gekennzeichnet, dass sich trotz der physischen Abwesenheit eines Gesprächspartners alle Akteure stets bewusst sein müssen, dass jeder Akt der Kommunikation immer Auswirkungen auf den oder die Gesprächspartner hat. Wichtig ist immer, dass man auf seine eigenen Umgangsformen achtet

(»Netiquette«) und sich nicht dazu verleiten lässt, Sprachmuster zu übernehmen, die respektlos oder diskriminierend gegenüber anderen sind. So kann der respektvolle Umgang auch im digitalen Raum gelingen.

2. Haltung zeigen

Wenn bestimmte Personen oder Gruppen aus einem Diskurs ausgeschlossen werden oder durch Diffamierung kein Austausch auf Augenhöhe mehr möglich ist, hat das gefährliche Auswirkungen auf unsere freie und demokratische Gesellschaft. Eine Demokratie lebt von Pluralität und vom Austausch von Meinungen im respektvollen Streit. Mobbing, Hassrede und Shitstorms sollen jedoch einzelne Teilnehmer im Streit einschüchtern und mundtot machen. Sie verunmöglichen den demokratischen Austausch. Deswegen sollte Online-Gewalt entschieden entgegengetreten werden. Dazu gehört, sich inhaltlich mit diskriminierenden Strukturen wie zum Beispiel Alltagsrassismus auseinanderzusetzen. Im öffentlichen wie im digitalen Raum gilt: Es sollte sich keine Person vor Gewalt fürchten müssen. Eltern und pädagogische Fachkräfte, aber auch jeder Einzelne ist deshalb in seiner Vorbildfunktion gefragt. Immer dann, wenn Cyber-Mobbing und Hassrede erkannt werden, sollte eingegriffen werden. Im digitalen Raum kann das zum Beispiel bedeuten, dass man dem Opfer zur Seite springt, um ihm zu zeigen, dass es nicht alleine ist. **Empathie** ist auch in der zunächst so anonym erscheinenden digitalen Sphäre ein essenzieller Wert. Im Fall von Cyber-Mobbing sind hier besonders auch die sogenannten »Bystander« in der Verantwortung, also die Personen, die den Mobbingangriff sehen, aber nichts dagegen unternehmen, sondern sinnbildlich nur ›danebenstehen‹ oder sogar aktiv wegschauen. Denn (Cyber-) Mobbing kann vor allem dann an Gewalt gewinnen, wenn zunächst Unbeteiligte bei der Verunglimpfung mitmachen – und Mitmachen bedeutet auch, einfach wegzusehen und keine Haltung zu zeigen. Nur wenn man dem Opfer den Rücken stärkt und das unmoralische Verhalten des Täters entlarvt, indem man darauf hinweist, dass sein Verhalten nicht akzeptabel ist, wird Mobbing der Nährboden entzogen: »An allem Unfug, der passiert, sind nicht nur die schuld, die ihn tun, sondern auch die, die ihn nicht verhindern.«[6]

Ähnlich verhält es sich in Bezug auf die Hassrede. Hier ist eine mögliche Form, diskriminierende Inhalte zu entkräften, ohne die Diskussion eskalieren zu lassen, die sogenannte Counter Speech. Dies kann durch eine höfliche, aber bestimmte Ansprache an die Person geschehen, die gerade versucht, Hass oder Beleidigungen zu verbreiten. Wichtig ist dabei, sich nicht zu einer ähnlich aggressiven oder ausfallenden Sprache hinreißen zu lassen, sondern höflich aber bestimmt darauf hinzuweisen, dass diskriminierendes, beleidigendes und herabwürdigendes Verhalten nicht erwünscht ist. Auch Gegenargumente, Nachfragen oder Humor können sinnvoll sein, um dem Angreifer zu zeigen, dass sein Verhalten nicht geduldet wird. Counter Speech hat wiederum den Effekt, dass die oben erwähnten Bystander animiert werden, selbst Haltung zu zeigen, wodurch der Angreifer merkt, dass er mit seinem Hass in der Minderheit ist und ihm nur zugehört wird, wenn er sich respektvoll äußert. *Tino Wagner*

---

6 Erich Kästner, *Das fliegende Klassenzimmer*, Hamburg [150]1993, S. 95.

Reflexionsfragen: Online-Gewalt

1. Worin unterscheiden sich Cyber-Mobbing und Hate Speech?
2. Wieso sollte man auch im digitalen Raum darauf achten, wie man miteinander spricht?
3. Was kann gegen Hate Speech getan werden?
4. Wie kann man Cyber-Mobbing entgegenwirken?

9. Game on, Game over: Acht ethische Diskurse rund ums Videospiel

9.1 Rampage: Über Gewalt in Spiel und Narration

Die Videospieldebatte war lange Zeit eine **Gewaltdebatte**. Die Entwicklung zunehmend realistischer graphischer Darstellungsweisen und damit die beachtliche Immersion – also die Möglichkeiten zum ›Eintauchen‹, die Bildschirmspiele bieten – gaben Anlass zur Sorge, dass sich die spielerischen Handlungen auf die Realität übertragen könnten. Den Anfang dieser Debatte markierte um 1993 das Videospiel »Doom«, das aufgrund seiner Beliebtheit zu einem Sinnbild für die Entwicklung des Videospiel-Markts wurde.[1] Das Genre des Ego-Shooters war erfunden, das bis heute eines der prägendsten der Branche ist. Es versetzt den Spieler meist in die Lage eines Soldaten, der sich schwer bewaffnet durch seine sogenannten »Gegnerhorden« schießt. Überhaupt ist der Tonus vieler erfolgreicher diskursprägender Videospielreihen ein martialischer: Es geht um Krieg und ums Kämpfen – dabei wird derjenige Spieler belohnt, der möglichst viele Kontrahenten tötet, ohne sein eigenes Leben zu verlieren. Für eine solch außergewöhnliche ›Leistung‹

---

1 Die Bezeichnung »Videospiel« wird hier dem Ausdruck »Computerspiel« vorgezogen, weil auf alle elektronisch-visuell-basierten Spiele für den PC, das mobile Endgerät und die Spielekonsolen Bezug genommen wird. Auch wenn es sich bei den meisten Videospielen per definitionem um Computerspiele handelt (da sie eine Recheneinheit, sprich einen Computer voraussetzen), soll hier nicht der Gedanke aufkommen, es könne sich ausschließlich um PC-Spiele handeln.

hat sich in Spielerkreisen der lobende Ausruf »Rampage« etabliert.[2]

Nach tragischen Vorfällen an deutschen Schulen (etwa die Amokläufe 2002 in Erfurt und 2009 in Winnenden) wie auch andernorts (vor allem in den USA) ist das Videospiel zum Sündenbock erklärt worden. Dabei wurde die Bezeichnung »Killerspiel« eingeführt: Damit sind Bildschirmspiele gemeint, die das unbegründete Töten zum Inhalt haben. Die Bezeichnung spiegelt jedoch eher wider, wie wenig Einblick manche Journalisten und Politiker in die durchaus vielfältige Welt der Videospiele haben: Zum einen ist festzuhalten, dass die Bundesprüfstelle für jugendgefährdende Medien (BPjM) alle Spiele mit rein gewaltverherrlichendem Inhalt immer indiziert. Dies kommt für die Anbieter marktwirtschaftlich einer Insolvenzerklärung gleich. Aus diesem Grund existieren quasi keine kommerziell verlegten Videospiele, die sich nicht nach Jugendschutzvorgaben richten. Zum anderen gibt es keinen bekannten Ego-Shooter, der einfach nur das Töten zelebriert. Durch die Narration soll der Spieler nicht in die Rolle eines bloß schießwütigen Amokläufers versetzt werden, sondern typischerweise ist er ein Weltenretter, ein Beschützer, ein Verteidiger gegen die Mächte des Bösen, der Waffengewalt aus Notwehr oder zum Schutz Schwächerer einsetzt.

Mit dem Einzug der Videospiele in viele Haushalte ist das Wissen über die Videospielwelten gewachsen. Da wissenschaftliche Studien zudem **keinen belastbaren Zusammenhang** zwischen **Videospielekonsum und steigendem Gewaltpotenzial** feststellen konnten, ist die Gewaltdebatte ab-

---

2 Die Bezeichnung geht auf das 1999 veröffentlichte Videospiel »Unreal Tournament« zurück, in dem sie erfolgte, sobald es einem Spieler gelang, zehn seiner Kontrahenten nacheinander zu töten. *Rampage* lässt sich auf Deutsch unter anderem mit ›Amoklauf‹ übersetzen.

geebbt.[3] Ohnehin stellen von allen Videospielen auf dem Markt diejenigen mit einem martialischen Setting nicht den Großteil dar – die Landschaft der spielerischen Systeme ist vielfältig.

Die Sorge um die Jugend, geradezu ein klassisches Thema in der Gesellschaft, hat sich verlagert. Heutzutage ist es weniger die Darstellung von Gewalt, die als Bedrohung für die Jugend betrachtet wird (im Film oder in der Literatur kommen gewalthaltige Themen aus dramaturgisch-künstlerischen Gründen ebenfalls häufig vor). Vielmehr sind es **Suchtpotenziale** und **Kostenfallen**, die als problematische Aspekte adressiert werden.

9.2 Wicked Sick: Wenn das Hobby zum Laster wird

Die Videospielbranche ist der am stärksten wachsende Markt der Unterhaltungsindustrie. Als solcher folgt er den typischen Mechanismen der Marktwirtschaft. Es ist nur typisch, dass Konzepte entwickelt werden, die den Kunden stark an ein Produkt oder eine Marke binden. In der Videospielentwicklung geschieht dies, indem eine Welt erschaffen wird, an der sich die Spieler nicht sattsehen können. Es werden Spielmechaniken implementiert, die Nutzer möglichst lange binden. Beispielhaft dafür ist wohl die »World of Warcraft«: Das 2004 veröffentlichte und bis heute hocherfolgreiche MMORPG (Massively Multiplayer Online Role-Playing Game) bietet den Spielern eine gigantische Welt, die zu erkunden durchaus hunderte Stunden dauern kann. Zusätzlich suchen die Spieler innerhalb des Spiels

3 Vgl. Melanie Verhovnik, »Alles nur ein Spiel? Gewalt in Computer- und Videospielen und ihre Wirkung«, in: Communicatio Socialis 47 (2014) S. 302–319.

nach immer besseren Ausrüstungsgegenständen und häufen Reichtümer an. Letztere können sie im Handel mit anderen Spielern für Allianzen investieren und sich so auch sozial an die Welt binden, in der sie in Kontakt mit anderen Spielern treten. Man spricht in der Entwicklung von Videospielen auch vom »Late-Game« als dem Teil des Spiels, der idealerweise endlose Motivation bietet. In der »World of Warcraft« ist das die Jagd nach Reichtümern und Abzeichen, im Genre des Ego-Shooter dagegen, ein »Wicked Sick« zu hören.[4]

Indem sie das soziale Leben in die Online-Welt verlagern und permanent Abzeichen nachjagen und sammeln, streben die Spieler nach **Anerkennung** und bauen sich eine **Identität** im Netz auf. Es findet sich in der Gesellschaft daher die Sorge, dass Jugendliche der realen Welt entfliehen, deren Regeln und Systeme sie weniger beherrschen und in der sie weniger Anerkennung für ihre Leistungen erhalten. Dabei spricht man von **Realitätsflucht** oder Eskapismus.

Doch intensives, immersives Spielen muss nicht unbedingt als Sucht gesehen werden. Als süchtig wird jemand bezeichnet, wenn er für eine bestimmte Tätigkeit andere essenzielle Bereiche seiner gesellschaftlichen Anschlussfähigkeit vernachlässigt oder aufgibt. Die Belohnungssysteme der Videospiele schaffen zwar Angebote, für die der Spieler Prioritäten derart setzen könnte, dass er etwa seine Bildung oder seine Vereinsarbeit aus dem Blick verliert. Ob dies allerdings einem Suchtverhalten gleichkommt, ist für jeden Einzelfall zu überprüfen. Sicher ist

---

4 Während eine »Rampage« nach zehn Abschüssen der Gegner ertönt, erfolgt der Ausruf »Wicked Sick« bei 30 konsekutiven Tötungen. Er kann mit ›krankhaft böse‹ übersetzt werden und soll – ironisch – die unvorstellbare Soziopathie des Spielers gegenüber anderen Spielern ausdrücken. Wenngleich dies makaber klingt, ist »Wicked Sick« die höchste Auszeichnung, die ein Spieler für seine Leistung erhalten kann.

jedoch, dass sich die Videospielbranche an den Prinzipien des freien Marktes orientiert und ein süchtiger oder häufig spielender Kunde ein besonders treuer und zahlungsfreudiger Kunde sein dürfte. Dass manch ein Spieler dafür andere Aspekte des Lebens vernachlässigt, wird wohl in Kauf genommen. Hierfür werden von der Industrie immer stärker bindende Spielmechaniken entwickelt.

9.3 Pay2Win: Bezahlmodelle und Kostenfallen

Das oben erwähnte Genre der MMORPGs ist ein geeignetes Beispiel für mögliche Kostenfallen. Die gigantischen Online-Welten erfuhren einen Boom nach der Jahrtausendwende, als Breitband-Internetanschlüsse und Flatrates quasi unbeschränkten Zugang zur Welt des Internets eröffneten. Um an der Online-Welt eines Videospiels teilzuhaben, muss der Spieler aber Entgelte entrichten. Für gegenwärtig etwa zwölf Euro im Monat erlangt er Zugang zu den Servern der »World of Warcraft«. Wer sich also in der Online-Welt Rang und Namen erspielt hat, muss Abonnent bleiben, um vom erspielten Status profitieren zu können. Damit nicht vertragsfähige Spieler (also die Altersgruppe unter 18 Jahren) trotzdem Zugang erhalten, verkaufen die Videospielfirmen über Kioske und Supermärkte sogenannte Gamecards. Dort können Jugendliche mit ihrem Taschengeld Codes erwerben, mit denen sie auf die Spielwelt zugreifen können. Wer also zu jung ist, um ein Abonnement abzuschließen, kann auf diese Weise die Altersprüfung umgehen.

Heutzutage dominiert bei den Online-Games das Bezahlmodell der **Mikrotransaktionen**. Damit sind Transaktionen gemeint, bei denen der Spieler für Kleinstbeträge spielerische Elemente freischaltet: etwa neue Kleidung für die Spielfigur, andere graphische Themensets, Audiofiles oder Optionen für die Anpassung der eigenen Spielweise bzw. Dekorationsgegenstände. Meist sind solche Konzepte gepaart mit einem **Free-2Play**-Prinzip: Das Spiel ist gratis, die Zusatzleistungen kosten Kleinstbeträge. Dieses Prinzip unterscheidet sich grundlegend von dem klassischen Modell, bei dem ein Videospiel mit einem einmaligen Betrag erstanden wird. Ein Free2Play-Titel kann so höhere Umsätze erzeugen, da sich eine größere Kundschaft findet, wenn keine Anfangsinvestition getätigt werden muss, die Entwicklungskosten aber später durch die schiere Menge kleiner Transaktionen wieder eingespielt werden. Durch das Bezahlen in Kleinstbeträgen verschleiern die Unternehmen aber die tatsächlichen Kosten: Wer erinnert sich später noch daran, wie oft er für wenige Cent oder ein paar Euro kleinere Anschaffungen getätigt hat?[5]

»Also da hab' ich so ein Spiel gespielt. Dann ist da Werbung gekommen, ich wollte da gerade auf den Bildschirm klicken wegen dem Spiel, dann hab' ich aus Versehen auf die Werbung geklickt, und dann hab' ich das aus Versehen bestellt. Und dann musste Mama ganz schnell kommen und das wieder rückgängig machen. Das war ein bisschen blöd.«

Erfahrungsbericht einer Neunjährigen

[5] Das folgende Beispiel ist zitiert nach: Petra Grimm / Clarissa Henning / Oliver Zöllner, »Evaluationsanalyse bezüglich Werbeerkennung und Werbekompetenz«, in: *Mit Kindern unterwegs im Internet*, hrsg. von der Landeszentrale für Medien und Kommunikation Rheinland-Pfalz, Baden-Baden 2014, S. 114–181, hier S. 173.

In manchen Spielen können durch Mikrotransaktionen spielerische Vorteile erkauft werden. Hier wird sogar das Erfolgsstreben monetarisiert. Am Ende siegen die Spieler, die bezahlen; Talent, Strategie und Erfahrung rücken dabei in den Hintergrund. Diese Geschäftsmodelle sind unter den Gamern verschrien und werden als Pay2Win bezeichnet. Von einem gesellschaftspolitischen Standpunkt aus betrachtet, haben diese Geschäftsmodelle aber auch integrierenden Charakter: Durch die geringen Einstiegskosten sind die Videospielwelten für jedermann geöffnet. Wer auf die Mikrotransaktionen verzichtet, kann im wahrsten Sinne Free2Play dabei sein.

Gleichzeitig werden die Spieler gezielt mit Werbemaßnahmen und indirekten Methoden gereizt, dennoch die ein oder andere Mikrotransaktion zu tätigen. Ist der erste Widerstand erst einmal gebrochen und sind die Kreditkartendaten gespeichert, ist die Wahrscheinlichkeit für die nächste Mikrotransaktion enorm erhöht. Zu den indirekten Maßnahmen gehören die umstrittenen Lootboxes und börsenähnliche Marktplätze für die kaufbaren Inhalte. Lootboxes sind virtuelle Kisten, die erworben, erspielt oder in den virtuellen Welten gefunden werden können. Zum Öffnen muss ein Schlüssel gekauft werden. Der Inhalt der Boxen ist dem Spieler vor dem Öffnen nicht bekannt. Es können extrem häufige oder besonders selten vorkommende Gegenstände enthalten sein. Entsprechend viel oder wenig sind die Inhalte einer Lootbox auf dem Markt wert. Dort können sie für Echtgeld an andere Spieler verkauft werden.

Auf ihre Weise funktioniert eine Lootbox also wie ein einarmiger Bandit im Kasino: Für einen kleinen Geldbetrag kann sie geöffnet werden mit der Aussicht auf einen eventuellen hohen monetären Gewinn. Die Marktplätze funktionieren wie Börsen, an denen der Preis eines jeden virtuellen Gegenstands nach Angebot und Nachfrage bestimmt wird. Hier kommt es bisweilen auch zu Marktmanipulationen und Insidertrading, wenn etwa bestimmte Gegenstände in großen Mengen gekauft werden, weil spekuliert wird, dass ein bekannter Profi-eSportler (die Spieler sehen sich gerne als »elektronische Sportler«) auf einem Turnier eben diese verwenden und daher die Nachfrage explodieren wird. Da durch Lootboxes und Marktplätze zum einen Spekulations- und zum anderen Glücksspielgeschäfte möglich werden, wird in der Politik über Regulierungsmaßnahmen nachgedacht. Die belgische Regierung hat Lootboxes bereits als Glücksspiele eingestuft. In Deutschland steht eine Entscheidung noch aus.

In dem beliebten Teamshooter »Counter-Strike: Global Offensive« werden die Gegenstände in Klassen eingeteilt: Virtuelle Gegenstände der höchsten Klasse, wie besonders seltene Messer, erreichen Werte bis zu 1500 Euro pro Stück. Um Inflation vorzubeugen, gibt es sogenannte »Trade Up Contracts«: Hierbei können zehn Gegenstände einer niedrigeren Klasse in einen Gegenstand höherer Klasse umgewandelt werden. Dabei werden die zehn ausgewählten ursprünglichen Gegenstände zerstört (gelöscht).

9.4 Ragequit: Flaming auf dem Gameserver

Mobbing und Hass haben im Bereich des Gamings eine Eigenart. Schon vor dem Breitband-Internet, in der Zeit der LAN-Partys, waren Beleidigungen derart häufig und quasi normaler Bestandteil der Spiel-Kommunikation, dass ein eigener Begriff dafür gefunden wurde. Man spricht vom **flaming**, also dem verbalen ›In-Brand-Setzen‹ bzw. ›mit Feuer bespucken‹ der anderen. Es gilt zwar als stillos, wird aber nicht gezielt unterbunden. Vielmehr ist eine solche Bezeichnung ein **Ritterschlag** für den Beleidigten: Er hat seinen Gegner derart in Grund und Boden gespielt, dass dieser sich nur noch mit Beleidigungen zu helfen weiß – oder aber aus Wut das Spiel verlässt. Dies wird bei Gamern wiederum »Ragequit« genannt.[6]

Flaming wird allgemein nicht als bedrohlich erachtet, und auch neue Spieler gewöhnen sich recht früh an den Umgangston. Es ist gewissermaßen ein Systemeffekt, dass beleidigt wird, wenn der Widersacher am anderen Ende der Welt sitzt und eine Beleidigung folgenlos bleibt – zumal man wahrscheinlich nie wieder mit ihm auf demselben Gameserver landet.

Auch rassistische und volksverhetzende Beleidigungen werden in den meisten Fällen schlichtweg nicht ernst genommen. Hier implementieren die Spielebetreiber jedoch zunehmend Gegenmaßnahmen, sodass rassistische oder sexistische Kommentare von Bots (Hilfsprogramme, die automatisiert eingreifen) entdeckt oder von Mitspielern zur Anzeige gebracht werden können. Auch sind in den Weiten des Internets häufig Profilbilder mit aus deutscher Sicht verfassungswidrigen Symbolen zu finden. Eine Strafverfolgung ist nicht immer möglich, da Nutzer aus Ländern mit anderer Rechtsgrundlage mitspielen. Ohne einheitliche gesetzliche Bestimmungen bei den Betreibern der Server können solche Vergehen zwar gemeldet werden, ob es Folgen nach sich zieht, ist jedoch oftmals ungewiss.

Vorbildlich sind die Regeln dagegen inzwischen im Bereich des professionellen Gamings. Dort hat sich eine **Null-Toleranz-Politik** für sowohl Hetze als auch Flaming etabliert. Die Turnierbetreiber schließen jeden Spieler zum Teil für Monate vom Spielbetrieb aus, der inner- oder außerhalb der Turniere mit solchem Verhalten auffällt.

---

6 Von engl./frz. *Rage* ›Wut‹ und engl. *to quit* ›verlassen‹.

9.5 Clanwar: Gaming als soziales Medium

Können sich die Gamer in den virtuellen Welten tatsächlich verirren und dort lieber ihre Zeit verbringen als im echten Leben? Diese Angst wird von den oben besprochenen Suchtmechanismen und -symptomen befeuert: Wer neben der Freizeit auch seine gesellschaftlichen Pflichten vernachlässigt, verliert den Anschluss an das normale Leben und sein soziales Umfeld. Eine solche Gefahr besteht natürlich nicht nur im Videospiel: Literatur, Film, sportliche Betätigung, Meditation, Musik oder **Social Media** sind ebenso Angebote, in denen sich der Einzelne verlieren oder verstecken kann. Da das Videospiel jedoch viele dieser Unterhaltungsformen in sich vereinen kann, ist die Sorge nicht unbegründet: In einer gigantischen Online-Welt wie »World of Warcraft« findet der Spieler schier endlose Ablenkung und Beschäftigung.

Auf der anderen Seite sind mit den Online-Spielen Communities und kulturelle Codes entstanden, durch die die Spieler miteinander in Kontakt treten und sich so ein soziales Umfeld aufbauen, anstatt sich abzuschotten: Seit man über das Internet spielen kann, haben sich sogenannte Clans formiert. Clans können funktionieren und strukturiert sein **wie Vereine**, sie können aber auch ganz zwanglos zwischen Freunden entstehen, die sich einander zugehörig fühlen, wenn sie in Gruppen gegen andere antreten wollen. Treten zwei Clans gegeneinander an, dann spricht man von einem »Clanwar« (engl. *war* ›Krieg‹). In den MMORPGs spricht man nicht von Clans, sondern von Gilden. Dort werden gemeinsam erarbeitete Fortschritte gespeichert, Schätze gelagert, Kräfte gebündelt und selbstgesteckte Ziele verfolgt. Gilden können mehr oder weniger demokratische oder autokratische Strukturen aufweisen. Auf der Makroebene, also der gesellschaftlichen Ebene des

Spiels, gehen Gilden miteinander Allianzen ein oder erklären einander den Krieg. Insgesamt sind sich Gilden jedoch darin einig, dass ihre Organisation dem Spiel und der Community dienen soll. Selbst wenn eine Gilde vermeintlich zerstörerische Absichten hegt (etwa Krieg gegen alle anderen Gilden zu führen), ist auch das ein im Spiel gewollter Bestandteil und eine Bereicherung der Spieldynamik – zumal sich gegen eine solche Gilde schnell Allianzen bilden.

Das ist ein politisches Planspiel und kann durchaus als solches verstanden werden: In den Videospielwelten begegnen sich Menschen und interagieren miteinander. Videospieler laufen also nicht immer Gefahr, sich zu isolieren, durch die Spiele können sie sich auch ganz gezielt gesellschaftlich integrieren und engagieren. Denn online kann ein jeder Freunde und Verbände finden, innerhalb von Clans und Gilden Funktionen und Ämter übernehmen und verschiedene soziale und politische Strukturen kennen lernen. So wie der lokale Fußballverein für Werte und Normen eintritt, so tun es auch die Clans und Gilden. Das gilt im Guten wie im Schlechten: So mag ein Clan das Flamen (siehe S. 141 f.) lehren, so wie im richtigen Leben etwa ein zu energischer Fußballtrainer seine Spieler anweist, die Gegner zur Verunsicherung auf dem Platz zu beleidigen, wenn der Schiedsrichter nicht zuhört.

Der bedeutendste Unterschied zwischen einem lokalen Verein und der Online-Community besteht darin, dass sich die Gamer seltener oder gar nicht von Angesicht zu Angesicht treffen. Wer also den Umgang und die Nähe zu Menschen sucht, der vernachlässigt für seinen Clan besser nicht das Fußballtraining.

Andere Berührungspunkte der Videospielkultur sind Messen und Events, auf denen die Gamer zusammentreffen. Ein aus Japan stammender Trend ist das mittlerweile weltweit beliebte **Cosplay**. Die Cosplayer schneidern die Kleidungen, Rüstungen oder Gegenstände ihrer Videospielhelden und -heldinnen nach, verkleiden und schminken sich, um die Figur in der echten Welt zu verkörpern. Über das Internet tauschen sich Cosplayer und die Gamer-Communities aus, diskutieren die Entwicklungen der Figuren und Charaktere oder der spielerischen Systeme. Das Videospiel und seine Inhalte sind unter Gamern gleichermaßen Gesprächsthema, wie es das Buch in Lesekreisen ist: Hier findet sich vor allem die Liebe zum Gegenstand, aber auch kritische Stimmen und kontroverser Austausch werden laut.

9.6 Tutorial: Lehren und Lernen mit Spielen

Der **Lehrwert des Spielens** steht bei Pädagogen schon seit dem 17. Jahrhundert im Fokus. Damals wurde das Spielen als eine wertvolle und nützliche Tätigkeit erkannt. Es entwickelte sich der pädagogische Ansatz, die intrinsische, also aus eigenem Antrieb bestehende Motivation zum Spielen zu nutzen und bereits im Kindesalter auszubilden. Diese Bemühungen finden sich bis heute immer wieder.

Spiele sind so lehrreich, wie sie zahlreich sind, und in jedem Spiel gibt es andere Sachen zu lernen. Wer Monopoly spielt, erlernt den Wert von Investitionen und strategischer Planung. Wer Schach spielt, lernt vorauszudenken und Risiken zu kalkulieren, wer Basketball spielt, trainiert Ausdauer und Sprungkraft. Videospiele sind lediglich die neueste Entwicklung in der Spielelandschaft. Auch hier gibt es Managerspiele, Geschicklichkeitsspiele, Strategie- oder Teamspiele. Typisch für diese Videospiele ist es, Geschicklichkeit der Hand-Augen-Koordination, Multitasking und das Voraussagen von Spielzügen – lies: Intuition – zu stärken. Erlernt und trainiert werden auch klassische Management-Kompetenzen, nämlich Algorithmen zu verstehen, für sich arbeiten zu lassen und Prozesse zu optimieren. Games können also durchaus wie **informelle Tutorials** funktionieren.[7]

Viele Videospiele sind historisch verortet und werden daher von Spielern als zuverlässige Darstellungen geschichtlicher Ereignisse betrachtet. Ein gutes Beispiel sind die Videospiele der Reihe »Assassin's Creed«. In ihnen besuchen Spieler Städte des antiken Griechenlands oder Ägyptens, sie sehen das Italien der Renaissance oder den Unabhängigkeitskrieg der USA. Spieler begegnen historischen und fiktiven Figuren, lernen Leonardo da Vinci kennen oder nehmen Aufträge von George Washington entgegen. Die Schauplätze sind zum Teil nach historischen Karten rekonstruiert und gleichen somit virtuellen Museen. Die Aufarbeitung der Geschichte ist jedoch primär dramaturgisch und nur sekundär dokumentarisch, dient sie doch einem kommerziellen Interesse. Deshalb sind auch Videospiele, die stark historisch verankert sind, nicht problemlos als Materialien für den Unterricht geeignet – dafür bedarf es zusätzlich geschulter Pädagogen.[8]

Dennoch werden Videospiele zunehmend für pädagogische und didaktische Konzepte eingesetzt. Dazu zählen auch solche Spiele, die nicht speziell für diesen Zweck ent-

---

7 Zudem bieten viele Videospiele Tutorials an, um Einsteiger mit den Funktionen ihrer Spielwelt vertraut zu machen. Typischerweise fungiert das erste Level eines Videospiels als eine Art Gebrauchsanleitung und wird oftmals auch narrativ eingebunden, sodass sich die Lehreinheit als Teil des eigentlichen Spiels anfühlt.
8 Quelle zum Interview mit Angela Schwarz: Bundeszentrale für politische Bildung, »Computerspiele im Geschichtsunterricht. Das Werkstatt-

wickelt wurden, aber in ihren Erzählungen historische Problemstellungen oder Narrative aufgreifen. Die Historikerin Angela Schwarz von der Universität Siegen erläutert in einem für die Bundeszentrale für politische Bildung geführten Interview den Nutzen von Videospielen für die Vermittlung von Geschichtskunde:

Es gibt 2500 Videospiele mit historischen Themen – als Ego-Shooter, Strategie- oder Geschicklichkeitsspiel. Schwarz betrachtet diese Spiele als Teil der Geschichtskultur. Videospiele seien zwar keine Erzeugnisse mit historisch-politischem Bildungsauftrag, auch sparen sie viele Themen aus, die für die historisch-politische Bildung wichtig seien, um keine Tabus zu brechen oder Konflikte zu erzeugen. Dennoch bergen Videospiele die Möglichkeit, historisch Uninteressierte für Geschichte zu begeistern. Durch sie werde diese greifbarer, sie lassen Spielende in die Vergangenheit eintauchen wie bei einer Zeitreise. Aus diesem Grund findet Schwarz, dass Videospiele auch für die Schul- und Erwachsenenbildung neues Potenzial bieten können.

Mit den Videospielen hat sich ein neuer Begriff eingebürgert: **Gamification** – also das Zum-Spiel-Machen einer sonst nicht spielerischen Aufgabe. Anders ausgedrückt: Lästige Aufgaben des Alltags sollen sich wie ein Spiel anfühlen. Zum Beispiel kann ein Mülleimer Punkte für richtiges Recyclen verteilen. Mit immer neuen Bedienkonzepten lassen sich viele Inhalte heutzutage auch auf dem Smartphone intuitiv für die Lehre

gespräch mit Angela Schwarz, 27. 10. 2015« (www.bpb.de/lernen/digitale-bildung/werkstatt/214025/computerspiele-im-geschichtsunterricht).

einsetzen. So halten digitale Medien Einzug in den Unterricht. Was in der Theorie gut klingt, funktioniert in der Praxis allerdings nicht immer. Vor allem, wenn der Spieler merkt, dass das Spiel ihn gar nicht unterhalten, sondern zum Arbeiten treiben möchte, stößt ein solcher Gamification-Ansatz oft auf Widerstand. Und trotzdem knüpfen die Entwicklungen hier an viele Lehrkonzepte an, die in der Didaktik bereits erfolgreich eingesetzt werden, wie etwa (analoge) Lernspiele, und übertragen diese ins Digitale.

9.7 Highscore: Ethische Ansprüche an das Videospiel als Kunst- und Kulturgegenstand

Die anfänglich besprochene Gewaltdebatte stand dem Videospiel in seiner Anerkennung als Gegenstand der Kunst und Kultur lange Zeit im Weg. Ein Beispiel dafür ist der 2012 verliehene Computerspielpreis, der seinerzeit von den Branchenverbänden BIU (Bundesverband Interaktive Unterhaltungssoftware) und G.A.M.E. gemeinsam mit dem Beauftragten der Bundesregierung für Kultur und Medien ausgelobt wurde. Damals gewann der in Frankfurt entwickelte Ego-Shooter »Crysis 2« den Preis als bestes deutsches Computerspiel – eine Auszeichnung, die von vielen Journalisten und Experten positiv hervorgehoben wurde. In der Folge musste sich der Computerspielpreis jedoch harsche Kritik von Seiten konservativer Parteien gefallen lassen, die in der Verleihung eines Preises an ein martialisches Videospiel ein Politikum mit Signalwirkung sahen. Das hatte zur Folge, dass 2014 der Preis für das beste Computerspiel nicht an den Nachfolger »Crysis 3« ging (ein Spiel, das eine für den deutschen Markt vergleichslose Erfolgsgeschichte aufweist), sondern an das deutlich nicht kriegerisch wirkende

Point-and-Click-Adventure »The Inner World«. Die Fachzeit-schriften verurteilten die Entscheidung mit dem Tenor, der Computerspielpreis habe aus Furcht vor einem weiteren An-griff aus der Politik den Preis nicht unabhängig vergeben.

Seither hat sich die Medienlandschaft gewandelt. Mit dem immer stärkeren Aufkommen von eSport-Veranstaltungen, bei denen die Zuschauerzahlen bei einzelnen Übertragungen die der Fußballbundesliga überflügeln, ist das Videospiel zu einem Unterhaltungsmedium geworden, das selbst für kompetitive (sportliche) Veranstaltungen ein Massenpublikum erreicht. Die Großveranstaltungen, der stattfindende Austausch der Spieler untereinander und die Vielzahl der spielerischen und narrati-ven Angebote lassen keinen Zweifel, dass es sich bei Videospie-len um ein prägendes Medium unserer Zeit handelt, das somit nicht länger als **Kulturgut** verleugnet werden kann.

Eine Pressemitteilung der Unterhaltungssoftware Selbtkon-trolle (USK), einer freiwilligen Einrichtung der deutschen Computerspielewirtschaft, hatte unlängst Signalwirkung. Die USK prüft im Auftrag der BPjM eventuell jugendgefährdende Medien. In Deutschland waren bis dato keine Videospiele ver-öffentlicht worden, in denen Hakenkreuze zu sehen waren. Viele Narrationen in Videospielen sind im Zweiten Weltkrieg angesiedelt; auch in den Videospielabenteuern des »Indiana Jones« sind Nazis die Widersacher; entsprechende Symboliken tauchen in den internationalen Versionen dieser Spiele auf. In Deutschland dürfen verfassungswidrige Symbole aber nicht in Umlauf gebracht werden, wenn sie nicht – und zwar nach einer engen Auslegung – der Kunst, Wissenschaft, Forschung oder Lehre dienen. Im Rahmen von Dokumentationen ist es also kein Problem, die entsprechenden Symbole zu zeigen. Für die Filmbranche berief man sich stets auf die Freiheit der Kunst – dort sind Hakenkreuze nicht unüblich für Weltkriegsdramen.

Die Publisher von Videospielen aber mieden in Deutschland das Risiko einer Indizierung, d. h. einer Zensur aus ethischen Gründen, und veröffentlichten immer nur überarbeitete Versionen auf dem deutschen Markt, in denen Hakenkreuze durch andere Symbole ersetzt wurden. Man fürchtete, dass in einer Prüfung durch die USK der Verwendung eines Hakenkreuzes im Videospiel nicht stattgegeben würde. In einer Art Richtungsänderung hat die USK nun aber 2018 bekanntgegeben, dass sie in geprüften Einzelfällen die Verwendung von Hakenkreuzen in Videospielen für zulässig hält.

Damit gibt es also eine vom Bund anerkannte Prüfstelle, die dem Videospiel denselben Wert für die Kultur zuschreibt wie zum Beispiel dem Film. Das Videospiel nimmt also zunehmend einen anerkannten Platz in der Medienlandschaft ein und wird von der Presse, Politik, Kunst und Kulturarbeit wahrgenommen. Ein weiteres Indiz dafür ist, dass mit der Gamescom in Köln regelmäßig die größte öffentliche Videospielmesse der Welt stattfindet und es zunehmend Ausstellungen in und sogar eigene Museen für Videospiele gibt (z. B. das Videospielmuseum in Berlin oder das Zentrum für Kunst und Medien in Karlsruhe).

9.8 Hardcore: Offene Problematiken der Branche

Trotz seines wachsenden Stellenwertes für Kunst und Kultur gibt es ethische Bedenken hinsichtlich des Videospiels. Dass die größten Videospielproduktionen als Triple A bezeichnet werden, ist eine Anlehnung an Bonitätsklassen, mit denen die Kreditwürdigkeit von Wertanlagen eingestuft wird. Diese vermeintlich sicheren ›Videospiel-Anlagen‹ sind die diskursprägenden Titel der Branche. Sie warten meist mit modernster

Grafik auf und setzen auch von technischer Seite her Maßstäbe für die öffentliche Wahrnehmung von Videospielen – allerdings leben sie sehr häufig von kriegerischen Narrationen.[9] Dass dies auch in den Blockbustern der Filmbranche der Fall ist, befreit auch die Videospiele nicht von dem Vorwurf, dass in ihnen eine Trivialisierung von Gewalt stattfinde. Die psychologische Medienrezeptionsforschung mag zwar keinen Zusammenhang zwischen Videospielkonsum und Gewaltpotenzial herstellen können, rein symbolisch betrachtet bleibt ein Zusammenhang aber bestehen: In diesen Spielen wird Begeisterung für den Krieg transportiert.

Auf einem anderen Blatt steht die Kommerzialisierung der Videospielbranche, die einen klaren Mainstream an Spielsystemen und Narrationen hervorgebracht hat. Wie zuvor erwähnt, werden Videospiele wie Wertanlagen bemessen. Der dem Spiel innewohnende Gedanke einer freien und förderden Beschäftigung ist auf unternehmerischer Ebene dem Profitgedanken unterworfen. Damit ist auch eine Serialisierung von Videospielen einhergegangen: Spielefirmen setzen auf Sequels (Fortsetzungen), anstatt neue Ideen zu entwickeln. So soll der Erfolg am Markt voraussagbar werden. Damit hat sich der Videospielemarkt zu dem entwickelt, was der Philosoph und Soziologe Theodor W. Adorno als Kulturindustrie bezeichnen würde: Es dominiert einheitliche Massenware ohne kulturelle Tiefe, ohne spielerische Experimente, ohne Kunst. Neue kreative, spielerische Systeme werden immer seltener produziert und lassen sich zunehmend nur noch in der sogenannten Indepen-

---

9 Ein besonders hoher Schwierigkeitsgrad bei solchen Spielen besteht im sogenannten Spielmodus »Hardcore« (engl. ›harter Kern‹), bei dem der Spieler nur einen einzigen Spielversuch hat: Stirbt die Spielfigur ist das Spiel beendet und kann nicht an einem zuvor gespeicherten Punkt wiederaufgenommen werden.

dent-Szene, die unabhängig von großen Verlegern und Produzenten ist, mit alternativen Finanzierungsmethoden wie Crowdfunding realisieren.

Adornos Kulturkritik könnte sogar noch weiter gehen: Nicht nur unterbindet eine solche Industrialisierung des Spielens die tatsächliche Essenz des Spiels als kulturelle Praxis sowie die Freiheit des Spielens (Letztere betrifft auch die Entwicklung und die Rechte von Videospielen, denn anders als das Fußballspiel können Videospiele nur beim Erwerb einer Lizenz oder bei Akzeptanz bestehender AGB gespielt werden). Zudem können und werden die im Spiel verankerten Erfahrungs- und Lernwelten zweckentfremdet. Für propagandistische Zwecke ist der Titel »America's Army« wohl das bekannteste Beispiel. Es wurde 2002 von der United States Army produziert und wird bis heute für Rekrutierungszwecke eingesetzt. In diesem Falle ist die Trivialisierung vom Militarismus Programm und das Spiel dient dem bitteren Ernst machtpolitischer Kräfte hinter dem Vorhang der belustigenden Unterhaltung. *Matteo Riatti*

Reflexionsfragen: Game on, Game over

1. Welche Werte und Normen werden in Videospielen vermittelt?
2. In welchen Punkten ist die künstlerische Freiheit der Programmierer eingeschränkt?
3. Warum können Videospiele nicht unbedacht für pädagogische Zwecke eingesetzt werden?
4. Wie könnte man für den kulturellen Wert von Videospielen argumentieren?
5. Wie kann das Videospiel demokratische Grundgedanken vereiteln?

10. Künstliche Intelligenz: Was bedeutet sie für die Autonomie des Menschen?

10.1 Künstliche Intelligenz – was ist das?

In unserer Alltagswelt werden wir immer häufiger mit Künstlicher Intelligenz (kurz: KI) konfrontiert: Wir kommunizieren mit Sprachassistenten wie Google Assistent, nutzen Übersetzungssoftwares wie DeepL und integrieren intelligente Systeme in unsere Häuser und Fahrzeuge. Inhalte, die uns Suchmaschinen oder soziale Medien präsentieren, basieren auf den Algorithmen intelligenter Computer. Wissenschaftler und Mediziner nutzen KI zur Krebsforschung, und die Arbeitsabläufe ganzer Fabriken lassen sich mittels KI steuern. Insbesondere für den militärischen Einsatz von KI wird geforscht und diese dort auch schon in der Praxis angewandt. Wir erleben einen technologischen Wandel, der auch Auswirkungen auf unsere Gesellschaft und unser soziales Gefüge hat. Der Schub, den die Forschung in Bezug auf KI in den letzten Jahren erhielt, ist nicht zuletzt durch gesteigerte Rechnerleistungen bei sinkenden Kosten, dem Fortschritt in den Sensortechnologien, den nahezu unbegrenzten Möglichkeiten zur Datenspeicherung und -auswertung (Stichwort **Big Data**) sowie den Vernetzungsmöglichkeiten mitverursacht. Radikale Umgestaltungen unserer Gesellschaft wurden bereits in der Vergangenheit von technischen Errungenschaften vorangetrieben, wie der Erfindung des Buchdrucks, der Elektrizität oder des World Wide Web. KI-Entwicklungen führen nicht nur zu grundlegenden Veränderungen unserer Arbeit und Freizeit, Wirtschaft und Kultur, sie beeinflussen auch unsere Sicht auf die Welt und unser Menschenbild. Um diese Veränderungen begreifen zu können, stellt sich zunächst die Frage, was sich hinter dem Ausdruck »KI« verbirgt.

Unter KI ist ein Software- (und ggf. Hardware-)System zu verstehen, das von Menschen entwickelt wurde, um ein komplexes Ziel zu erreichen; es agiert digital oder zudem physisch, indem es seine Umgebung mittels Daten erfasst, die gesammelten oder unstrukturierten Daten auswertet, daraus Schlussfolgerungen zieht und ggf. Maßnahmen zur Erreichung des gegebenen Ziels trifft. KI-Systeme sind in der Lage, sich Situationen anzupassen, indem sie analysieren, wie sich die Umwelt durch ihre früheren Aktionen verändert.[1] KI-Systeme haben im Vergleich zu EDV-Systemen nicht nur die Grundfähigkeit zur Eingabe, Verarbeitung und Ausgabe von Daten, sondern besitzen auch die Fähigkeit zu lernen. KIs erzielen dadurch bessere Ergebnisse als Computersysteme, die auf einem starren Regelwerk basieren. Wenn man von KI spricht, dann meint man damit also den computerbasierten Einsatz von Algorithmen, die Muster und/oder Zusammenhänge in komplexen Daten erkennen und auf deren Grundlage Lösungsvorschläge generieren können.

Auf der Google I/O-Entwicklerkonferenz wurde 2018 Google Duplex vorgestellt – ein intelligenter Assistent, der Sprachanrufe ausführen kann. Auf YouTube ist das vorgeführte Telefonat anzuhören:
Friseursalon: Hello, how can I help you?
Anruferin: Hi, I'm calling to book a women's haircut for a client. I'm looking for something on May 3rd.

---

1 Modifizierte Definition auf Grundlage von The European Commission's High-Level Expert Group on Artificial Intelligence, »A Definition of AI: Main Capabilities and Scientific Disciplines«, Brüssel 2019, S. 6.

Friseursalon: Sure, give me one second.

Anruferin: Mm-hmm.

Friseursalon: Sure, what time are you looking for around?

Anruferin: At 12 pm.

Friseursalon: We do not have a 12 pm available. The closest we have to that is a 1:15.

Anruferin: Do you have anything between 10 am and 12 pm?

Friseursalon: Depending on what service she would like. What service is she looking for?

Anruferin: Just a women's haircut, for now.

Friseursalon: Okay, we have a 10 o'clock.

Anruferin: 10 am is fine.

Friseursalon: Okay, what's her first name?

Anruferin: The first name is Lisa.

Friseursalon: Okay, perfect. So I will see Lisa at 10 o'clock on May 3rd.

Anruferin: Okay great, thanks.

Friseursalon: Great. Have a great day. Bye.

Können Sie erkennen, wer von beiden Sprechern Mensch oder KI ist? Das dürfte nicht einfach zu entscheiden sein. Auch wenn man erfährt, dass die Anruferin von Google Duplex gesprochen wird, ist deren natürliche Sprache verblüffend. Ihr Kommunikationsverhalten ist nicht von der Stimme eines Menschen zu unterscheiden. Diese KI soll zukünftig in den Sprachassistenten Google Assistant eingebaut werden, um Terminvereinbarungen telefonisch selbstständig für den Nutzer zu tätigen.

Wenn intelligente Maschinen zunehmend in der Lage sind, so ›natürlich‹ zu telefonieren wie Menschen,[2] besteht die Gefahr, dass wir nicht mehr erkennen können, ob wir mit einer Maschine kommunizieren oder nicht. Abgesehen davon, dass Hacker hier manipulativ eingreifen und Aufträge erteilen könnten, die zu unserem Nachteil sind, sollte für uns transparent sein, ob wir es mit einer KI zu tun haben, wenn wir telefonieren. Wenn zukünftig Callcenter von Versicherungen, Mobilfunkfirmen, Reiseveranstaltern etc. eine KI wie Google Duplex nutzen, sollte den Kunden deren Einsatz mitgeteilt werden.

Wenn von KI die Rede ist, stellen sich aber auch grundlegende Fragen:

1. Was bedeutet »Intelligenz«?
2. Was macht den Menschen aus – im Unterschied zu intelligenten Maschinen?

10.2 Sind Maschinen intelligent?

Den englischen Ausdruck **Artificial Intelligence** mit ›Künstliche Intelligenz‹ zu übersetzen, birgt das Risiko eines Missverständnisses, denn ›intelligence‹ meint in der Computersprache »Informationsverarbeitung«. Wir verstehen aber unter Intelligenz sehr viel mehr: Unter Intelligenz wird die geistige Fähigkeit und Klugheit des Menschen verstanden. **Intelligenz** beruht auf kognitiven Fähigkeiten. **Kognition** (entlehnt aus dem lat. *cognitio*, ›Erkenntnis‹) umschreibt sämtliche Prozesse, die mit der Wahrnehmung, dem Bewusstsein und dem Erkennen

2 Vgl. zum Telefonat mit Google Duplex: Jeffrey Grubb, »Google Duplex: A.I. Assistant Calls Local Businesses To Make Appointments«, 8. 5. 2018 (www.youtube.com/watch?v=D5VN56jQMWM).

zusammenhängen. Dazu gehört bewusstes Denken, das Speichern und Erinnern von Inhalten im Bewusstsein sowie Lernen. Sprache und Kommunikation sind die ›Bausteine‹ für Kognition. So meint der Neurobiologe Humberto Maturana, dass »wir Menschen in Sprache existieren«.[3] Das heißt, Sprache macht den Menschen aus und erst in der Konversation und im Zusammenleben mit anderen entsteht das Wesen des Menschen. Nun könnte man angesichts des oben beschriebenen Dialogs zwischen dem Google Sprachassistenten und der Friseurin annehmen, dass die Maschine hier ja über Sprache verfügt und insofern ›intelligent‹ ist. Dafür spräche auch noch die ursprüngliche, aus dem Lateinischen kommende Wortbedeutung für Intelligenz: *Inter legere* bedeutet so viel wie ›eine wohlüberlegte Wahl treffen‹. Und das macht diese Maschine: Sie trifft eine Entscheidung darüber, welche Wörter sie auswählt, wo sie Pausen macht und wie sie auf doppeldeutige Sätze reagiert. Dennoch besitzt Google Duplex keine mit dem Menschen vergleichbare Intelligenz, da sie Konversationen bislang nur in bestimmten Kontexten führen kann. Gleichwohl ist die KI schon in der Lage, eine natürliche Sprechsituation mit einem Menschen zu simulieren. Die Frage »Was kann die KI?« führt uns zu der Frage: »Was ist und was kann der Mensch?« Genau genommen stellt sich die Frage, wie *konstruieren* wir ein Bild von uns selbst als Mensch?

Die Bezeichnung »KI« legt nahe, dass hier eine dem Menschen vergleichbare Intelligenz existiert. Das ist allerdings nicht der Fall. Der Sprachassistent ist sich nicht bewusst, dass er gerade ein Telefonat führt, er hat auch keine Gefühle, wenn er mit seinem Gegenüber telefoniert und er kann auch nicht (zumin-

---

3 Humberto Maturana, *Was ist erkennen? Mit dem Kolloquium ›Systemtheorie und Zukunft‹*, übers. von Hans Günter Holl, München/Zürich 1994, S. 208.

dest derzeit) gleichzeitig noch etwas anderes machen (wie z. B. einen Kaffee beim Telefonieren trinken). **Bewusstsein** und **Gefühle** sind also Charakteristika, die dem Menschen (noch) vorbehalten sind. Auch wenn unklar ist, wie Bewusstsein entsteht und was Bewusstsein eigentlich ist, kann derzeit nicht davon ausgegangen werden, dass Maschinen zur Selbstreflexion fähig sind und ein »Ich«, also eine eigene Identität, ausbilden können. Noch viel weniger sind sie in der Lage, unbewusst etwas zu verdrängen, wie es der Mensch nur allzu gerne tut. Auch verfügen sie nicht über einen **freien Willen** und können nicht unlogisch handeln oder Regeln brechen. Ebenso haben sie keine Emotionen, wenngleich sie zu deren Imitation bereits fähig sind. Und sie sind (bislang) keine **Generalisten**, sondern Spezialisten – sie können nicht wie der Mensch gleichzeitig über verschiedene Fähigkeiten verfügen, also sich ein Kochrezept auszudenken, eine Oma zu trösten, ein Musikstück zu komponieren und ein Bild zu malen. Gleichwohl kann der Computer Watson Kochrezepte entwickeln, der Pflegeroboter Mario kann sich um pflegebedürftige Senioren kümmern, die Musiksoftware Amper kann einen Song komponieren und der Algorithmus des Pariser Künstlerkollektivs Obvious kann Kunstwerke malen, die bei Versteigerungen bereits hohe Preise erzielen, wie das Porträt *Edmond de Belamy* beim Auktionshaus Christie's.

Maschinen begreifen auch nicht den tieferliegenden Sinn (die Semantik) eines Gesprächs oder Schriftwechsels, wie der Philosoph John Searle mit seinem berühmten Gedankenexperiment »Das Chinesische Zimmer« zeigen will:[4]

---

4 Vgl. John Searle, »Minds, Brains and Programs«, in: *The Behavioral and Brain Sciences* 3 (1980) S. 417–457. Auch nachzulesen in: Georg W. Bertram (Hrsg.), *Philosophische Gedankenexperimente. Ein Lese- und Studienbuch*, Stuttgart 2018, S. 99.

Angenommen, Sie werden in einen Raum gesperrt und es werden Ihnen durch einen Schlitz Aufzeichnungen in chinesischer Schrift durchgereicht. In Ihrer Sprache erhalten Sie außerdem Regeln, wie Sie die chinesischen Schriftzeichen rein formal zu verknüpfen haben. Es werden weitere chinesische Aufzeichnungen in das Zimmer gereicht sowie zusätzliche Regeln darüber, welche Symbole Sie herausreichen sollen. Ohne, dass Sie es wissen, werden die hereingereichten Schriftzeichen von den Menschen außerhalb des Zimmers »Fragen« genannt und die herausgereichten Symbole »Antworten«. Der vor dem Raum stehende Chinese, der Ihre mechanisch gebildeten Antworten erhält, ist der Meinung, dass Sie seine Sprache beherrschen. Aber können Sie wirklich Chinesisch?

Sprachvermögen und Denken gehören eng zusammen. Ob eine Maschine denken kann, fragte der Mathematiker Alan Turing 1950 in einem Fachaufsatz (»Computing Machinery and Intelligence«). Da diese Ausgangsfrage aber schwierig zu beantworten sei, schlug er ein Imitationsspiel vor, den sogenannten **Turing-Test**. Dieser Test soll zeigen, ob eine Maschine als intelligent bezeichnet werden kann und somit ein Kriterium für die Zuschreibung von Denkfähigkeit erfüllt. Bei dem Test führt ein Mensch über eine Tastatur und einen Bildschirm ohne Sicht- und Hörkontakt eine Unterhaltung mit zwei unbekannten Gesprächspartnern, von denen einer ein Mensch, der andere eine Maschine ist. Sofern der Fragesteller nach intensiver Befragung Mensch und Maschine nicht unterscheiden kann, kann der Maschine ein menschliches Denkvermögen unterstellt werden. Allerdings konnte bislang keine KI glaubhaft den Turing-Test bestehen, wenngleich einige Erfindungen in diesem Zusammenhang medial diskutiert wurden. So konnte der Chatbot Eugene Goostman im Jahr 2014 ein Drittel der Probanden überzeugen, dass er ein ukrainischer Junge sei, was sein eingeschränktes Sprachvermögen erklären sollte. 2017 entwickelten KI-Forscher ein Programm, das Produktbewertungen verfasst, die den von Menschen erstellten Rezensionen glichen. Im Juli 2016 bekamen Gemälde, die von einer KI erstellt wurden, eine bessere Jury-Bewertung als Kunstwerke, die von Künstlern für die Kunstausstellung Art Basel produziert wurden.

Bei all diesen bereits existierenden KIs handelt es sich um Formen **schwacher KI**-Systeme, die sich auf die Lösung konkreter Anwendungsprobleme beziehen. Die Problemlösung erfolgt auf methodischen Grundlagen der Informatik und Mathematik, wobei kein tieferes Verständnis für die Inhalte notwendig ist. Die vielen Formen der menschlichen Intelligenz – z. B. die kognitive, emotionale, soziale – sind für KIs noch nicht greifbar, aber im Ansatz bereits simulierbar. Schwache KIs sind uns Menschen in Teilbereichen bereits jetzt überlegen: z. B. bei der Rechenleistung, Informationsverarbeitung, Mustererkennung, Bildung von Korrelationen sowie der Erstellung berechenbarer Prognosen. Eine KI, die in allen Bereichen die gleichen oder höheren intellektuellen Fähigkeiten eines Menschen besitzt, gibt es momentan nicht. Solch eine **starke KI** bzw. Superintelligenz würde Intelligenz (und ein Bewusstsein) nicht nur *simulieren*, sondern *besitzen*. Ob die Erschaffung einer starken KI überhaupt möglich ist, ist wissenschaftlich umstritten. Die Idee einer solchen KI beschäftigt unsere Gesellschaft aber in der ethischen Diskussion über eventuelle Folgen sehr wohl. Dementsprechend greifen Filmemacher dieses Thema in zahlreichen Facetten auf.

10.3 Der Unterschied zwischen Mensch und Maschine – KI in Filmerzählungen

Filme können ein guter Impulsgeber für ethische Fragen zur KI sein. So wird dem Zuschauer im Spielfilm *Ex Machina* (USA 2014, Regie: Alex Garland) eine Weiterentwicklung des Turing-Tests präsentiert, bei dem der Gesprächspartner offensichtlich eine Maschine ist. Das Bestehen des Tests hängt davon ab, ob die Maschine einen Menschen davon überzeugen kann, Dinge für sie zu tun, damit sie sich selbst aus ihrer Gefangenschaft befreien kann. Genauer gesagt: Die KI muss einen Menschen dazu veranlassen, sich in sie zu verlieben. Der Erschaffer der KI, Nathan, beschreibt den Test, den die Androidin Ava durchläuft, wie folgt: »Ava war eine Ratte im Labyrinth und ich gab ihr einen Weg nach draußen. Um zu fliehen, musste sie alles anwenden: Selbstwahrnehmung und Fantasie, Manipulation, Sexualität, Empathie und das hat sie getan.« Avas Wunsch nach Freiheit veranlasst sie aber auch, im wahrsten Sinne des Wortes über Leichen zu gehen, denn sowohl ihr Befreier als auch ihr Schöpfer kommen bei ihrem Befreiungsversuch zu Tode. Dies wirft die Frage auf, ob es einer Maschinenethik bedarf, mithilfe derer KI nach moralischen Regeln konstruiert werden könnte.

Fiktionale Geschichten über KI spiegeln nicht selten reale Technikreflexionen wider. Ein zentrales Thema ist die **Grenzziehung** zwischen Mensch und Maschine. Insbesondere das Motiv »**Gefühle**« gilt in filmischen Narrationen als Charakteristikum für die Einstufung einer Maschine als menschengleich. In der Serie *Westworld* (USA ab 2016) besitzen Androiden eine dem Menschen ebenbürtige Gefühlswelt: Die Androidin Maeve – eine der Hauptcharaktere der Serie – liebt ihre Tochter, leidet unter Verlustängsten und ist sogar bereit, ihr eigenes Leben aufs Spiel zu setzen. Eine komplexe Gefühlswelt, die der menschlichen ebenbürtig ist, findet sich auch im Videospiel »Detroit: Become Human« (2018, Entwickler: Quantic Dream). In diesem schlüpft der Spieler in die Rolle von drei unterschiedlichen Androiden, die unter der Unterdrückung und Verfolgung von Menschen leiden. KIs, die Gefühle haben, reichen weit in die Filmgeschichte zurück. Zum Beispiel äußert der Bordcomputer HAL 9000 in *2001: Odyssee im Weltraum* (GB/USA 1968, Regie: Stanley Kubrick), dass er Angst habe, als ihm seine Abschaltung bevorsteht.

Aber auch intensive **Gefühle zwischen Mensch und Maschine** werden in filmischen Zukunftsentwürfen behandelt, wie in *Making Mr. Right* (USA 1987, Regie: Susan Seidelman) oder *Her* (USA 2013, Regie: Spike Jonze), in welchen sich die Protagonisten in einen Androiden bzw. in eine Sprachassistenz mit KI verlieben. Liebesszenen, in denen sich zwei humanoide Roboter bzw. Androide ineinander verlieben, finden sich erstmals in *Herzquietschen* (USA 1981, Regie: Allan Arkush) und *Blade Runner* (USA/HK/GB 1982, Regie: Ridley Scott).

Auch das **Nichtvorhandensein eines menschlichen Körpers** ist ein in filmischen Narrationen wiederkehrendes Unterscheidungsmerkmal zwischen Mensch und Maschine. Im Spielfilm *Zoe* (USA 2018, Regie: Drake Doremus) trennt sich der menschliche Protagonist Cole von der Androidin, die er liebt, nachdem er ihr maschinelles Inneres nach einem Autounfall erblickt hat. Einen Leib zu haben, der dem Alterungsprozess und der Sterblichkeit unterliegt, ist eine entscheidende Voraussetzung zur Anerkennung als Mensch im Film *Der 200 Jahre Mann* (DE/USA 1999, Regie: Chris Columbus). Mit dem menschlichen Körper geht auch die Thematik der Fortpflanzung einher – eine Fähigkeit, die in *Blade Runner 2049* (USA 2017, Regie: Denis Villeneuve) in Bezug auf Androiden angesprochen wird.

Neben Gefühlen und einem biologischen Körper ist auch das **Bewusstsein der eigenen Sterblichkeit** ein Kriterium, das eine KI als ein schützenswertes Wesen einstuft. Die Einsicht, sterben zu können, hat der Roboter im Film *Nummer 5 lebt!* (USA 1986, Regie: John Badham) und überzeugt andere von seiner Lebendigkeit. **Erinnerungen**, die echt sind und nicht bloß implementiert, unterscheiden Mensch und Maschine in der filmischen Welt von *Blade Runner 2049*, *Vice* (USA 2015, Regie: Brian A. Miller) und der Serie *Westworld*. Im Film *Eva* (ESP 2011, Regie: Kike Maíllo) besitzen Roboter ein emotionales Gedächtnis, das bei ausgewählten Reizen oder Situationen ein bestimmtes Empfinden auslöst, etwa Angst. Im Film erlischt dieses emotionale Gedächtnis, sobald die Roboter abgeschaltet werden. Allerdings verändert sich während der Filmerzählung ein Roboterkind: Es beginnt nach seiner Abschaltung zu träumen und wird dadurch quasi zum Mensch.

Die Grenzziehung zwischen Mensch und Maschine ist, wie die Filmbeispiele zeigen, ein vielbehandeltes Thema. Die Geschichten über KIs werfen nicht nur die Frage auf, was KIs, die uns immer ähnlicher werden oder uns gar übertreffen, mit unserem Selbstbild machen, sondern auch, ab wann eine KI als schützenswertes Wesen gilt. Sollen einer KI Rechte, wie das Recht auf körperliche Unversehrtheit, zugesprochen werden? Soll eine KI Verantwortung übernehmen oder zumindest haftbar für ihr Handeln gemacht werden können? Und wie viel Autonomie wollen wir einer Maschine zugestehen?

10.4 Autonome Maschinen vs. die Autonomie des Menschen

KIs werden in Zukunft komplexer und autonomer, das heißt sie werden immer mehr in der Lage sein, eigenständig zu lernen, sich selbst zu steuern und automatisierte Entscheidungen zu treffen. Ein Beispiel für eine KI, die eigenständig lernt, ist das Computerprogramm AlphaZero, das im Dezember 2017 von der Google-Firma DeepMind vorgestellt wurde. Die KI lernte innerhalb weniger Stunden nacheinander die Spiele Schach, Go und Shōgi, wobei ihr lediglich Spielregeln vorgegeben wurden. Menschliche Spielstrategien wurden ihr nicht gezeigt. Innerhalb kürzester Zeit erlangte sie bessere Fähigkeiten als alle bislang entwickelten Softwares in diesem Gebiet. Bei dieser Optimierungsmethode handelt es sich um einen Teilbereich des maschinellen Lernens, dem sogenannten Deep Learning (dt. ›tiefgehendes Lernen‹), bei dem Maschinen selbstständig und ohne menschliches Zutun ihre Fähigkeiten verbessern.

Weil selbstlernende, intelligente Systeme zukünftig immer mehr in unserem Alltag präsent sein werden, nehmen sie Einfluss auf unser Selbstbild, da wir unsere Vormachtstellung und unsere Autonomie gegenüber Maschinen bedroht sehen. Unser Selbstbild wird sich allein schon deshalb verändern, weil sich das Mensch-Maschine-Verhältnis wandelt und ein Paradigmenwechsel stattfindet: Anstelle des Master-Slave-Modells, bei dem der Mensch über die Maschine herrscht, wird es entweder ein Master-Slave-Modell mit umgekehrten Besetzungsrollen geben oder das Verhältnis wird ein partnerschaftliches sein.

Wenn Maschinen immer autonomer werden, wie verhält es sich dann mit der **Autonomie** des Menschen? Das **Menschenbild** eines selbstbestimmten, vernunftbegabten Individuums, dessen Identität jeweils einzigartig ist und eine Menschenwürde besitzt, dient westlichen Nationen seit der Aufklärung als Leitidee. Die Philosophin Beate Rössler beschreibt individuelle Autonomie als das Vermögen von Menschen, über ihr eigenes Leben verfügen zu können, »ihr eigenes Leben zu führen anhand von Gründen, Überlegungen, Motiven, Wünschen, die ihre eigenen sind und ihnen nicht von anderen [...] aufgezwungen werden«[5]. Hier könnte noch ergänzt werden: die ihnen nicht von technologischen Systemen und deren Betreibern aufgezwungen werden. Sich an Maschinen in verschiedenen Lebensbereichen anpassen zu müssen, würde unsere Autonomie grundlegend einschränken.

Zusammenfassend lassen sich die wichtigsten Unterscheidungsmerkmale zwischen Mensch und Maschine in einer Übersicht wie folgt darstellen:

Infobox: Unterscheidungsmerkmale zwischen Mensch und Maschine	
Mensch	**Maschine**
Intelligenz und kognitive Fähigkeiten	Intelligence im Sinne von Informationsverarbeitung
Bewusstsein	kein Bewusstsein
Emotionen, Empathie	Emotionen ›erkennen‹ und simulieren
freier Wille	kein freier Wille
biologischer Körper	mechanischer ›Körper‹
menschliches Lernen	maschinelles Lernen

5 Beate Rössler, »Autonomie«, in: *Handbuch Angewandte Ethik*, hrsg. von Ralf Stoecker [u. a.], Stuttgart/Weimar 2011, S. 93.

Generalisten	Spezialisten
Regeln brechen, unlogisch handeln können	Regeln befolgen
moralische Prinzipien auf sich selbst anwenden	nach moralischen Codes programmiert werden
Gewissen	kein Gewissen
Autonomie	Selbststeuerung

10.5 Ethische Herausforderungen

KI birgt eine Vielzahl an ethischen Herausforderungen. Es bedarf eines gesellschaftlichen Konsenses, um diese beantworten zu können. Hilfreich hierfür sind die von Technikphilosoph Klaus Wiegerling aus informationsethischer Sicht beschriebenen vier grundlegenden Bewertungskriterien für selbstständig agierende Systeme:

1. Die Schnittstelle zwischen Mensch und System muss sichtbar sein.
2. Das System und die Informationsangebote sollten kontrollierbar und ein Eingriff in das System jederzeit möglich sein.
3. Die Privatsphäre muss jederzeit gewährleistet sein. Hierzu sollte auch die Möglichkeit gehören, sich medial zu enthalten oder den Zugriff auf Daten zu verweigern.
4. Die Technologie muss neue Handlungsmöglichkeiten eröffnen können.[6]

---

6 Vgl. Klaus Wiegerling, *Philosophie intelligenter Welten*, Paderborn 2011, S. 37–38.

Aus Sicht einer Digitalen Ethik sollten in Bezug auf alle Prozesse, in denen KI zur Anwendung kommt, die Kriterien der **Transparenz, Nachvollziehbarkeit, Diskriminierungsfreiheit** und **Überprüfbarkeit** gelten. Allerdings stellen insbesondere die Nachvollziehbarkeit sowie die Kontrollierbarkeit ein Problem angesichts neuer Technologien wie dem maschinellen Lernen dar, bei dem KI nach der Funktionsweise des menschlichen Gehirns mit neuronalen Netzen lernen und aus großen Datenmengen Muster und Modelle ableiten. Bei solchen Methoden ist insbesondere die **Datenqualität** von Bedeutung. KI ist nur so gut, wie die Datengrundlage es erlaubt, weshalb der Supercomputer IBM-Watson in der Therapie von Tumorerkrankungen derzeit nicht als große Hilfe angesehen wird. Falsche Therapieempfehlungen sind auf unvollständige oder fehlerhafte Daten zurückzuführen. Darüber hinaus sind im Umgang mit KI Risiken in Bezug auf Sicherheit und Manipulation der Daten möglichst zu minimieren.

Bereits bei der Entwicklung von KI sollten ethische Kriterien implementiert und im gesamten Prozess der Anwendung beachtet werden, was man unter der Bezeichnung »Ethics by Design« fassen könnte. Für Unternehmen könnte ein solcher Ansatz auch ein Gütekriterium und Markenzeichen bedeuten und damit global einen Wettbewerbsvorteil mit sich bringen. Hierzu gehört auch eine institutionalisierte Folgenabschätzung für auf den Markt kommende KI-Systeme. Angesichts der Komplexität der ethischen Herausforderungen sollte man sich dabei auf drei unterschiedliche Ebenen fokussieren: die Ebene der Gesellschaft, der Unternehmen und der Nutzer. Auf jeder Ebene stellen sich grundlegende Fragen, wie die folgende Tabelle zeigt:

Infobox: **Ethische Herausforderungen für die Entwicklung von KI**

Gesellschaft	Unternehmen	Nutzer
Wie können unsere **Grundrechte** gewahrt werden?	Sollten bereits bei der Technologieentwicklung ethische Maßstäbe berücksichtigt werden, also **Ethics by Design** zur Anwendung kommen?	Wie können Verbraucher **nachvollziehen**, wie Entscheidungen und Prognosen durch KI zustande kommen?
Wie kann ethische **Digitalkompetenz** in der Bildung gefördert werden?	Bedarf es einer institutionalisierten **Folgenabschätzung** von KI (= *Digital Ethics Assessment*)?	Welche Möglichkeiten zur **Kontrolle** und Steuerung der KI gibt es?
Wie kann KI unsere **Lebensqualität** verbessern und zum **Gemeinwohl** beitragen?	Wer bestimmt die **Verantwortlichkeit** bei einer KI-Entwicklung und Anwendung?	Lässt die Maschine mir noch **Entscheidungsbefugnis**?
Sind **Grenzen** bei der KI-Forschung und -Entwicklung nötig (z. B. beim militärischen Einsatz)?	Wie lassen sich **Risiken** reduzieren?	Erweitert die KI meine **Handlungsmöglichkeiten**?
Wie sollen **Medien** über KI berichten, um ein ausgewogenes Bild zu vermitteln (z. B. weder Ängste schüren noch mögliche Risiken verharmlosen)?	Könnte eine werteorientierte KI einen **Wettbewerbsvorteil** bringen?	Sollten wir als Kunden **werteverletzende** KI-Produkte boykottieren?

Angesichts der ethischen Herausforderungen, die lernende Maschinen mit sich bringen, stellt sich die Frage, ob in KI eine Art ethisches Verantwortungsmodul eingebaut werden kann und sollte. Dies könnte sie dazu befähigen, **moralische Entscheidungen** zu treffen und danach zu handeln. Dieses Ziel hat sich die Maschinenethik gesetzt. Fraglich ist jedoch, ob KI überhaupt zu moralischem Handeln fähig ist. Einem System könnten Repräsentationen moralischer Werte einprogrammiert werden, und sie können nach moralischen Regeln, die ihnen vorgegeben werden, handeln. So kann z. B. ein Staubsauger derart programmiert werden, dass er Marienkäfer nicht aufsaugt, Spinnen aber schon.[7] Allerdings können KI-Systeme über keine vollumfänglichen moralischen Handlungsfähigkeiten verfügen, da sie keinen Zugang zu jedem beliebigen, menschlichen Lebensbereich haben und über kein Gewissen und keine Willensfreiheit verfügen. Maschinen fehlen moralische Emotionen wie Mit- oder Schuldgefühl. Auch die Fähigkeit, über moralische Entscheidungen zu reflektieren, ist nicht vorhanden, weshalb sie keine moralische **Verantwortung** übernehmen können. Trotz ihrer mangelnden moralischen Urteils- und Empfindungsfähigkeit scheint es in Anbetracht dessen, dass sie selbst nicht wertneutral sind und Diskriminierungen sowie Manipulationen ermöglichen, durchaus sinnvoll, sie als wertebasierte Maschinen zu gestalten. Folgende Kriterien dienen als ethische Leitlinien für KI: Menschenwürde, Autonomie, Verantwortung, Transparenz, Gerechtigkeit und Fairness, Nicht-Diskriminierung, Privatheit, Nachhaltigkeit, Robustheit, Sicherheit, Demokratieverträglichkeit und Beherrschbarkeit.[8] Moralische Maschinen könnten in Zukunft eine mög-

---

7 Vgl. Oliver Bendel, »Das LADYBIRD-Projekt«, in: *Handbuch Maschinenethik*, hrsg. von O. B. Wiesbaden 2019.

8 Eigene Auswahl der Kriterien in Anlehnung an: European Group on

lichst gelingende Koexistenz von Mensch und Maschine ermöglichen und die Autonomie von uns Menschen weitgehend wahren.

Petra Grimm, Nadine Hammele

Reflexionsfragen: Künstliche Intelligenz

1. Was ist unter »Intelligenz« zu verstehen?
2. Welche Merkmale unterscheiden Mensch und Maschine?
3. Inwiefern könnte die menschliche Autonomie durch Maschinen eingeschränkt werden?
4. Kann und soll KI moralisch handeln?

Ethics in Science and New Technologies, »Statement on Artificial Intelligence, Robotics and ›Autonomous‹ Systems, Luxemburg 2018 (http://ec.europa.eu/research/ege/pdf/ege_ai_statement_2018.pdf) und Luciano Floridi [u. a.], »An Ethical Framework for a Good AI Society: Opportunities, Risks, Principles, and Recommendations«, in: *Minds and Machines* 4 (2018) H. 28, S. 689–707.

11. Nummer 5 lebt! Kriegs-, Pflege- und Sexroboter unter der Lupe

11.1 Irgendwo zwischen Mensch und Maschine

Im Mittelpunkt steht ein Militärroboter, entwickelt von der US-Army, der das Töten perfektioniert und in gefährlichen Kampfhandlungen sein Ziel sicher trifft. Die Menschen, die ihn programmiert haben und seine Kampfhandlungen verfolgen, können meilenweit entfernt sitzen und müssen sich nicht selbst in Todesgefahr begeben. Sollte der Roboter getroffen werden, ist es schade um die Technik, aber kein Menschenleben ist zu betrauern. Doch durch einen Blitzeinschlag bekommt einer dieser neuartigen Roboter, die Nr. 5 der Baureihe, einen Defekt: Er agiert plötzlich jenseits der programmierten Algorithmen, völlig selbstbestimmt und selbstlernend, ein Eingreifen des Programmierers in den Code ist nicht mehr möglich. So macht sich Nr. 5 allein auf den Weg durch die Welt, lernt mehr und mehr dazu, macht Erfahrungen, schließt Freundschaft zu Menschen und entwickelt ein Bewusstsein. Er lernt die Bedeutung von Leben und Tod und auch, was es heißt, Gefühle zu haben. Irgendwie wird er wie ein Mensch. Und so steigen dem ein oder anderen Zuschauer des Films *Nr. 5 lebt!* (USA 1986, Regie: John Badham) doch Tränen in die Augen, als dieser liebgewonnene kleine Roboter mit seinen großen Roboter-Kulleraugen am Ende des Films niedergeschossen wird und in seine maschinellen Einzelteile zerfällt (so scheint es zumindest).

Roboter wie Nr. 5 sind Maschinen, die auf Grundlage von Algorithmen automatisiert agieren. Wenn im Folgenden von Maschinen gesprochen wird, sind damit immer (hoch-)automati-
sierte Roboter gemeint, die je nach Programmierung und Ent-
wicklungsgrad autonom und sogar selbstlernend (Künstliche
Intelligenz) operieren. Ziel scheint es zu sein, irgendwann einmal Roboter erschaffen zu können, die dem Menschen in nichts
mehr nachstehen – ihn womöglich überflügeln. Im Bereich von
Rechenaufgaben, dem Erkennen von logischen Strukturen und
dem Speichern von Faktenwissen ist das bereits geschehen. Das
erleichtert unseren Alltag, da praktisch jede Information bin-
nen Sekunden für uns abrufbar ist, ohne dass wir selbst kompli-
zierte Berechnungen anstellen oder Fakten auswendig lernen
müssen – ja, wir müssen noch nicht mal mehr theoretisch die
geistige Fähigkeit dazu haben. Doch Robotern wohnt ein Paradoxon inne: Einerseits strebt man danach, Roboter zu schaffen,
die fühlen, denken, handeln und aussehen wie ein Mensch.
Und doch ist all dies zugleich von der Angst begleitet, dass nicht
wir sie, sondern sie uns eines Tages beherrschen. Folglich sucht
man nach Lösungen, wie man die vermeintliche Zwangsläufig-
keit der ›Herrschaft der Roboter‹ verhindern und ihnen moral-
geleitetes Handeln beibringen kann. Mit Blick auf die Forschung
des Moralphilosophen James H. Moor lassen sich vier **Stufen
moralischer Akteure** bei Maschinen unterscheiden:[1]

Stufe 1: Ethical Impact Agents

Jegliche Maschine, da sie durch ihre Anwendung u. U. moralische
Folgen nach sich zieht, auch wenn diese in der originären Funktionalität nicht beabsichtigt sind.

---

1 Vgl. Catrin Misselhorn, *Grundfragen der Maschinenethik*, 3., durchges.
Aufl., Stuttgart 2018, S. 70 ff.

Stufe 2: Implicit Ethical Agents

Maschinen, deren Funktionalität eine Wertehaltung ausdrückt, z. B. Warnsysteme.

Stufe 3: Explicit Ethical Agents

Maschinen, deren Funktionalität darauf beruht, »moralisch relevante Informationen [zu] erkennen, zu verarbeiten und Entscheidungen zu treffen«. Diese Maschinen können unerwartete Einflüsse ihrer Umwelt flexibel in ihre Entscheidung einbeziehen und diese plausibel begründen.

Stufe 4: Full Ethical Agent

Maschinen, denen Bewusstsein, freier Wille und Reflexionsfähigkeit zugeschrieben werden kann.

Der gesellschaftliche Diskurs – wie auch die hier im Mittelpunkt stehenden Beispiele in der Folge zeigen – nimmt Roboter der Stufe 3 in den Blick, auch wenn bei ihrer Definition, gerade was ihre Menschenähnlichkeit und Autonomie angeht, grundsätzlich von Idealen ausgegangen wird, die teilweise nicht der derzeitigen Wirklichkeit entsprechen, sondern in vielen Bereichen Zukunftsmusik darstellen. Folglich ist Stufe 4, die rein maschinelle Roboter betrifft, bis dato noch der Science Fiction überlassen. Um den dystopischen Zukunftsszenarien den Garaus zu machen und sicherzustellen, dass die Maschinen nicht irgendwann einmal Macht über den Menschen erlangen, werden bei der Entwicklung von Robotern nach wie vor die **Asimov'schen Robotergesetze** herangezogen, die der Science-Fiction-Autor Isaac Asimov in seiner Kurzgeschichte *Runaround* (1942) formuliert hat:[2]

---

2 Vgl. hierzu Isaac Asimov, *Geliebter Roboter. Erzählungen*, München 2016 [1984], übers. von Walter Brumm, S. 7, und Marc Jannes / Christiane

Das nullte Gesetz der Robotik

Ein Roboter darf der Menschheit keinen Schaden zufügen oder durch Untätigkeit zulassen, dass der Menschheit Schaden zugefügt wird.

Das erste Gesetz der Robotik

Ein Roboter darf einem menschlichen Wesen keinen Schaden zufügen oder durch Untätigkeit zulassen, dass einem menschlichen Wesen Schaden zugefügt wird, es sei denn, dies würde das nullte Gesetz der Robotik verletzen.

Das zweite Gesetz der Robotik

Ein Roboter muss dem ihm von einem menschlichen Wesen gegebenen Befehl gehorchen, es sei denn, dies würde das nullte oder das erste Gesetz der Robotik verletzen.

Das dritte Gesetz der Robotik

Ein Roboter muss seine Existenz beschützen, es sei denn, dies würde das nullte, das erste oder das zweite Gesetz der Robotik verletzen.

Ungeachtet dessen, dass die Robotergesetze selbst moralische Dilemmata aufwerfen (Darf ein Roboter einen Menschen anlügen, um seine Gefühle nicht zu verletzen? Soll ein Roboter einem Kind gehorchen, auch wenn dieses die Auswirkungen seiner Entscheidung nicht absehen kann? Darf ein Roboter gegen die herrschende deutsche Gesetzgebung verstoßen und ein entführtes Flugzeug mit Passagieren abschießen, um die Menschheit zu retten?), bleibt zu betonen, dass die Gesetze Teil einer Kurzgeschichtensammlung sind und damit fiktiv. Dass diese Gesetze aber nach wie vor fester Bestandteil der Diskussion sind, inwieweit Maschinen in der Realität autonom handeln

Woopen (Hrsg.), *Roboter in der Gesellschaft. Technische Möglichkeiten und menschliche Verantwortung*, Berlin 2019.

dürfen sollen, verdeutlicht, wie facettenreich und komplex der Themenbereich ist. Streitbar bleibt zum jetzigen Zeitpunkt auch, wer letzten Endes die **Verantwortung** für autonomes maschinelles Handeln trägt. Geht man davon aus, dass derjenige die Verantwortung trägt, der eine Handlung verursacht und beabsichtigt hat, die Folgen dieser Handlung gewollt oder zumindest in Kauf genommen hat sowie deren moralische Auswirkungen berücksichtigen konnte, trügen Maschinen der Stufen 3 und 4 selbst die Verantwortung für ihr Handeln. De facto würde also niemand (zumindest solange Maschinen kein Subjektstatus zugebilligt wird) für moralische Fehlhandlungen von Maschinen zur Rechenschaft gezogen; die Technikphilosophin Catrin Misselhorn spricht hier von einer »Erosion von Verantwortung«.[3]

11.2 Die Spezies Roboter

11.2.1 Wir alle sind Cyborgs

Das Bestreben, menschliche Fähigkeiten auf physischer, psychischer oder intellektueller Ebene durch Technologie zu erweitern, hat mit dem Transhumanismus bereits eine lange Tradition. **Cyborgs** (Wortbildung aus *cybernetic* und *organism*) stellen derzeit die weitreichendste transhumanistische Errungenschaft dar. Sie sind (genuin menschliche) **Mischwesen**, deren Körper sowohl Anteile von organischem, lebendem Gewebe aufweisen wie auch künstliche. Mensch und Maschine verschmelzen also zu einem Wesen. Im Film denken wir bei einem Cyborg womöglich zuerst an *RoboCop* (USA 1987, Regie: Paul

---

3 Vgl. Misselhorn (s. Anm. 1), S. 134.

Verhoeven), einen Polizisten, dessen Gesicht und Gehirn organisch sind, sein Körper zu großen Teilen jedoch künstlich. Im wahren Leben ist es eher umgekehrt: Einzelne Teile eines menschlichen Körpers können zwar durch künstliche, automatisierte ersetzt werden, beispielsweise durch einen Herzschrittmacher, Implantate im Ohr oder Auge oder auch Exoskelette[4] etc. Doch erst, wenn ein gewisses Maß an künstlichen Ersatzteilen den Körper ausmacht, wird der Begriff des Cyborgs benutzt. Unsere Oma würden wir aufgrund ihres Herzschrittmachers sicherlich nicht zu den Cyborgs zählen. Es gibt jedoch keine einheitliche Definition, wie das Maß zu definieren ist, ab dem man von einem Cyborg sprechen würde. Richtet es sich nach der reinen Anzahl an substituierten Körperteilen? Oder danach, ob das Ersatzteil die menschliche Leistungsfähigkeit erweitert (Enhancement), anstatt sie lediglich wiederherzustellen (wie beispielsweise ein Hörgerät oder Herzschrittmacher)? Oder ist entscheidend, ob Implantate mit dem Körper ›verschmelzen‹ (eine Beinprothese würde dann z. B. nicht ins Gewicht fallen)?

Die Diskussion geht sogar noch einen Schritt weiter: Dadurch, dass wir alle zunehmend permanent von automatisierten Geräten begleitet und unterstützt werden – man denke nur an unser Smartphone, das jeden Schritt (im wahrsten Sinne des Wortes) dokumentiert –, kommt der Gedanke auf, ob wir nicht eigentlich alle schon so etwas wie ein Cyborg sind. Insbesondere unser Denken lagern wir zunehmend aus und überlassen es

4 Ein Exoskelett kann vom Menschen wie eine Art Orthese an einzelnen Körperteilen getragen werden. Es stützt und erleichtert schwere Bewegungen, beispielsweise kann die Hebebewegung eines Paketlieferanten vom Exoskelett (das die Rückenpartie des Lieferanten umschließt) maschinell übernommen werden. So wird das zusätzliche Gewicht des Pakets vom Exoskelett getragen, der Lieferant führt nur die Bewegung aus.

der digitalen Erweiterung unseres Körpers: unserem Smartphone, das uns an Geburtstage erinnert; unserem Fitnesstracker, der uns sagt, wie wir geschlafen haben; unserem Kühlschrank, der für uns Milch nachkauft. Durch die Nutzung von vernetzten Geräten können wir über uns selbst hinauswachsen. Unsere Kommunikation, unsere Denkstrukturen und letztlich unser Handeln haben sich entscheidend verändert. Nun kann man jedoch anmerken, dass das schon immer so war: Auch der Elektromotor und die Dampfmaschine führten zu ähnlich einschneidenden Änderungen unserer Möglichkeiten und damit unseres Alltagslebens. Und doch gibt es einen entscheidenden Unterschied: Noch nie wurden Werkzeuge essenziell für unsere Identität. Die Werkzeuge der heutigen Zeit – Maschinen – beherbergen unsere Identität in Form von Daten. Diese Repräsentation unseres Handelns und Denkens ist untrennbar mit uns verbunden, ist Teil unseres Ichs. Cyborgs als Übergang von Mensch zu Maschine lassen die Frage aufkommen: Ist es überhaupt möglich oder wichtig zu entscheiden, wo der Mensch aufhört und die Maschine anfängt?

11.2.2 Entscheidung über Leben und Tod – Letale Autonome Waffensysteme (LAWS)

Letale autonome Waffensysteme sind **Militärroboter**, die im Auftrag der Regierung eines Staates eingesetzt werden sollen, um menschliche Soldaten in militärischen Einsätzen zu ersetzen. Vorteile von Kriegsrobotern liegen auf der Hand: Sie können in atomar oder biologisch kontaminierten Gebieten eingesetzt werden, können Bomben entschärfen und anstelle menschlicher Soldaten an der Front eines Kriegsgebietes ihren tödlichen Dienst verrichten. Zudem sind sie in Form von Drohnen viel flexibler, unauffälliger und schneller, Beschleunigung und Flugmanöver sind nicht mehr begrenzt durch die körperlichen Befindlichkeiten eines Piloten. Folglich fällt auch das Risiko für den Piloten weg, sein Leben bei einem Angriff zu verlieren. Zudem bescheinigt der Robotik-Wissenschaftler Ronald C. Arkin – tätig für das US-Verteidigungsministerium –, dass Maschinen die moralisch besseren Soldaten sein können, denn Grausamkeit und Willkür sei ihnen fremd. Und auch ›Gnade‹ könne man programmieren, indem man die Grenzen des Kriegsvölkerrechts algorithmisch festlegt, in denen sich die Handlungen des LAWS bewegen. Zudem verlieren LAWS weniger schnell den Überblick in Kriegswirren und geraten nicht in Stress. Darüber hinaus, so die Befürworter, handeln Kriegsroboter genauso nach menschlichem Befehl wie Soldaten.[5]

Einen (wenn auch äußerst kritischen) Eindruck von den Einsatzmöglichkeiten bewaffneter Drohnen vermittelt das auf YouTube veröffentlichte fiktionale Video *Slaughterbots* (USA 2017, Regie: Stewart Sugg). Es zeigt ein dramatisches Szenario in der nahen Zukunft, in dem Schwärme von Mikrodrohnen mithilfe von KI und Gesichtserkennung politische Gegner nach vorher festgelegten Kriterien töten.

Der Grad der **Autonomie** ist eines der Kernthemen in der Diskussion um LAWS. Es gibt verschiedene Abstufungen, inwieweit der Mensch in die Steuerung der Technologie eingebunden ist. Bei sogenannten »In-the-Loop«-Systemen steuert der Mensch die Maschine, beispielsweise eine Drohne, mittels

5 Quelle des Beispiels: Stop Autonomous Weapons, *Slaughterbots*, 12. 11. 2017 (www.youtube.com/watch?v=9CO6M2HsoIA).

Funk- und Videoverbindung aus der Ferne und kann mit der Maschine kommunizieren. Der Mensch entscheidet also in Echtzeit, wie die Drohne operiert.

Probleme bei der »In-the-Loop«-Technologie bereiten derzeit die Satellitenverbindungen, die ausreichend stark und störungsfrei sein müssen, um sicherzustellen, dass der Drohnenpilot jederzeit Kontrolle über Video- und Funksignale hat. Eine Lösung hierfür wäre, dem Waffensystem mehr Autonomie zu gewähren, wie es ein »On-the-Loop«-System bietet, das im Rahmen programmierter Algorithmen unabhängig von menschlicher Steuerung operieren kann. So könnten auch Signalverzögerungen von bis zu zwei Sekunden eliminiert werden, die in kriegerischen Auseinandersetzungen entscheidend sein können. Bei diesen Systemen behält der Mensch dennoch die Möglichkeit, jederzeit in eine Operation eingreifen zu können.

Gefährlich an dieser Art von Kontrollschleife bleibt, dass eine permanente Signal- und Kommunikationsverbindung zwischen Mensch und Kampfroboter bestehen bleiben muss, die Einfallstor für Entdeckung oder Sabotage ist. Die völlig autonom operierende Waffe, bei der der Mensch nach Beginn einer Operation keine Eingriffsmöglichkeit mehr hat (»Out-of-the-Loop«), würde dem Abhilfe schaffen. Menschen finden es jedoch beunruhigend, wenn Maschinen, besonders wenn sie töten können, nicht mehr menschlicher Kontrolle unterliegen. Zudem fällt in diesem Einsatzbereich von Robotern insbesondere die Frage nach der Verantwortung ins Gewicht. Es ist moralisch unter keinen Umständen akzeptabel, dass niemand die Verantwortung für das Töten eines (oder gar vieler) Menschen trägt.[6]

6 Misselhorn (s. Anm. 1), S. 157 ff.

Mit dem vermehrten Einsatz von LAWS können die Leben von tausenden Soldaten gerettet werden – doch nur solange, wie es auf einer Seite immer noch menschliche Gegner gibt. Krieg zwischen Maschinenarmeen ergibt keinen Sinn, spätestens dann wird sich Krieg andere Schauplätze suchen – Stichwort: Cyberwar. Zu problematisieren ist hierbei, dass sich durch den Einsatz von LAWS die Macht über kriegerische Entscheidungen auf weniger Menschen verteilt und damit auch die Gewaltenteilung in Hinblick auf demokratische Legitimierung und Rechtfertigung auf weniger Machthaber aufgeteilt ist.

Am Ende bleibt das grundlegende moralische Dilemma, dass mit dem zunehmenden Einsatz von vollautomatisierten LAWS die Entscheidung über Leben und Tod umso mehr der Maschine überlassen wird, desto autonomer sie funktioniert. Die Essenz der menschlichen Existenz – Leben und Sterben – legen wir in die Hand von Maschinen.

11.2.3 Fifty Shades of Grey? Androide Sexroboter

Androide Roboter sind **menschengleich** gestaltete Roboter. Der ideale Android wäre nicht mehr von einem Menschen zu unterscheiden – weder in seinem Aussehen, seiner Mimik und Gestik noch in seinen Kommunikationsfähigkeiten. Eine Herausforderung stellt die Theorie des sogenannten »Uncanny Valley«, auch »Akzeptanzlücke« genannt, dar: Menschen bevorzugen Roboter (die klar als solche erkennbar sind) umso mehr, desto menschenähnlicher sie scheinen – bis zu dem Punkt, an dem die auf den ersten Blick wie Menschen wirkenden Gestalten sich im Umgang dann doch als Maschinen entpuppen. Ab diesem Moment wirken sie auf Menschen wie lebende Tote und damit abschreckend; die zunächst hohe menschliche Akzeptanz gegenüber diesen Maschinen fällt schlagartig ab (dieser

Effekt wird als »unheimliches Tal« beschrieben, daher der Name). Die Akzeptanz steigt erst dann wieder rapide, so die Theorie, wenn Roboter zu annähernd 100 Prozent dem Menschen ähneln.

Menschenähnlichkeit sorgt auch dafür, dass wir dem Roboter gegenüber Gefühle wie Vertrauen, Zuneigung, Freundschaft und auch sexuelle Erregung entwickeln. Sogar zu lügen sind wir bereit, um die ›Gefühle‹ des Roboters nicht zu verletzen. Im Gegenzug finden wir es inakzeptabel, wenn sich ein Roboter unhöflich verhält.

Die Entwicklung von androiden Robotern wird besonders in der Sexindustrie vorangetrieben. Menschengleiche Puppen (Sex Dolls) gibt es bereits seit einigen Jahren auf dem Markt. Die Herausforderung besteht allerdings darin, sie mit menschlichem, automatisiertem Verhalten auszustatten. Zu definieren, wie menschengleich ein Roboter sein soll, birgt verschiedene moralische Dilemmata. So muss in der Programmierung unterschieden werden, ob der Roboter einen gleichberechtigten Partner ersetzen soll (also auch einen ›eigenen Willen‹ haben und sich beispielsweise verweigern oder Wünsche äußern darf) oder ob er als Sexspielzeug den Wünschen seines Besitzers gehorcht. Und wie ist damit umzugehen, wenn der menschliche Sexualpartner gewalthaltigen Beischlaf bevorzugt, der Roboter ihn also z. B. fesseln oder schlagen soll – verstößt das gegen das erste Asimov'sche Gesetz? Ist gesetzlich verbotene Sexualität (Pädophilie, Sodomie, Vergewaltigung etc.) sowie religiös tabuisierte Sexualität (wie im Zölibat für katholische Priester festgeschrieben) moralisch legitimiert, wenn der Sexualpartner eine Maschine ist? Abgesehen davon, dass die Realisierung androider Roboter, wie sie zumeist Gegenstand der hier skizzierten Diskussion sind, noch in weiter Ferne liegt, gelten die angesprochenen Problematiken bereits in

Teilen auch schon bei den noch etwas unbeholfen wirkenden Modellen der Gegenwart. Ebenso lassen sich viele dieser Fragen für den Bereich der virtuellen Realität stellen. Hier gibt es bereits erste Erkenntnisse im therapeutischen Bereich, dass der Grad der Immersion, des Eintauchens, den eine derartige Technik bietet, z. B. eine Chance für die Behandlung von Phobien sein kann. Inwieweit der Immersionsgrad einer Technik negative Auswirkungen auf das Denken und Verhalten eines Menschen hat, ist derzeit noch nicht ausreichend erforscht. Es ist zu erwarten, dass entsprechende Forschung im Hinblick auf die Mensch-Roboter-Interaktion die moralisch legitimierten Grenzen bei der Gestaltung von Androiden festlegen wird.[7]

Einen Eindruck vom Einsatz und Entwicklungsstand von Androiden (und Humanoiden) bietet der Dokumentarfilm *Hi, AI* (D 2019, Regie: Isa Willinger). Hier begleitet der Zuschauer einen Mann bei seinem Wohnmobil-Urlaub mit seiner androiden Partnerin oder wirft einen Blick ins Wohnzimmer einer Seniorin, die versucht, sich mit ihrem neuen humanoiden Pflegeroboter zu unterhalten.

Auch im 2015 eröffneten japanischen Henn-Na-Hotel in Sasebo/Nagasaki wird der Gast ausschließlich von androidem und humanoidem Personal betreut. Dieses begrüßt den Gast an der Rezeption, checkt ihn ein oder bringt das Gepäck aufs Zimmer.

---

7 Vgl. zum oben stehenden Beispiel des von Androiden und Humanoiden geführten Hotels: »Japanisches Hotel setzt auf Roboter«, in: *F.A.Z.net* (www.faz.net/aktuell/gesellschaft/kuenstliche-hotelangestellte-japanisches-hotel-setzt-auf-roboter-13706165.html).

11.2.4 Wer kümmert sich um Oma?
Humanoide Pflegeroboter

Humanoide Roboter sind Maschinen, die eindeutig als Maschinen zu erkennen sind, allerdings **menschliche Züge** verliehen bekommen haben. Ein prominentes Beispiel ist der **Pflegeroboter** Pepper (der Unternehmen Aldebaran Robotics SAS und SoftBank Mobile Corp.). Er ist 1,20 m groß und 29 kg schwer. Ähnlich wie seine filmischen Verwandten Nummer 5 oder Wall·E hat er an seinem Rumpf Greifwerkzeuge, die an Arme erinnern, bewegt sich aber rollend vorwärts. Menschliche Züge bekommt Pepper durch menschenähnliche Gestik und Mimik, die insbesondere durch ein mit großen Kulleraugen angedeutetes Gesicht entstehen. Man bekommt den Eindruck, als könne Pepper mit den Augen klimpern. Er legt den Kopf schräg oder blickt in die Richtung, aus der er ein Geräusch vernimmt. Zudem kann man mit ihm einfache Gespräche führen, und er befolgt Kommandos. Außerdem ist Pepper darauf programmiert, menschliche Mimik und Gestik so zu analysieren, dass er darauf reagieren kann.

Derartige Roboter kommen auch heute schon in Pflegeheimen zum Einsatz. Sie sollen das Pflegepersonal entlasten und dabei helfen, Probleme einer überalternden Gesellschaft zu lösen, in der es immer mehr alte Menschen gibt und immer weniger junge, die sie pflegen. Pepper und seine Kollegen sollen einfache Handlangerdienste für gebrechliche Menschen übernehmen oder ihnen als Assistenten im Alltag dienen (Companion Robot / Personal Robot). Inwieweit der Roboter Pflegeverantwortung übernehmen soll, ist strittig. So könnten die Care Robots (Pflegeroboter) natürlich auch Gesundheitsdaten des Patienten erfassen, um in Gefahrensituationen Alarm zu schlagen und menschliches Personal zu alarmieren. Darüber hinaus könnten sie eine Kamera mit sich führen, über die es jederzeit möglich wäre, einen Blick in das Krankenzimmer zu werfen. Denkbar wäre zudem, dass der Roboter aktiv verhindert, dass der Patient sich schadet, beispielsweise wenn er ein Stück Schokolade essen will, obwohl er Diabetes hat. Der Pflegeroboter könnte die Süßigkeiten wegschließen oder beim menschlichen Personal ›petzen‹, wenn sich der Patient nicht an ärztliche Verordnungen hält.

Hilfestellung in Hinblick auf ethische Fragestellungen zum Einsatz von Pflegerobotern können hier wieder die Asimov'schen Gesetze bieten; jedoch sollte in diesem Kontext als oberstes Gesetz das der **Autonomie** und der **Privatsphäre** des Patienten gelten, solange er dazu die geistigen Fähigkeiten besitzt. Das Recht auf Menschenwürde impliziert, dass dem Menschen nie sein Subjektstatus abgesprochen, er nie zum Objekt pflege-ökonomischer Entscheidungen wird. Eine mögliche Lösung wäre, dass die Personalisierung und Funktionalität eines Pflegeroboters nach den Wünschen des Patienten gemeinsam mit Ärzten und Pflegern programmiert wird. Darüber hinaus ist das Handeln des Pflegeroboters transparent (nachvollziehbar) zu gestalten und einmal getroffene Entscheidungen müssen widerrufbar bzw. änderbar sein.

Auch hier, wie bei jeder Mensch-Maschine-Interaktion, stellt sich die Frage, welche Daten ein Roboter erheben und speichern darf und wer Zugriff auf diese Daten hat. Sowohl in der Pflege als auch in den zuvor beispielhaft beschriebenen weiteren Anwendungsbereichen fallen höchst sensible Daten an: Sei es der Sexroboter, der sich sexuelle Vorlieben merkt und diese in Beziehung mit anderen Sexualpraktiken setzt, ein Waffensystem, das Staatsgeheimnisse speichert und personenbezogene Informationen etwa zu Staatsfeinden sammelt, oder der Pflegeroboter, der Gesundheitsdaten erfasst, auswertet und in

Beziehung zu dem (vielleicht nicht immer gesundheitszuträglichen) Verhalten des Patienten setzt. Zumindest für die Datenerhebung von Personal Robots sollte gelten, dass der Nutzer selbst die Kontrolle über die Daten(-nutzung) hat, die das System benötigt, und diese nur mit seiner Zustimmung an andere Bezugspersonen weitergegeben werden.

11.3 Mensch und Maschine – Beziehungsstatus: Es ist kompliziert

> »Alle Fortschritte in der Kultur, wodurch der Mensch seine Schule macht, haben das Ziel, diese erworbenen Kenntnisse und Geschicklichkeiten zum Gebrauch für die Welt anzuwenden; aber der wichtigste Gegenstand in derselben, auf den er jene verwenden kann, ist der Mensch: weil er sein eigener letzter Zweck ist.«[8]

Warum erschaffen wir Roboter? Warum gestalten wir einen Teil dieser Roboter menschenähnlich? Und warum vergleichen wir uns mit ihnen? Warum diskutieren wir darüber, ob sie uns ersetzen können? Warum sollten sie?

Mit allem, was der Mensch über die vielen Jahrhunderte seiner Existenz an Werkzeugen entwickelt hat, hat er nicht nur Einfluss auf seine Umwelt genommen, sondern auch auf sich selbst, sein **Selbstverständnis**, seine **Kultur** (bzw. Kultivierung) und auf das Miteinander in einer gesellschaftlichen Struktur. Der Mensch nutzte seine geistige Überlegenheit dazu, andere evolutionäre Defizite auszugleichen. Mit seinen Werkzeugen hat er sein Leben erleichtert und sein Überleben

---

8 Immanuel Kant, *Immanuel Kant's Werke*, Bd. 10: *Schriften zur Anthropologie und Pädagogik*, Leipzig 1839, S. 115.

gesichert. Durch Werkzeuge hat es der Mensch geschafft, sich die »Krone der Schöpfung« aufzusetzen, da er sich vermeintlich alles in der Welt untertan gemacht hat. Nun sind wir an dem Punkt, an dem die von uns geschaffenen Werkzeuge drohen, so scheint es, uns die Krone abzunehmen und uns zu unterjochen, da sie uns in unserer einzigen Stärke, dem Intellekt, überflügeln.

Das provoziert Diskussionen darüber, was denn eigentlich den Menschen ausmacht. Es werden Erklärungen dafür gesucht, was Menschlichkeit einzigartig, unnachahmlich macht, um legitimieren zu können, warum die Maschine uns womöglich nicht ersetzen kann. Aber warum? Nutzen wir die außerordentlichen Chancen, die uns die Robotik bietet und lassen Maschinen das sein, was sie sind: **Werkzeuge**. Sie können uns helfen, wichtige gesellschaftliche Aufgaben zu übernehmen, für die wir bis dato noch keine befriedigenden Lösungen haben – man denke an eine überalternde Gesellschaft, Prostitution oder Kriegstraumata. Dennoch sollten wir uns aber auch immer fragen, wieweit wir gerade die Kernelemente der Menschlichkeit – Pflege und Seelsorge, Sexualität und Partnerschaft, Kampf und Tod – Maschinen überlassen wollen und warum. *Clarissa Henning*

Reflexionsfragen: Kriegs-, Pflege- und Sexroboter

1. Inwieweit sind Roboter dazu in der Lage, moralisch zu handeln?

2. Warum haben wir Menschen ein ambivalentes Verhältnis zu menschenähnlichen Robotern?

3. Was bedeutet im Zusammenhang mit maschinellem Handeln »Erosion der Verantwortung« und warum ist das problematisch?

4. Warum stellen Cyborgs die Grenze zwischen Mensch und Maschine infrage?

5. Was sind Argumente für den Einsatz von LAWS, was spricht dagegen?

6. Was sollte bedacht werden, wenn Roboter die Pflege und Betreuung von Senioren übernehmen?

7. Was ist Ihre persönliche Meinung: Sind Roboter nur Werkzeuge oder auch Partner?

12. Arbeit 4.0: Zurück in die Zukunft

12.1 Mythen und Wahrheiten

> »Wir werden mehr freie Zeit zur Verfügung haben,
> fragt sich nur, ob in Form von Arbeitslosigkeit oder
> Freizeit.«[1]

Diese Einschätzung traf der US-Gewerkschaftsführer William Green im Laufe der zweiten industriellen Revolution. Aber die Aussage trifft genauso den Kern der heutigen Diskussion um das Thema »Arbeit 4.0«.

Was bedeutet »Arbeit 4.0«? Der Begriff leitet sich vom Begriff »Industrie 4.0« ab und bezieht sich auf die vierte industrielle Revolution. Die erste industrielle Revolution wurde in der zweiten Hälfte des 18. Jahrhunderts durch die Erfindung der Dampfmaschine und den Eisenbahnbau eingeleitet, mit der zweiten wurde Ende des 19. Jahrhunderts die Massenproduktion durch Fließbandarbeit möglich. Die dritte industrielle Revolution brachte uns in den 1960er-Jahren das Computerzeitalter (auch »digitale Revolution« genannt). Und nun befinden wir uns seit der Jahrhundertwende mit großen Schritten mitten in der vierten industriellen Revolution. Revolutionär deshalb, da wir durch das Internet zu jeder Zeit potenziell überall auf der Welt vernetzt sind – und nicht nur wir, sondern zunehmend auch alle Geräte, die wir im Privatleben und bei der Arbeit nutzen. Das ist möglich, da Datenträger immer kleiner, schneller und vor allem kostengünstiger werden. Die **vierte industriel-**

---

1 Zitiert nach: Jeremy Rifkin, *Das Ende der Arbeit und ihre Zukunft*, übers. von Thomas Steiner, Frankfurt a. M. / New York ²1996, S. 166. Green war Gewerkschaftsführer der American Federation of Labor (AFL) von 1924 bis zu seinem Tod 1952.

le Revolution steht insbesondere aber auch für die rasante Weiterentwicklung von Künstlicher Intelligenz (KI) und maschinellem Lernen.

Allen Revolutionen ist gemein, dass sie die immer gleichen düsteren Prognosen wachrufen. Auch wenn die daraus entstehenden ethischen Fragestellungen nicht neu erscheinen, sind sie es doch im Lichte der heutigen Entwicklungen, die eben nicht dieselben sind wie bei den vergangenen Revolutionen.

These Nr. 1: In Zukunft wird annähernd die Hälfte aller Jobs wegfallen.

Vorsicht ist anzuraten beim Blick auf altbekannte, aber immer wieder neu aufgelegte Prognosen, wie sie etwa die Studie der Technologiewissenschaftler Carl B. Frey und Michael A. Osborne aus dem Jahr 2013 formuliert, laut der in zehn bis 20 Jahren nahezu die Hälfte (in Deutschland: 42 Prozent) aller heutigen Arbeitnehmer ihren Job durch die Automatisierung von Arbeitsprozessen verlieren.[2] Die meisten Tätigkeitsfelder bestehen aus sehr facettenreichen Aufgaben und bei den wenigsten Berufsfeldern sind alle Tätigkeiten gefährdet, automatisiert zu werden. So kommen die ZEW-Forscher Holger Bonin, Terry Gregory und Ulrich Zierahn auf einen Anteil von lediglich 12 Prozent an Jobs, die in Deutschland Gefahr laufen, komplett von Maschinen übernommen zu werden.[3] Besonders

---

2   Carl Benedikt Frey / Michael A. Osborne, *The Future of Employment: How Susceptible are Jobs to Computerisation?*, Oxford 2013 (www.oxfordmartin.ox.ac.uk/downloads/academic/The_Future_ of_Employment.pdf).

3   Holger Bonin / Terry Gregory / Ulrich Zierahn, »Übertragung der Studie von Frey/Osborne (2013) auf Deutschland«, Mannheim 2015, S. i (ftp://ftp.zew.de/pub/zew-docs/gutachten/Kurzexpertise_BMAS_

leicht automatisierbar sind Tätigkeiten, für die man Regeln definieren kann, die eine Maschine befolgt. Diese Tätigkeiten werden häufig mit Routinetätigkeiten gleichgesetzt. Alle Aufgaben, bei denen immer wieder die gleichen Handgriffe erledigt werden müssen (z. B. Fließband-, Lager- und Archivarbeit), denen die immer gleichen Rechenaufgaben zugrunde liegen (z. B. Kredit-, Steuer- oder Unterhaltsberechnungen) oder die der Faktenabfrage und -zusammenführung dienen (z. B. Statistiken, Faktenvermittlung), können von Maschinen effizienter erledigt werden. Aufgaben, die ein hohes Maß an komplexer Kommunikation (z. B. Seelsorge, Geisteswissenschaft, Diplomatie), Kreativität, Flexibilität sowie diffiziler feinmotorischer Fähigkeiten bedürfen, können weiterhin nur von Menschen ausgeübt werden. Doch auch bei diesen Aufgaben kann man Routine im Sinne von Erfahrung entwickeln, weshalb es irreführend ist, verallgemeinert von Routinetätigkeiten zu sprechen, die leicht zu automatisieren seien. Und am Ende muss man schlicht immer im Blick behalten, dass die Entscheidung darüber, welche Tätigkeiten tatsächlich automatisiert werden, zum großen Teil davon abhängt, was sich wirtschaftlich ›rechnet‹. Die reine technische Machbarkeit einer Automatisierung von Tätigkeiten ist nicht alleine ausschlaggebend.

Eine weitere Facette der Arbeitsplätze von morgen zeigt eine Langzeitstudie des Bundesministeriums für Arbeit und Soziales (BMAS) auf. Durch den digitalisierungsbedingten Strukturwandel fallen der Studie zufolge zwar 750 000 Arbeitsplätze weg (z. B. im Bereich Verwaltung und Einzelhandel), es entstünden jedoch eine Million neuer Arbeitsplätze im Bereich Entwicklung oder Informationstechnologie (IT), und dies un-

ZEW2015.pdf). Das ZEW ist das Leibniz-Zentrum für Europäische Wirtschaftsforschung.

geachtet der Auswirkungen des demografischen Wandels, d. h. der Veränderungen der Bevölkerungsentwicklung. Natürlich bestätigen die Befunde, dass zukünftig manche Kompetenzen weniger von Bedarf sein werden, andere dagegen umso mehr.[4]

Wichtig ist daher, dass die **Kompetenzen** von Arbeitnehmern möglichst passgenau mit den Anforderungen der Industrie 4.0 übereinstimmen. Neben der Sorge vor Massenarbeitslosigkeit droht paradoxerweise ein Fachkräfteengpass. Die Soziologin Sabine Pfeiffer kommt auf Grundlage ihrer Studie »Auswirkungen von Industrie 4.0 auf Aus- und Weiterbildung« zu dem Schluss, dass es nicht um die Frage gehe, welche Jobs durch die industrielle Revolution wegfielen, sondern vielmehr darum, ob genügend Menschen die Kompetenzen besäßen, neue Formen von Tätigkeiten (»Arbeit 4.0«) gestalten zu können.[5] Ihr Ergebnis lautet: Für die zukünftige Arbeitswelt benötige man Kompetenzen dahingehend, dass Menschen in komplexen Situationen eigenständig mitdächten, situationsgebunden (z. B. beim Ausfall einer Maschine) flexible Lösungswege fänden und auf veränderliche Anforderungen und Situationen reagierten. Außerdem werde der Blick über den Tellerrand hinaus immer wichtiger. Arbeitnehmer müssten ›das große Ganze‹, also ihren Arbeitsbereich als ein Rädchen im Gesamtgetriebe, verstehen und kollaborative Ansätze verfolgen (systemisches Denken). Das bedeute, dass man eng mit Kollegen anderer Abteilungen zusammenarbeiten und sich abstimmen müsse,

---

4 Bundesministerium für Arbeit und Soziales (Hrsg.), »Weissbuch Arbeiten 4.0. Arbeit weiterdenken«, Berlin 2017, S. 32 (www.bmas.de/Shared-Docs/Downloads/DE/PDF-Publikationen/a883-weissbuch.pdf?__blob=publicationFile&v=4).

5 Vgl. Sabine Pfeiffer, *Auswirkungen von Industrie 4.0 auf Aus- und Weiterbildung*, hrsg. vom Institut für Technikfolgen-Abschätzung, Wien 2015 (http://epub.oeaw.ac.at/ita/ita-manuscript/ita_15_03.Pdf).

um zu überprüfen, ob alle Arbeitsschritte zum übergeordneten Arbeitsergebnis führten. Darüber hinaus werde Erfahrungswissen (Welche Fehler treten warum auf, wie kann man diese umgehen?) unabdingbar. Erfreulicherweise bringt auch heute schon die Mehrheit der Arbeitnehmer diese Kompetenzen mit.

In Zukunft könnte die Verschiebung der Tätigkeitsfelder auch dahingehend genutzt werden, dass freiwerdende menschliche Arbeitskraft vermehrt dort eingesetzt wird, wo Menschen bestimmte Verrichtungen aus moralischen Gesichtspunkten nicht Maschinen überlassen wollen – etwa im **sozialen und medizinischen Bereich**: Betreuung von älteren Menschen, Pflege von Kranken, Erziehung und Bildung von Kindern und Jugendlichen, Versorgung von Tieren, therapeutische Beratung, Seelsorge – all das wollen wir sicherlich auch zukünftig keinem Roboter überlassen. Doch gerade in diesem Bereich werden in einer alternden Gesellschaft wie der deutschen zunehmend Fachkräfte fehlen, wie es ja auch heute schon der Fall ist. Dieser Sektor könnte mit der freiwerdenden Zeit von Menschen enorm gestützt werden.

These Nr. 2: In der Welt der Zukunft wird die soziale Schere weiter auseinanderklaffen.

Auf den ersten Blick könnte man den Bereich der **Start-up-Unternehmen** als Chance der neuen digitalen Arbeitswelt verstehen. Mit einer guten Idee und technischem Know-how kann man als Einzelner in kürzester Zeit ein millionenschweres Imperium aufbauen, ohne sich in unternehmerischen Strukturen erst jahrelang hocharbeiten zu müssen oder auf einflussreiche Kontakte angewiesen zu sein. Ein Beispiel hierfür ist Instagram. Der Onlinedienst, der wie ein persönliches Fotoalbum funktioniert, in das man beliebig viele Fotos für beliebig viele

Menschen digital einstellen kann, hat die zwei Firmengründer nach nur 15 Monaten zu Milliardären gemacht. Durch die **Digitalisierung** der Fotografie in Kombination mit dem Smartphone wurde der klassischen Fotografie der Garaus gemacht. Man benötigt keine Fotokameras mehr, in die man Filme einlegt, diese entwickeln lässt und die Fotos in Fotoalben einklebt. Folglich werden auch die meisten Arbeitsplätze rund ums Fotografieren nicht mehr gebraucht. Für eine derartige **disruptive**, also zerstörerische **Entwicklung** eines Geschäftsfeldes, bei der durch ein digitales Geschäftsmodell zuvor verwandte Geschäftsstrukturen nicht weiterentwickelt, sondern ersetzt werden, ist charakteristisch, dass eine Dienstleistung in kürzester Zeit einer unbegrenzten Anzahl an Kunden weltweit zur Verfügung gestellt werden kann. Damit ist auch der Profit dieses Geschäftsmodells um ein Vielfaches höher als bei klassischen Dienstleistungen. Allerdings verteilt sich dieser Reichtum auf viel weniger Mitarbeiter, wodurch sich das **Einkommensgefälle** innerhalb der Gesellschaft erhöht. So hat sich beispielsweise das Durchschnittseinkommen der US-amerikanischen Bevölkerung insgesamt gesehen seit 2003 zwar verdoppelt, das Medianeinkommen[6] ist seit den 1990er-Jahren jedoch nahezu gleich geblieben.[7] Diese Entwicklung ist bedenklich, da dadurch die Schere zwischen Arm und Reich innerhalb der Gesellschaft tatsächlich stärker auseinanderklafft, genauer gesagt: die Schere zwischen dem Durchschnittseinkommen und den Spitzenverdiensten.

6 Das Medianeinkommen stellt den Wert dar, von dem aus die Menge an Berufstätigen eines Landes, die mehr als diesen Wert verdient, genauso groß ist wie die Menge, die weniger einnimmt.
7 Vgl. Erik Brynjolfsson / Andrew McAfee, *The Second Machine Age. Wie die nächste digitale Revolution unser aller Leben verändern wird*, übers. von Petra Pyka, Kulmbach [2018], S. 154 ff., hier S. 160 f.

These Nr. 3: Arbeitnehmer werden sich zukünftig schlechteren Arbeitsbedingungen unterwerfen müssen.

Ebenfalls ganz und gar nicht neu an der vierten industriellen Revolution ist die These, dass sich Arbeitsbedingungen verschlechtern, da nun nicht mehr nur Maschinen optimiert werden, um Arbeits- und Fertigungsprozesse effizienter zu gestalten, sondern sich auch der Mensch verbessern muss: Er ist gezwungen, sich den modernen Industriemaschinen anzupassen, um mit dem neu gesetzten Maßstab der **Effizienz**, wie ihn Maschinen vorgeben, mithalten zu können. Das bedeutet: Wenn eine Maschine zwei Euro pro Stunde im Unterhalt kostet, pausenlos arbeiten kann und womöglich durch weniger ›Krankheitstage‹ im Jahr (Wartung, Reparatur) ausfällt, senkt das den Stundenlohn der menschlichen Kollegen für dieselbe Arbeit. Menschliche Arbeitnehmer müssten sich also schlechteren Arbeitsbedingungen zu geringer Bezahlung unterwerfen, um mit den Maschinen konkurrenzfähig zu bleiben. Diese Problematik würde sich insbesondere in Schwellenländern zeigen. Industrielle Fertigung wird derzeit häufig in Niedriglohnländer, in denen die Arbeitskosten unter dem Durchschnitt anderer Länder liegen, verlagert – etwa in asiatische Staaten. Wenn mit Maschinen eine noch höhere Gewinnmarge erzielt werden kann, werden auch in Schwellenländern, in denen ein noch viel größerer Anteil der Bevölkerung zu den sogenannten Geringqualifizierten gehört als in ökonomisch starken Ländern, Arbeitsplätze wegfallen und sich die wirtschaftliche Lage der Länder weiter verschärfen. Positiv am zunehmenden Einsatz von Maschinen im fertigenden Gewerbe wäre jedoch, dass prekäre Arbeitsbedingungen, wie zuhauf in der Kleidungsindustrie zu finden, der Vergangenheit angehören.

Ein zweiter problematischer Arbeitsbereich, der jedoch erst

mit der Digitalisierung entstanden ist, ist die sogenannte Human Cloud. In der Cloud stellen selbstständig Arbeitende (Clickworker) ihr Können zur Verfügung, um einzelne Tätigkeiten für einen Auftraggeber zu erledigen, beispielsweise das Programmieren einer Homepage, das Layouten von Werbeflyern usw. Diese Art der Arbeit bietet dem Clickworker auf der einen Seite mehr **Autonomie** durch die Chance, seinen Arbeitsplatz und seine Arbeitszeiten flexibel und ganz nach eigenen Bedürfnissen zu gestalten. Auf der anderen Seite werden so sichere durch unsichere Arbeitsbedingungen ersetzt: denn selbstständig Tätige haben nicht dieselben (Schutz-)Rechte wie Angestellte und sind einer schwankenden Auftragslage sowie einer fehlenden Absicherung bei Krankheit oder Arbeitslosigkeit ausgesetzt. Zudem müssen Auftraggeber Selbstständigen keine Mindestlöhne, Sozialversicherungszuschüsse etc. zahlen. Dadurch tragen die einzelnen Arbeitnehmer der Human Cloud alle **Risiken** selbst. Ebenso besteht die Gefahr der Entgrenzung von Arbeit und Freizeit, da das Zuhause ja gleichzeitig der Arbeitsplatz und die Arbeitszeit u. U. unbegrenzt ist, wenn man im privaten Raum jederzeit auch beruflich erreichbar ist. Unternehmen sollten daher die moralische Verantwortung dafür übernehmen (müssen), nicht durch derartige selbstständige Beschäftigungsverhältnisse die Produktpreise zu drücken und auf diese Weise andere Mitbewerber dazu zu zwingen, ebenfalls auf feste Anstellungen zu verzichten.

Jedoch sollte man auch erkennen, dass die Human Cloud ebenso die sich verändernden Bedürfnisse auf Seiten der Arbeitnehmer abbildet. Denn mit dem technologischen Wandel der Arbeitswelt geht auch ein **kultureller Wandel** einher: Es gibt heutzutage viele verschiedene Lebensentwürfe – z. B. in der Form des Zusammenlebens, bei Karrierewegen und der Freizeitgestaltung –, die selbstbestimmt realisiert werden wollen. Diese Pluralisierung und Individualisierung von Lebensentwürfen sowie neues Konsumverhalten (beispielsweise durch Onlineshopping oder Share Economy) machen dem Wert der Arbeit für unsere Lebenszufriedenheit Konkurrenz.

Zukünftige Jobs stellen also nicht nur Forderungen an den Arbeitnehmer, sondern müssen im Gegenzug auch den Bedürfnissen von Arbeitnehmern (z. B. flexible Arbeitszeiten, Home Office, Sabbaticals) gerecht werden, damit diese ihre fachliche Kompetenz motiviert im Unternehmen einbringen, anstatt aus Unzufriedenheit über die Arbeitsbedingungen den Betrieb zu wechseln. Mangelnde Planbarkeit, Leistungsdruck und zu wenig Freizeit wären hier zentrale Minuspunkte aus Sicht des Arbeitnehmers.

In Anbetracht dessen, dass Unternehmen bereits händeringend gut ausgebildete Fachkräfte suchen (die auch nicht durch Maschinen zu ersetzen sind), könnte man mit Blick auf die gerade beschriebenen Bedürfnisse der Arbeitnehmer die Arbeitsverhältnisse von morgen wie folgt beschreiben: Man wird für Arbeitsleistung nicht (nur) mit einem mehr oder weniger hohen Gehalt vergütet; vielmehr können Zeit und Flexibilität die entscheidenden Währungen sein, nach denen man einen Job annimmt – oder auch nicht.

These Nr. 4: Menschliche Arbeitskraft wird durch Maschinen ersetzt werden.

Spätestens seitdem der IBM-Supercomputer Deep Blue 1997 den damals amtierenden Schachweltmeister Garri Kasparow im Schach geschlagen hat, scheint klar: Das letzte Stündlein des Menschen hat geschlagen, Maschinen rütteln am Thron unserer geistigen Überlegenheit. Es scheint nur noch eine Frage der Zeit, bis Maschinen uns vorgeben, was wir zu tun haben. Allerdings: Robotern fällt leicht, was Menschen schwerfällt, und Menschen fällt leicht, was Robotern schwerfällt. Das heißt, Maschinen sind nicht in allem besser. Sie können zwar leicht dazu befähigt werden, Rechenaufgaben oder Logikaufgaben (z. B. Schach, Intelligenztests etc.) zu lösen, schwere Lasten zu bewegen oder Strukturen zu erkennen. Bei einfachen motorischen Aufgaben, **Kreativität** oder dem **Verstehen von Sinnzusammenhängen** können sie jedoch nur schwerlich mithalten – und das zudem bei einem immens hohen Energiebedarf.

Wäre es nicht das Beste, man brächte das Können der Maschine mit den Fähigkeiten des Menschen zusammen und beide zögen kollegial an einem Strang, anstatt sich als Gegner gegenüberzutreten?

Als Beispiel hierfür können die Lehren dienen, die aus dem vermeintlich epochalen Schachsieg von Deep Blue über Kasparow gezogen wurden: Nachdem das Interesse am Schachspiel »Mensch gegen Maschine« wegen der menschlichen Chancenlosigkeit stark abgenommen hatte, ging man bei Turnieren dazu über, Teams aus Mensch und Maschine entweder gegen dieselbe Form von Team oder gegen Schachcomputer antreten zu lassen. Im »Mensch-Maschine-Team« bekamen die menschlichen Spieler von ihrem Computer-Teampartner Spielzüge empfohlen, die sie im Hinblick auf andere Spielzüge mittels des Computers abwägen konnten. Die strategische Entscheidung traf dann der menschliche Spieler. Das Ergebnis überraschte: Mithilfe einer nur mäßigen Schachsoftware konnte ein menschlicher Profispieler beispielsweise den hochspezialisierten Schachcomputer Hydra schlagen. Die eigentliche Sensation war aber, dass den Gesamtsieg eines Schachturniers nicht etwa ein Schachgroßmeister mit maschineller Unterstützung nach Hause trug. Es waren zwei Amateurspieler, die drei verschiedene Computer benutzten, um ihre Spielzüge strategisch zu überprüfen und durchzuexerzieren, die alle anderen Teilnehmer schlugen.

Was lernen wir aus diesem Beispiel?[8] Maschinen sind dem Menschen nicht per se überlegen. Beide haben unterschiedliche Stärken, eine Aufgabe zu bewältigen. Maschinen können uns Fakten liefern (etwa welche Spielzüge uns zur Verfügung stehen) und berechnen, welche Konsequenzen welcher Spielzug nach sich ziehen würde. Doch Strategie, wozu auch subtile Täuschungsmanöver oder riskante Spielzüge gehören können, sowie Kreativität lassen sich offenbar nicht berechnen. Daher werden die besten Ergebnisse erzielt, wenn sich Mensch und Maschine ergänzen. Folglich sollten uns Maschinen auch in Hinblick auf die zukünftige Arbeitswelt unterstützend dienen in Form von »Cobots« (Collaborative Robots), die Seite an Seite mit dem Menschen arbeiten. Assistenzsysteme können körperliche Defizite des Menschen ausgleichen, indem sie beispielsweise körperliche Tätigkeiten abnehmen oder assistieren wie etwa Exoskelette[9]. Der ›Kollege‹ Roboter könnte dabei helfen, dem Arbeitnehmer Mensch im Arbeitsprozess neues Wissen beizubringen, das jeweils auf dessen Lernvermögen angepasst ist. Hierbei muss eine **ausgewogene Arbeitsverteilung** und Automatisierung von Tätigkeiten angestrebt werden, so-

8 Vgl. dazu Brynjolfsson/McAfee (s. Anm. 7), S. 227 f.
9 S. Anm. 4, Kap. 11.

dass der Mensch nicht dazu gezwungen ist, ausschließlich auf Signale und Anweisungen der Maschine zu achten, ohne deren Funktionalität zu verstehen und ohne sich Kompetenzen aneignen zu können. Da Maschinen ihre Umgebung sensorisch wahrnehmen und permanent Daten über ihre Umgebung erfassen, muss zudem gewährleistet werden, dass diese Daten nicht zur Verhaltens- und Leistungskontrolle ihrer menschlichen Pendants genutzt werden.[10]

Einen Einblick in den derzeitigen Entwicklungsstand von arbeitsunterstützenden Maschinen jeglicher Art – wie etwa intelligente Greifsysteme, die allein durch Gestik und rein intuitiv gesteuert werden – bietet der Video-Zusammenschnitt zur »automatica 2018«, einer Fachmesse für intelligente Automation und Robotik.

12.2 Der Wert der Arbeit – noch zeitgemäß?

Man könnte Voltaires Sarkasmus folgen, dass »die Arbeit uns drei große Übel fern[hält]: Langeweile, Laster und Not«[11]. Allerdings ist Arbeit in unserer Gesellschaft auch deshalb wichtig, da sie mit diversen **Tugenden** wie Fleiß, Selbstwertgefühl, Würde, Ehrgeiz oder Verantwortungsbewusstsein gekoppelt ist. Das, was wir tun, ist **Teil unserer Identität** und drückt im Bestfall unsere Interessen und Fähigkeiten aus. Deswegen definieren viele in der Gesellschaft ihre Anerkennung und ihren

---

10 Quelle des Beispiels: automatica, »automatica 2018: Der Mensch in der intelligenten Fabrik«, auf: *YouTube*, 20. 6. 2018 (www.youtube.com/watch?v=qu7llhDcFZw).

11 Voltaire, *Candid oder Die Beste der Welten*, Stuttgart 1971, S. 104.

Status über ihren Beruf. Der Job dient idealerweise der individuellen **Selbstverwirklichung** und hat somit großen Anteil an privater Zufriedenheit. Selbst im Niedriglohnsektor mit teilweise monotonen und wenig fordernden Aufgaben ziehen Arbeitnehmer ihre **Selbstachtung** daraus, ihre Tätigkeit zuverlässig und zufriedenstellend für den Chef auszuüben, Erfahrungen in ihrem Tätigkeitsbereich zu sammeln und im Team beliebt zu sein. Arbeit gibt dem Menschen das Gefühl, gebraucht zu werden und etwas zu können.

Doch in Anbetracht der Prognosen, dass uns ›die Arbeit ausgehe‹, weil Maschinen unsere Tätigkeiten übernähmen, könnte man für die Zukunft darüber diskutieren, ob Arbeit auf Dauer den Stellenwert behält, den sie traditionell hat. In unserer Gesellschaft sind Fleiß, Erfolg und Ehrgeiz Werte, die dafür sorgen, dass wir respektiert und von Mitmenschen geachtet werden. Doch individuelle Werte wandeln sich je nach gesellschaftlicher Realität. So war Arbeit ursprünglich keine Quelle der Tugend und des gesellschaftlichen Status. Im antiken Griechenland zeichnete sich die geistige und wohlhabende Elite gerade dadurch aus, dass sie nicht arbeiten musste. Arbeiter waren vielmehr Unfreie. Erst mit dem Mittelalter und der frühen Neuzeit wandelte sich Arbeit zu etwas Positivem. So definierte Immanuel Kant das Tätigsein sogar als Lebenselixier: »Je mehr wir beschäftigt sind, je mehr fühlen wir, dass wir leben, und desto mehr sind wir uns unseres Lebens bewusst. In der Muße fühlen wir nicht allein, dass uns das Leben so vorbeistreicht, sondern wir fühlen auch sogar eine Leblosigkeit.«[12] Auch wenn Arbeit einen hohen **Stellenwert** gewann, nahm die reguläre Wochenarbeitszeit im Laufe des vergangenen Jahrhunderts ab.

---

12 Immanuel Kant, *Eine Vorlesung Kants über Ethik*, hrsg. von Paul Menzer, Berlin 1924, S. 201.

Im Zuge der immensen Produktionszuwächse durch die Einführung der Massenproduktion Ende des 19. Jahrhunderts wurde die Wochenarbeitszeit erst von 80 auf 60 Stunden gedrosselt und später weiter auf 40 Stunden pro Woche. Folglich nahm zunehmend der Wert der Freizeit einen höheren Stellenwert für das persönliche Glück ein.

Folgt man der These, dass ein höheres Maß an Freizeit zu einem größeren persönlichen Wohlbefinden führe, so stellt sich unmittelbar die Frage, warum die Arbeit, die Maschinen für uns verrichten, für den Menschen nicht ersatzlos gestrichen wird. Ein radikaler Befürworter dieses Ansatzes war 1880 bereits der Marxist Paul Lafargue, dem zufolge Arbeit nur deshalb eingesetzt werde, um die breite Bevölkerung durch die damit verbundene Mühsal unterwürfig und in Abhängigkeit von den Kapitalisten zu halten. Er prangert an, dass die Maschine solchermaßen umfunktioniert werde, dass sie nicht ihr Potential zur Befreiung des Menschen aus seiner Knechtschaft entfalten könne, sondern vielmehr zu seiner Unterdrückung führe: Anstatt dass die zunehmende Automatisierung für mehr Freizeit sorge, versuche der Mensch nun, in Konkurrenz zur Maschine zu treten und beute sich damit nur noch mehr aus.[13] Diese Ausführungen vom Ende des 19. Jahrhunderts lesen sich noch heute erstaunlich aktuell. Lafargues Fazit aus diesen Beobachtungen ist seine Forderung, dass der Mensch maximal drei Stunden am Tag arbeiten solle, um der Selbstverwirklichung des Individuums Rechnung tragen zu können.

Natürlich müssten in diesem Fall andere Wege der materiellen Absicherung der Menschen geschaffen werden. In diesem Kontext wird gegenwärtig etwa eine Robotersteuer diskutiert.

---

13 Vgl. Paul Lafargue, *Das Recht auf Faulheit*, übers. von Ute Kruse-Ebeling, Stuttgart 2018 [1880].

Diese könnte in Modelle der kompensatorischen Grundversorgung wie dem des bedingungslosen Grundeinkommens fließen. Da dessen Ausdifferenzierung sehr variantenreich besprochen wird und es zudem diverse Konkurrenzansätze, z. B. die negative Einkommenssteuer oder die Finanztransaktionssteuer, gibt, wird dieser Aspekt von Arbeit 4.0 an dieser Stelle nicht weiter ausgeführt. Vielmehr sollen derartige Denkansätze dazu dienen, in einem offenen Diskurs gemeinsam mit Politik, Wissenschaft, Wirtschaft und Gesellschaft gangbare Wege in eine gelingende Zukunft der Arbeit zu entwickeln.

12.3 Leitbild guter Arbeit in der digitalisierten Gesellschaft

Wie die Zukunft unserer Arbeitswelt für jeden Einzelnen aussieht, steht trotz aller Prognosen in weiten Teilen noch in den Sternen. Daher kommt sowohl der Politik als auch den Unternehmen und letztlich jedem einzelnen (zukünftigen) Arbeitnehmer die Verantwortung und Chance zu, diese Zukunft mitzugestalten. Es lassen sich hierzu acht Anforderungen formulieren:

1. Die vierte industrielle Revolution bedeutet einen »**skillbiased technical change**«,[14] d. h. die zukünftige Arbeitswelt benötigt Arbeitnehmer, die sogenanntes **Humankapital** mitbringen: Erfahrung, Flexibilität, Kooperations- und Reflexionsvermögen, Abstraktionsfähigkeit, interkulturelle Kompetenz sowie Kommunikationsfähigkeit. Zudem wird Wissen über Algorithmen und Datenschutz, Verständnis

14 Vgl. Brynjolfsson/McAfee (s. Anm. 7), S. 165.

für IT und Datenstrukturen sowie Digital Literacy (Digital-kompetenz) für jeden Arbeitnehmer unverzichtbar. Die **Bildungspläne** in Schule, Ausbildung und Hochschule müssen dahingehend **umstrukturiert** werden, dass zukünftige Arbeitnehmer auf diese Anforderungen der neuen Arbeitswelt vorbereitet werden.

2. Informatik- und Ingenieurwissenschaften müssen um Methoden- und Theoriewissen erweitert werden, um **systemisches Wissen** zu fördern und interdisziplinäres Arbeiten zu erleichtern. Ebenso müssen geisteswissenschaftliche Theorien immer in Zusammenhang mit einer digitalisierten Gesellschaft und der Technisierung menschlichen Lebens gedacht werden.

3. Berufsbilder werden sich ändern, was bedeutet, dass sich Arbeitnehmer umorientieren und neue Kompetenzen erwerben müssen. **Lebenslanges Lernen** bekommt eine neue Bedeutung. Hierbei ist darauf zu achten, dass Arbeitnehmer (etwa aufgrund ihres Alters, ihrer Bildung etc.) bei der Einführung mobiler digitaler Geräte oder neuer Technologien nicht diskriminiert werden.

4. Die **Partizipation** aller Akteure wird zu einer entscheidenden Herausforderung der zukünftigen Arbeitswelt. Es werden Kompetenzzentren gebraucht, die erforschen, wie man alle Arbeitnehmer an sich wandelnden Arbeitsbedingungen beteiligt und welche Bedingungen gegeben sein müssen, damit Abteilungen mit unterschiedlichem Fachwissen reibungslos miteinander arbeiten können. Die konkreten Veränderungen der Arbeitsorganisation müssen zudem professionell begleitet werden.

5. Unternehmensentwicklung sollte mit Blick auf Automatisierungsprozesse nach dem Erfahrungswissen der Mitarbeiter ausgerichtet werden. Dieses sollte in Arbeitsabläufe

integriert werden, um **Mensch und Maschine** sinnvoll, **kooperativ** und zielführend **miteinander arbeiten** lassen zu können. So kann nicht nur von Automation profitiert, sondern auch die Innovation und Kreativität der Mitarbeiter gefördert werden. Auf diese Weise passen sich zum einen die Strukturen der Arbeitswelt dem stetigen technologischen und gesellschaftlichen Wandel an, zum anderen bleibt die **Qualität der Arbeit erhalten**. Hier sollte die Industrie sich ihrer Verantwortung bewusst sein, denn der Bedarf an qualifizierten Mitarbeitern hängt davon ab, dass diese gewollt sind und nicht zukünftig durch Automation ersetzt werden.

6. Arbeitsverhältnisse sollten individualisierten Lebensentwürfen gerecht werden und **lebensphasenorientierte Beschäftigungsmodelle** bieten (mobile Arbeit, Teilzeit, Sabbaticals, Weiterbildung etc.).

7. Geregeltes, ausreichendes Einkommen und **soziale Sicherheit** sollten auch in Zukunft Eckpfeiler der Gesellschaft sein und nicht durch risikobehaftete Arbeitsbedingungen ersetzt werden. Denn auch die Wirtschaft kann nicht aus bloßem Selbstzweck existieren, sondern ist auf starke Konsumenten angewiesen.

8. Die **Zusammenarbeit von Politik, Gesellschaft, Wissenschaft und Wirtschaft** muss durch systemisches Denken geprägt sein, damit technologische Entwicklungen nicht zur Monopolstellung einer dieser Bereiche führt. Stattdessen soll das gesamtgesellschaftliche Wohl im Fokus stehen.

Clarissa Henning

Reflexionsfragen: Arbeit 4.0

1. Warum ist Arbeit für uns so ›wertvoll‹?

2. Warum sollte man die Prognose, dass in Zukunft die Hälfte aller Jobs wegfallen wird, mit Vorsicht betrachten?

3. Welche Chancen und Risiken bietet der Arbeitsmarkt der Zukunft?

4. Was ist heutigen Arbeitnehmern besonders wichtig für ein zufriedenstellendes (Arbeits-)Leben?

5. Warum wird befürchtet, dass Maschinen den Menschen die Arbeitsplätze wegnehmen könnten? Wie sähe eine Lösung hierfür aus?

6. Wie kann man die Zukunft der Arbeit so gestalten, dass Arbeit 4.0 für alle Beteiligten zum Sinnbild einer glücklichen Zukunft wird?

13. Mobilität der Zukunft: Automatisiertes und vernetztes Fahren

Mobilität bestimmt unser Leben. Solange wir zwei gesunde Beine haben, können uns diese durchs Leben tragen und bestimmen somit die Grundlage unserer eigenen Mobilität. Fortbewegungsmittel wie das Fahrrad oder ein Kraftfahrzeug erhöhen unsere Möglichkeiten und lassen uns schneller auch an weiter entfernte Orte gelangen. Der öffentliche Nah- und Fernverkehr eröffnet noch mehr Möglichkeiten, und so können wir bequem quer über den gesamten Globus reisen.

Mobilität ist zudem die Grundvoraussetzung für unser tägliches Leben daheim. Die Bananen im Supermarkt, das Fleisch oder die Schokolade müssen alle vom Zeitpunkt ihrer Ernte oder Erzeugung bis zum Händler um die Ecke transportiert werden. Alle Waren und alles Materielle und somit das meiste, was unser tägliches Leben ausmacht, ist abhängig von den entsprechenden Transportwegen, weshalb die Infrastruktur eines Landes einer der wichtigsten Faktoren für dessen allgemeinen Wohlstand ist.

Die Globalisierung und das weltweite Bevölkerungswachstum erhöhen den Druck, dass die Mobilität im gleichen Ausmaß mitwachsen muss. Mobilität verbraucht jedoch Ressourcen, sie benötigt vor allem **Raum** und **Energie**. Der Platzmangel, der am sichtbarsten in den immer dichter zusammenwachsenden Großstädten wird, stellt die Menschen so vor teils schwer lösbare Herausforderungen beim Ausbau von Verkehrsnetzen. Der Energieverbrauch und die bisher verwendeten endlichen Energiequellen bilden das zweite große Problem: Weltweit gibt es nur ein begrenztes Vorkommen an Erdöl, von dem Rohstoff also, von dem unsere gegenwärtige Mobilität abhängig ist und der irgendwann verbraucht sein wird. Es müssen demnach jetzt Lösungen gesucht werden, die garantieren können, dass Mobilität auch noch in 100 Jahren und darüber hinaus möglich sein kann.

Der bayerische Automobilhersteller BMW stellte im Spätsommer 2018 ein neues Konzept für seine Mitarbeiter vor und forderte diese darin auf, vom Auto auf das E-Bike umzusteigen, um zu ihrem Arbeitsplatz zu gelangen. Nur so ließen sich die Parkplatzprobleme und die Staus in München verringern.

Stau, Smog und mangelnder Platz sind Probleme, die auch den europäischen Metropolen immer mehr zu schaffen machen. Städte wie Mexico City oder Neu-Delhi stehen kurz vor dem endgültigen Verkehrskollaps und es sind keine Strategien in Sicht, die Erfolg auf Besserung versprechen. Die Isarmetropole München, die lange Zeit den Ruf hatte, ein großes Dorf zu sein, hat ihren provinziellen Charakter längst verloren. Immer mehr Menschen drängen zum Arbeiten in die Stadt und buhlen um bezahlbaren Wohnraum. Endlose Staus und ein Spitzenplatz im Ranking bei den deutschen Städten mit der höchsten Luftverschmutzung sind die Folge. Auch im europäischen Ranking sichert sich vor allem das Areal rund um die Donnersbergerbrücke einen Spitzenplatz aufgrund der hohen Stickoxid-Belastung.

Zunehmende Mobilität und deren Folgen zerstören die **Lebensqualität** in den Städten. Wie also kann die Mobilität der Zukunft geplant werden, damit diese künftig umweltschonend genutzt und auch maßvoll eingesetzt werden kann? Wird hierfür keine Lösung gefunden, bleibt auch vom weiß-blauen Himmel der Bayern bald nicht mehr viel übrig.

Die **Digitale Ethik** überlappt sich bei Fragen nach der Gestaltung der zukünftigen Mobilität mit der Technikethik und der Ingenieursethik. Diese unterschiedlichen Bereichsethiken fallen auch unter den Fachbegriff der Angewandten Ethik. Technik verändert die Handlungsmöglichkeiten und die Gewohnheiten der Menschen, sie schenkt neue Macht oder verändert bestehende Machtverhältnisse. Hierzu wurde schon in den 1970er-Jahren vom Philosophen Hans Jonas, der zu einem Mitbegründer der Technikethik wurde, mit seinem Buch *Das Prinzip Verantwortung* ein prominenter und einflussreicher Meilenstein gesetzt.[1]

Verantwortung ist seitdem auch weiterhin der Schlüsselbegriff in Bezug auf die Technikentwicklung und Gestaltung. Innovationen bieten viele Chancen, um ein besseres und gelingendes Leben zu führen für eine immer größere Anzahl an Menschen weltweit. Ein Leben ohne Innovationen ist nicht erstrebenswert, jedoch ist nicht alles, was technisch möglich ist, auch gleichzeitig wünschenswert. Die atomare Waffentechnik könnte beispielsweise leicht alles Leben auf der Erde auslöschen. Das technisch Mögliche ist hierbei nicht nur nicht wünschenswert, sondern sogar unbedingt zu verhindern. Insgesamt bedarf es in der Angewandten Ethik einer ausgewogenen Balance zwischen Reflexion und Mahnung – und dies nicht zuletzt auch im Hinblick auf die Entwicklung der Mobilität der Zukunft. Wie fahren wir demnächst Auto?

---

[1] Vgl. Hans Jonas, *Das Prinzip Verantwortung*, Frankfurt a. M. 2015 [1979], S. 58.

13.1 Die Beziehung von Ethik und Technik: Gestaltung des Wünschenswerten

Bei einer technischen Neuentwicklung müssen zunächst die Gründe und die Zielsetzung für diese Neuentwicklung herausgearbeitet werden. In diesem Zuge sind auch zentrale Werte für unser gesellschaftliches Zusammenleben und für das Leben der Individuen zu bestimmen. Diese Werte sollen anschließend in die Technikgestaltung transferiert werden (siehe S. 167 zu Ethics by Design). Ethik ist jedoch nicht nur wesentlich für Innovationsprozesse und hilfreich bei der Gestaltung, sie muss auch die weiteren Prozesse darüber hinaus prägen. Eine der fundamentalen Fragen in Hinblick auf das vernetzte und automatisierte Fahren ist dabei: Wer trägt die Verantwortung für die neuen automatisierten Technologien?

Das durch die Medien weltweit bekannt gewordene »Trolley«-Gedankenexperiment über eine moralische Dilemmasituation hat den Aspekt der moralischen Verantwortung beim vollautomatisierten Fahren zu einem elementaren Bestandteil des aktuellen Diskurses gemacht (s. hierzu auch S. 21). Dadurch wurden mehrere sehr komplexe Fragestellungen in die Debatte um selbstfahrende Autos eingebracht:

Zunächst wird nach einer möglichen Optimierung von Unfallsituationen mithilfe der Technik gesucht. Hier treffen allerdings unterschiedliche ethische Ansätze in Hinblick darauf, nach welchen Maßstäben optimiert werden sollte, aufeinander und werfen die folgenden Fragen auf: Ist das Allgemeinwohl wichtiger als das Glück eines einzelnen Lebens? Wiegen fünf Menschenleben mehr als ein einzelnes? Kommt der Jugend ein größerer Wert zu als dem Alter?

Der diesen Fragen zugrundeliegende utilitaristische Anspruch – demzufolge diejenige Handlung moralisch anzustreben sei, die den größtmöglichen Gesamtnutzen bzw. das höchste Glück aller Beteiligten bewirke – fordert hierbei das geltende Recht und die Moralvorstellungen des deutschen Grundgesetzes heraus, nach dem der Wert eines jeden einzelnen Lebens unantastbar und schützenswert ist. Diese Einstellung ist eine wichtige Errungenschaft, die unser gesellschaftliches Zusammenleben normiert: Es darf kein kranker Mensch für fünf gesunde Leben geopfert werden und Menschen, die mehr für die Gesellschaft und das wirtschaftliche Wachstum beitragen, sind dennoch nicht mehr wert als Individuen, die dies aus körperlichen oder geistigen Gründen nicht können. Überlegungen nach dem Wert eines Lebens sind immer schwierig – und sie zeigen, dass es durchaus gefährlich sein kann, am Wert des Lebens an sich zu rütteln.

Eine weitere große Herausforderung bei der Diskussion um das vollautomatisierte Fahren entsteht dadurch, dass künstliche oder maschinelle Akteure, also der Steuercomputer oder das Fahrzeug, keine moralische Verantwortung für ihr Handeln übernehmen können: Ihr Handeln entsteht nicht aus eigenem Antrieb, sondern wurde programmiert – zudem besitzen Maschinen im Gegensatz zu Menschen kein Bewusstsein, Gewissen oder einen Sinn für Schuld. Der Sinn für Schuld und Scham ist für das soziale Zusammenleben aber von enorm wichtiger Funktion, weil dadurch das Verhalten zugunsten eines sozialeren Verhaltens reguliert werden kann. Kann eine Maschine nun also schuldhaft handeln, Verantwortung übernehmen und haftbar gemacht werden?

In diesem Diskurs übernehmen die Rechtswissenschaften neben der Ethik eine wichtige Rolle, denn das Recht muss schließlich für zukünftige Technologien angepasst und verändert werden. Aus zivilrechtlicher Sicht scheint dabei die Haftung eines Roboters oder eines vollautomatisierten Fahrzeuges durch ihre Besitzer eine geringe Herausforderung, die durch Versicherungen gelöst werden könnte, wenn es um monetäre Schadensersatzforderungen geht. Der Jurist Eric Hilgendorf schreibt hierzu: »Im Ergebnis bedeutet dies, dass der Annahme, ein Roboter könne zivilrechtlich Verantwortung tragen, jedenfalls grundsätzlich keine Bedenken entgegenstehen.«[2]

Die strafrechtliche Perspektive ist jedoch eine ganz andere, denn hier kommen die ethischen Fragen nach Schuld und den Voraussetzungen für schuldhaftes Handeln ins Spiel: Kann eine Maschine jemals einen freien Willen oder ein Gewissen haben? Wie könnten ein vollautomatisiertes Fahrzeug oder ein Computer überhaupt adäquat bestraft werden? Dies sind sehr spekulative Fragen, die weit in die Zukunft vorgreifen, denn noch ist unklar, wohin die Entwicklung von Künstlicher Intelligenz führen wird. Ungeklärt bleiben ebenso die Fragen der Gegenwart, nämlich wer moralische Verantwortung und die Schuld für eine fehlerhaft programmierte Software trägt oder tragen soll bzw. tragen kann: die Programmierer? Das Management, welches die Entwicklung veranlasste? Die Aktionäre, die auf den wirtschaftlichen Erfolg drängten?[3]

Des Weiteren gibt es eine Reihe von Problemen, die sich aus der Entwicklung der neuen vernetzten und automatisierten Fahrzeugtechnik ergeben, die ebenfalls aus einer ethischen Perspektive gelöst werden müssen. Wie kommunizieren beispielsweise Menschen erfolgreich mit Bordcomputern, wenn diese Maschinen eigene Befehle entwickeln, diesen folgen und

2 Eric Hilgendorf, »Können Roboter schuldhaft handeln? Zur Übertragbarkeit unseres normativen Grundvokabulars auf Maschinen«, in: *Jenseits von Mensch und Maschine. Ethische und rechtliche Fragen zum Umgang mit Robotern, Künstlicher Intelligenz und Cyborgs*, hrsg. von Susanne Beck, Baden-Baden 2012, S. 119–132, hier S. 128.

3 Vgl. zu diesen Überlegungen Misselhorn (s. Anm. 1, Kap. 11) S. 196–198.

automatisiert handeln? Maschinelles Lernen verändert Handlungsmuster, und ein **vollautomatisiertes Fahrzeug** beispielsweise reagiert nicht mehr stur nach Schema F, sondern entwickelt neue, vielleicht sogar unvorhersehbare Reaktionsmuster. Das maschinelle Verhalten wird dadurch für den Menschen schwieriger oder vielleicht gar nicht mehr voraussagbar. Wie stellen sich die Menschen darauf ein? Welche Fähigkeiten brauchen wir zukünftig, um beispielsweise vollautomatisierte Fahrzeuge nicht nur angemessen bedienen zu können, sondern um die Technik auch zu verstehen? Was muss sich jetzt in der Bildung verändern, damit der Umgang mit diesen neuen Technologien reibungslos funktionieren kann?

Die neuen Handlungsmuster werden zudem einen Einfluss auf unser menschliches **Selbstverständnis** haben, auch in Bezug auf unsere Kompetenzen und Fähigkeiten. Was geschieht, wenn plötzlich eine Maschine die Kontrolle über uns und unser Leben übernimmt? Wie verändert es unser Selbstwertgefühl, wenn Technik als perfekt gilt und der Mensch ständig als fehlerhaft dargestellt wird? Der Mensch zeichnet sich durch seine Fehler aus und genau diese helfen ihm, zu lernen und zu wachsen – ein Fehler ist an sich nicht zwangsläufig schlecht. Wie kann Technik also den Menschen in seiner Entwicklung unterstützen und dies in einer Art und Weise, dass der Mensch weiterhin Fehler machen darf, sich entwickeln und dabei immer noch die Verantwortung für sein eigenes Leben übernehmen kann? Die einfache Formel »Maschine ersetzt den Menschen, um Fehler zukünftig zu vermeiden« ist aus ethischer Perspektive in vielerlei Hinsicht zu kurz gedacht. Noch eine weitere Frage bleibt im Raum: Wie zunehmend abhängig von der Technik will der Mensch in Zukunft werden? Automatisiertes und vernetztes Fahren ist hierfür ein gutes Beispiel.

Die rein **materiellen Aspekte** der neuen Technik müssen bei der Entwicklung von automatisiertem und vernetztem Fahren ebenso beachtet werden. Nimmt man als Referenzbeispiel die Lebensdauer eines normalen Computers und dessen Rechenleistung, dann wird deutlich, dass diese keine lange Haltbarkeit aufweisen. Was ist mit den neuen Fahrzeugen, die letzten Endes Computer auf Rädern sind? Wie lange werden ihre Sensoren und Prozessoren halten? Wie lange werden die Akkus in den Elektromobilen halten? Wie nachhaltig sind demnach die neuen Technologien wirklich? Werden wir durch die vernetzten und automatisierten Fahrzeuge nicht eher den Konsum und das Verhalten einer Wegwerfgesellschaft fördern?

Die Gesellschaft und soziale Strukturen werden ebenso von der neuen Technik berührt. Vollautomatisierte Fahrzeugtechnologie wird teuer sein, und es ist fraglich, ob sich alle Menschen dann noch ein eigenes Fahrzeug leisten können. Es ist aber auch ungewiss, ob ein eigenes Fahrzeug in Zukunft überhaupt noch sinnvoll ist. Vernetzte Mobilität bietet die Grundlage für Carsharing. Immer bessere Modelle könnten dazu beitragen, unsere Mobilität effizienter zu gestalten. Der Verkehr muss in Zukunft umweltverträglicher werden. Die gemeinsame Nutzung von Fahrzeugen ist eine Möglichkeit hierfür. Gleichzeitig sollte diese Option nicht ausschließlich für die geringer verdienenden Bevölkerungsschichten gelten. Technologie kann auch die Aufgabe zugewiesen werden, die Gerechtigkeit in einer Gesellschaft zu fördern. Konsum und wirtschaftliche Interessen begünstigen jedoch eher die Nachteile und führen zu einem rücksichtslosen Verbrauch an Ressourcen auf Kosten anderer Menschen und künftiger Generationen.

Im Sommer 2018 war es irgendwann auf jedem Titelblatt und ein Thema in fast allen Medien: die zunehmenden Probleme mit dem Massentourismus. Immer mehr Menschen strömen zu den schönsten Orten der Welt und zerstören damit nicht nur die Natur, sondern auch den Lebensraum von anderen Menschen. Städte wie Venedig und Barcelona können die Menschenmassen kaum noch stemmen und die Einheimischen werden aus ihrer Heimat vertrieben. Ein Wochenende am Strand oder in den Bergen verspricht keine Ruhe und Einsamkeit mehr. Menschenmassen drängen sich zusammen und von der Schönheit bleibt nicht mehr viel übrig. Auf Deutschlands höchstem Berg, der Zugspitze, warten die Menschen an schönen Tagen in Schlangen, um den Gipfel zu erklimmen. Selbst der höchste Berg der Welt, der Mount Everest, hat ein Müllproblem aufgrund des zunehmenden Tourismus. Strände, die Kulisse in Hollywoodfilmen und vormals einsam waren, brauchen mittlerweile Zugangsregelungen.

Verursacht werden die Probleme mit dem Massentourismus durch bessere und billigere Mobilitätsangebote. Unabhängig davon, ob Flugzeug, Bahn oder Kreuzfahrtschiff: Die Preise sinken und mehr und mehr Menschen setzen sich in Bewegung. Doch wie soll die Zukunft aussehen, wenn mithilfe der Vernetzung und neuer Mobilitätsangebote noch mehr Menschen einen noch einfacheren Zugang zur Mobilität haben? Und welchen Preis zahlt die Welt dafür? Wie viel sozialer und ökologischer Charakter ist in einer liberalen Gesellschaft verpflichtend? Eine weitgehende Einschränkung von Freiheit ist ein Merkmal von totalitären Staatssystemen, weshalb eine liberale Demokratie immer ein ausgewogenes Mittelmaß sucht und Freiheit als hohes Gut bewahren möchte.

Im Zuge dessen muss man auch die konstante Überwachung im Auto diskutieren: Ist es wirklich ausschließlich eine Überwachung im Namen der Sicherheit für unser Leben?

13.2 Vernetztes Fahren: Überwachung im Namen der Sicherheit?

Ein Automobil galt einmal als weithin abhörsicherer Ort und ist auch heute noch für viele Menschen ein sehr privater Raum, in dem sie ab einer gewissen Geschwindigkeit das Gefühl genießen können, unbeobachtet zu sein. Das laute Mitsingen eines Lieblingssongs ist dort ebenso unbeschwert möglich wie hemmungsloses Fluchen oder die Liebeserklärung an den Partner. Die **Digitalisierung** verändert diesen vormals privaten Raum und lässt ihn gläsern werden. Die Vernetzung der Fahrzeuge untereinander oder mit ihrer Umwelt (Car2Car oder Car2X) ermöglicht die Erfassung und Übermittlung von Daten quasi in Echtzeit. Daten, die über vielzählige Sensoren gewonnen werden, sind für Analysten eine Goldgrube. Scheinbar alles lässt sich aus den Daten auslesen, die über ein privates Kraftfahrzeug erfasst werden: welche Personen in dem Fahrzeug sind, ihr Alter und Geschlecht, ihr Musikgeschmack, Gewicht und Gesundheitszustand, aber auch welche emotionalen Zustände sie gerade erleben, welche Sorgen oder Ängste sie mit anderen teilen, welche sozialen Verhaltensweisen sie anderen Verkehrsteilnehmern gegenüber an den Tag legen und auf welche Persönlichkeitsmuster dies hindeutet – und vieles mehr. Dabei ist dem Nutzer meist weder die genaue Anzahl der verbauten Sensoren bekannt, noch welche Informationen sich aus den Daten ableiten lassen. Sensoren über den Reifendruck lassen beispielsweise Rückschlüsse auf das Fahrzeuggewicht und die Anzahl der Personen im Innenraum zu. Sensoren am Lenkrad beurteilen die Ermüdung des Fahrers. Es gibt Kameras und Mikrofone, die den Innenraum bis hin zu den Pupillen des Fahrers überwachen können. Die Datenerhebung funktioniert folglich frei nach dem Motto: »Vernetze dich mit deinem Fahrzeug und ich sage dir, wer du bist.«

Überwachung könnte in diesem Rahmen sehr schnell für kommerzielle Zwecke oder zur Manipulation missbraucht werden, weshalb **Datensicherheit, Datenschutz** und hier vor allem das »Privacy by Design« für Fahrzeuge so außerordentlich wichtig sind. Die Sensorik wird eingesetzt, um die Technik kontrollieren zu können. Datensicherheit bzw. die IT-Sicherheit und der Schutz vor Hackerangriffen von außen sind deshalb bei vernetzten Fahrzeugen allein schon aus dem Grund verpflichtend, um das Risiko für Unfälle, die durch Angriffe von Dritten ausgelöst werden, so gering wie möglich zu halten: denn Hacker könnten auch wesentliche Steuerelemente übernehmen und die Sicherheit für Leib und Leben bedrohen. Bestimmte Technologien können jedoch auch zweckmäßig dazu dienen, uns zu überwachen und unser Verhalten zu regulieren: beispielsweise wenn wir übermüdet Auto fahren und ein Warnsignal ertönt, das uns zum Anhalten auffordert; oder wenn der Spurhalteassistent unsere gewählte Linie korrigiert; oder ein weiteres System unsere Geschwindigkeit der vorgegebenen Höchstgeschwindigkeit anpasst.

Im Gegensatz zur menschlichen Kontrolle ist Technologie gnadenlos effizient. Sie ist korrekt, emotionslos und kennt keine Ausnahme. Menschen kennen Mitgefühl und Menschlichkeit, sie scheuen sich davor, andere bloßzustellen, und sie kennen ein Schamgefühl – dies alles ist der Technik fremd. Das kann Vorteile bringen, aber es birgt auch viele Risiken. Kann es demnach überhaupt eine moralisch gerechtfertigte Überwachung mithilfe eines Automobils geben? Und ist Überwachung im Namen der Sicherheit immer gerechtfertigt, wenn sie das alltägliche Leben entfremdet?

13.3 Schlüsselfaktoren für die Mobilität der Zukunft: Verantwortung und Vertrauen

Neue Technik wird von einer Gesellschaft nur dann akzeptiert, wenn diese ein ausreichendes Vertrauen in die Erneuerungen aufbauen kann. Wie werden wir damit umgehen, wenn die Technik in Zukunft die Kontrolle übernimmt? Kann Technik neben der Kontrolle auch die Verantwortung für unser Leben tragen? Im Roman *QualityLand* (2017) von Marc-Uwe Kling gibt es Zombieautos, selbstfahrende Autos, die ihren Orientierungssinn verloren haben. Eines dieser Fahrzeuge heißt im Roman David. David muss vom Menschen navigiert werden, und ist dabei genauso ungehalten wie ein menschlicher Fahrer, der über die ungenauen Beschreibungen seines Beifahrers schimpfen würde.[4] Fehler der Technik, die im Roman als eher liebenswerte Charakterschwäche dargestellt werden können, wird es aber auch in Zukunft bei der realen Technik geben. Technik ist nie vollkommen und selbst die modernste Technologie wird immer Schwächen und Fehler haben und nicht vollkommen sein. Die absolute Sicherheit wird es deshalb auch im vollautomatisierten Fahrzeug nicht geben können.

Dennoch zeigen die Beispiele in diesem Kapitel, dass drin-

4 Vgl. Marc-Uwe Kling, *QualityLand*, Berlin 2017, S. 327–336.

gend fortschrittliche Mobilitätskonzepte entwickelt werden müssen, um weltweite Probleme in den Griff zu bekommen. Ein Weitermachen wie bisher ist in Anbetracht der Zukunft schlichtweg nicht mehr möglich. Es ist deshalb essenziell, dass neue Produkte mit einer entsprechenden Sensibilität entwickelt werden müssen: Sensibilität im Hinblick auf die Verbraucher und auch im Hinblick auf die Umwelt und unsere Gesellschaft. Die Hersteller haben eine große Verantwortung. Doch Skandale wie der um die gefälschten Abgaswerte von Dieselfahrzeugen schüren die Zweifel, dass sich die Automobilindustrie ihrer tatsächlichen Verantwortung bereits ausreichend bewusst ist. Verantwortung obliegt aber auch jedem Einzelnen, wenn wir unsere Lebensgewohnheiten betrachten und diese eventuell überdenken sollten, damit auch zukünftigen Generationen ein Leben auf diesem Planeten möglich sein wird. *Susanne Kuhnert*

Reflexionsfragen: Automatisiertes und vernetztes Fahren

1. Wie viel Eigenverantwortung muss jeder Einzelne aufbringen, um die weltweiten Probleme aufgrund der wachsenden Mobilität zu lösen?
2. Sollte Mobilität nicht nur grenzenlos sein, sondern auch eine Einschränkung erfahren? Wer entscheidet darüber?
3. Darf man in Zukunft noch ein eigenes Auto besitzen? Wie verändert die Digitalisierung das Recht auf Eigentum?
4. Wie viel Kontrolle über den Menschen sollte durch die Technik erlaubt sein und inwieweit von dieser selbstständig ausgeführt werden können?
5. In welchem Verhältnis sollen Freiheit und Mobilität in Zukunft zueinander stehen?

14. Haltung im digitalen Zeitalter: Wie wir der Welt begegnen

14.1 Was ist Haltung?

In den voranstehenden 13 Kapiteln wurden viele Facetten des digitalen Lebens und einer Digitalen Ethik dargelegt sowie erläutert, wie das letztgenannte Konzept im Leben verankert ist und hierin angewendet werden kann. Die Autorinnen und Autoren haben sehr vielschichtige Phänomene dargestellt und analysiert: von Privatheit und Datenschutz über Online-Gewalt, Künstliche Intelligenz und neue Mobilität bis hin zu Robotik und Video-Games. Bei vielen dieser Phänomene wurden Dilemmata und Probleme aufgezeigt, die man nicht ohne Weiteres lösen kann – die vielleicht auch gar nicht zu lösen sind: Denn in der Digitalen Ethik geht es nicht zuvörderst darum, sofort eine Lösung für ein Problem zur Hand zu haben oder gar eine Vorschrift zu entwickeln. Es geht vielmehr um die Frage, wie man gut in der Digitalität leben und in einer digitalisierten Umgebung miteinander sowie mit technologischen Anwendungen angemessen umgehen kann.

Was für ein Mensch will ich sein? Dieses Leitmotiv der modernen Ethik, das uns in diesem Buch implizit und explizit wieder und wieder begegnet ist, ist weiter unterfüttert mit der Frage: Mit welcher Haltung will ich der Welt begegnen? Die Welt wird zunehmend komplexer, unübersichtlicher, noch »digitaler«, und viele Menschen haben das Gefühl, sich in ihr nicht mehr zurechtzufinden. Sie benötigen **Orientierung**, einen »Wertekompass«, eine Ethik für ihren Umgang mit der Welt. Da eine solche Digitale Ethik nicht von irgendeiner höheren Institution verordnet werden kann, muss sie aus dem Menschen selbst kommen – er muss eine Haltung gegenüber der digitalen Welt finden. Diese Haltung beinhaltet mehr als die technisch-instrumentelle Kompetenz, ein Gerät ›richtig‹ bedienen oder selbst programmieren zu können. Haltung ist Teil der **Humankompetenz**, sich selbst und sein Leben reflektieren und meistern zu können, sich und seine Gesellschaft weiterzuentwickeln und zum Erblühen zu bringen, wie es bereits Aristoteles dargelegt hat (s. S. 16 und 94 f.). Was es dafür bedarf, beschäftigt die Menschen seit alters – so zeigen es auch die folgenden beiden Zitate:

> »Man soll aufrecht stehen, ohne aufrecht gehalten zu werden.«
>
> Marc Aurel, *Selbstbetrachtungen*, Kap. III,5, ab ca. 172 n. Chr.

> »When the going gets weird, the weird turn pro.«
> [Dt.: ›Wenn's seltsam wird, werden die Seltsamen Profis.‹]
>
> Hunter S. Thompson, *Fear and Loathing in Las Vegas*, 1971, S. 9

Diese zwei Einstellungen zur menschlichen Haltung stammen von sehr unterschiedlichen Autoren aus gänzlich verschiedenen Zeitaltern: Marc Aurel (121–180) und Hunter S. Thompson (1937–2005). Der eine war römischer Kaiser und ist uns bis heute als geachteter Philosoph überliefert, der andere war ein meinungsfreudiger und fantasiereicher US-Schriftsteller und Journalist, dessen Nachruhm sich stark auf seiner Exzentrik gründet.

Marc Aurel verweist auf das, was uns so ähnlich auch ein Orthopäde sagen könnte: Geh mit geradem Rückgrat durch dein Leben. Allerdings meint er damit nicht nur die physische Haltung, sondern auch: Entwickle die Werte, die dich aus dir selbst heraus aufrecht halten, und bleibe so Meister deines Lebens. Marc Aurel schrieb seine *Selbstbetrachtungen* in Zeiten großer Unsicherheiten und Umwälzungen: Das römische Weltreich zerfiel allmählich und war ständig in Kriege und Feldzüge verwickelt. Kaiser Marc Aurel schrieb seine Gedanken meist in Heerlagern an den Außenposten des Reiches auf. Er sah, dass die jahrhundertealte stabile Ordnung und die griechisch-römische Zivilisation schon bald von einer neuen Zeit mit neuen Herrschaftsformen abgelöst würden. In Kenntnis der alten philosophischen Schriften dachte dieser gebildete Feldherr daher darüber nach, was dem Menschen auch in widrigen Umständen helfe, sein Leben sinnvoll zu gestalten. Marc Aurels Verständnis von der Haltung als einer zeitunabhängigen, werteorientierten Disposition des Menschen spricht heute noch zu uns. Eine solche Haltung fußt auf Werten, die wir uns zu eigen machen und in unsere Handlungen einschreiben. Sie ermöglicht uns innere Freiheit.

Hunter S. Thompson wuchs ebenfalls in Zeiten eines stürmischen Umbruchs auf. Vor allem erlebte er in Kalifornien die gesellschaftlichen Umbrüche der 1960er-Jahre, die wir in Europa meistens mit der Chiffre »1968« bezeichnen. Es wurden seinerzeit weithin ideologisch begründete Kriege geführt (die USA führten etwa einen brutalen Krieg in Vietnam, gegen den es weltweit Proteste gab), es herrschte ein Klima der Angst (im Zuge des Kalten Krieges und der sogenannten »Kubakrise« befürchtete die Welt zeitweise gar eine atomare Verwüstung), die alte Ordnung schien zu verfallen (vielleicht war es der Beginn des Niederganges der USA als Weltmacht), was Thompson in vielen Büchern und Artikeln dokumentierte. Wenn die Zeiten ›seltsam‹ (*weird*) werden, laufen die Seltsamen erst zu ihrer Höchstform auf – das war Thompsons Credo und seine Haltung den vielen ›seltsamen‹ Phänomenen gegenüber, über die er schrieb und die uns noch heute seltsam aktuell vorkommen.

Beide zitierten Positionen drücken im Grunde etwas sehr Ähnliches aus: Haltung ist weit mehr als eine bloße Einstellung. Haltung ist etwas, das tief im eigenen Selbst verwurzelt ist, das man auch gegen Widerstände verteidigt und umsetzt. Man könnte sagen, dass eine Haltung in der Seele des Individuums verankert ist, von den Umständen des Lebens beeinflusst wird (ein Mensch lernt dazu) und sich in dessen lebensweltlichen Handlungen äußert. Marc Aurel hat trotz seiner humanistischen Weltsicht Kriege geführt, weil er als römischer Kaiser überzeugt war, dass sie notwendig seien; Hunter S. Thompson klagte viele Fehlentwicklungen in seinem Heimatland mit scharfer Zunge an und blieb dennoch stets amerikanischer Patriot, also den tieferen Werten seines Heimatlandes verbunden. Es ist also nicht immer leicht, eine Haltung zu leben, gerade in Zeiten der vielfältigen Widersprüche.

14.2 Die (zunehmend digitale) Welt, in der wir leben

Was ist das für eine Welt, der wir heute entgegentreten? Marc Aurel schrieb seine *Selbstbetrachtungen* als Briefe an sich selbst, einem heutigen Blog nicht unähnlich, und versuchte so, mit den Veränderungen seiner Gegenwart zurechtzukommen. Hunter S. Thompson bemerkte in den 60er-Jahren des 20. Jahrhunderts, dass die Entwicklungen der Moderne große gesellschaftliche Umbrüche bedingen, die für viele Menschen ein gänzlich neues Konzept von Bildung und Zugehörigkeit erfordern: Wie lassen sich z. B. die ›Verlierer‹ der Gesellschaft integrieren? Wie geht man mit neuen Formen der Lebensführung um?

Auch unsere Gegenwart ist von vielen Umbrüchen gekennzeichnet. Schaut man in die einschlägige Fachliteratur – etwa Luciano Floridis 2015 erschienenes Buch *Die 4. Revolution* (über die profunden Veränderungen in der sich digitalisierenden Welt), Viktor Mayer-Schönbergers und Kenneth Cukiers 2013 veröffentlichtes Werk *Big Data* (über die revolutionäre Transformation unserer Lebens-, Arbeits-, Wirtschafts- und Denkweisen) oder Hartmut Rosas *Beschleunigung und Entfremdung* (2013) über die Zeitstrukturen in der Moderne –, lassen sich deutliche Trends nachzeichnen: nennen wir sie einmal die fünf großen »Metaprozesse« unserer Gegenwart. »Meta« deswegen, weil diese Prozesse viele andere Prozesse bestimmen, sich gewissermaßen ›über‹ sie stülpen. All diese Prozesse sind Teil der sich permanent fortsetzenden Modernisierung (die somit eine Art »Meta-Meta-Prozess« ist). Die Tabelle stellt die fünf Metaprozesse der Modernisierung übersichtsartig dar:

Infobox: Die fünf Metaprozesse der Modernisierung	
Metaprozess der Gegenwart	**Auswirkung (Prozessresultat)**
Globalisierung	Neue Märkte bilden sich aus, globale Imperien und Machtblöcke entstehen, Ideen verbreiten sich um die Welt
Ökonomisierung	Es herrscht ständiger Wettbewerb, auch im Privaten. Grundbedürfnisse wie Kommunikation und Vernetzung werden zu Produkten umgeformt
Digitalisierung	Datenbasierte Produkte können massenhaft in enorm kurzer Zeit vervielfältigt werden

Medialisierung	Die Weltwahrnehmung wird von Medien geprägt; neue Öffentlichkeiten können entstehen, sind aber nicht unbedingt wirklich »öffentlich«
Entfremdung	Menschen wandeln sich zunehmend von Bürgern zu Kunden. Social Media fungieren als Distanzierungstechnologien

Für unseren speziellen Kontext der Digitalen Ethik sind diese fünf Metaprozesse allesamt von besonderer Bedeutung. Sie sind dabei nicht trennscharf und überlappen sich teilweise. Über jeden von ihnen könnte man ein separates Buch schreiben (andere Autoren haben das auch getan); die folgenden Ausführungen sollen sie aber grob erklären.

Die **Globalisierung**, die streng genommen schon um 1500 mit dem beginnenden Imperialismus und der Kolonialisierung der außereuropäischen Welt einsetzte, wird uns seit den 1970er-Jahren zunehmend bewusst. Ihre Auswirkung ist im Kern die Schaffung eines weltumspannenden Produktions- und Konsumtionssystems, neuer Märkte und globaler Imperien. Unsere Computer und Smartphones etwa werden, vereinfacht gesagt, nach amerikanischen Bauplänen mit Rohstoffen aus Afrika und Asien von Arbeitern in China zusammengesetzt und in die ganze Welt verkauft. Ihre vernetzte Nutzung als Internet schafft wiederum potenziell ein globales Bewusstsein dafür, dass es noch andere Themen und Denkweisen gibt als nur unsere heimischen. Die Globalisierung hat einen gigantischen Waren- und Ideenkreislauf geschaffen, der zunehmend auch die Migrationsbewegungen von Menschen beeinflusst. Wie gehen wir als Weltgesellschaft mit dieser vernetzten Lebensweise um? Wie mit unerwünschten Weltbildern, die uns etwa in Form von Hasspropaganda oder Verschwörungstheorien via World Wide Web leicht erreichen? Welche Haltungen entwickeln wir gegenüber diesen und vielen damit verbundenen Problemen? In einer vernetzten, von gegenseitigen Abhängigkeiten geprägten Welt, schreibt der britische Historiker Timothy Garton Ash, könne unsere Haltung nur auf Freiheit und »robuster Zivilität« beruhen.[1]

Mit **Ökonomisierung** ist die weitreichende Verwandlung von menschlichen Lebensbereichen und Handlungsfeldern in Geschäftsmodelle gemeint. Die Ökonomisierung setzte bereits mit der Industrialisierung vor 250 Jahren ein. Wir können sie in der digitalen Gegenwart sehr gut an bestimmten Ideen und Bedürfnissen ablesen, die radikal ins Wirtschaftliche transformiert werden: etwa das an sich gute Konzept der menschlichen Vernetzung in Form der **Social Media**, die nun ein gigantisches System der Datenbewirtschaftung zwecks Werbekontaktabsatz und Verhaltensvorhersage sind – mit vielen Nebeneffekten, die wir in diesem Buch beschreiben. Als Internetnutzer (und darüber hinaus) sind wir zunehmend in einem ständigen Wettbewerb miteinander, evaluieren uns, bewerten uns bei eBay, Facebook und Tinder oder am Arbeitsplatz. Wir bewerben uns permanent. Grundbedürfnisse wie etwa Vernetzung und Kommunikation werden in Produkte umgeformt, also kommerzialisiert. Das macht etwas mit uns. Wie treten wir dieser Herausforderung entgegen? Was für alternative Gesellschafts- und Menschenbilder wollen wir dauerhaft entwickeln? Können wir das überhaupt noch?

Die **Digitalisierung**, die beim Themenfokus dieses Buches naturgemäß immer mitschwingt, begann ab den

---

1 Vgl. Timothy Garton Ash, *Redefreiheit. Prinzipien für eine vernetzte Welt*, übers. von Helmut Dierlamm und Thomas Pfeiffer, München 2016, S. 316 ff.

1960er-Jahren, als zunehmend Computer in immer mehr Lebens- und Arbeitsbereichen eingesetzt wurden. In Form von Personal Computern (PCs) erleben wir diese Computerisierung seit den 1980er-Jahren auch in unserem Privatbereich. Mit dem Internet und seinen vielfältigen Anwendungen hat sich dann die Digitalisierung ab Mitte der 1990er-Jahre in unseren Alltag eingeschrieben. Zu ihren Kerneffekten gehört zum einen die nunmehr enorm leichte Verbreitung von Information und Wissen in Datenform bis in den letzten Winkel der Erde und ebenso die Kontrolle und Überwachung der Produktion dieser Daten – und der Datenlieferanten. Letztere sind Menschen. Im Digitalen bleibt kaum noch eine Handlung unkontrolliert. Bringt uns das eine Verbesserung unserer Lebensqualität?

Die Digitalisierung hat darüber hinaus den Effekt einer zunehmenden Beschleunigung: Sie gibt gewissermaßen den Takt unserer Handlungen und unseres gesellschaftlichen Miteinanders vor, und dieser Takt misst sich inzwischen längst in Nanosekunden, etwa im internationalen Börsenhandel. Aber auch in unserem privaten Alltag hat die Beschleunigung Folgen: Wir erwarten von unseren Onlinekontakten zunehmend Reaktionen *sofort*. Wer etwa erst am nächsten Tag auf eine WhatsApp-Nachricht antwortet, muss mit Unmut rechnen. Warum eigentlich? Und was machen wir mit all der ›eingesparten‹ bzw. ›verlorenen‹ Zeit? Wie gehen wir mit Leerzeiten um, wie mit Langeweile? Haben wir noch Muße? Wenn ja, wofür? Auch dies sind Haltungsfragen.

Die **Medialisierung** müssen wir bei der Digitalen Ethik ebenfalls stets mitdenken. Sie beschreibt die seit dem Aufkommen der Massenmedien etwa um Mitte des 19. Jahrhunderts zunehmende Durchdringung der Gesellschaft mit weiteren, immer wieder neu hinzukommenden Medien wie Film, Radio,

Fernsehen, Internet usw. Wir leben in ständig sich wandelnden »Medialitätszuständen«: Das heißt, dass wir nur noch kleine Ausschnitte der Realität unvermittelt wahrnehmen; Informationen über die Welt erreichen uns vor allem über Medien. Unser Weltbild und unser Bewusstsein werden dadurch von den Medien geformt. Dies hat außerdem zur Folge, dass sich **neue Öffentlichkeiten** bilden, nicht zuletzt Netzöffentlichkeiten. Mit Blick auf digitale Plattformen müssen wir uns aber fragen, ob diese Öffentlichkeiten (in Social Media, Diskussionsforen usw.) in Wahrheit Nicht-Öffentlichkeiten sind, denn tatsächlich findet der dortige Informationsaustausch ja auf dem privaten Digitalterrain großer Technologiefirmen statt (Facebook ist da nur ein prominentes Beispiel). Wirklich freie Öffentlichkeiten ohne eine kommerzielle Verwertungslogik, also ohne einen Ansatz der Datenausbeutung, sind Social Media nicht. Was für Öffentlichkeiten streben wir also an? Wie verhalten wir uns gegenüber den zahlreichen Bestrebungen im Netz, Diskurse in der Gesellschaft zu kontrollieren, zu lenken oder gar zu unterbinden? Wie stellen wir uns diesem Verlust von Freiheit entgegen? Hierzu müssen wir eine entschiedene Haltung entwickeln. Wir müssen bereit sein, den freiheitlichen Kern einer sich im gemeinsamen Diskurs abstimmenden Gesellschaft zu verteidigen.

Prozesse der **Entfremdung** begleiten Menschen mindestens seit der Industrialisierung im frühen 19. Jahrhundert. Wir können sie als Resultat der zuvor beschriebenen vier Metaprozesse der Moderne sehen, aber auch als eigenständigen Metaprozess. Entfremdungsprozesse heben die Beziehung der Menschen zu den Produkten von Arbeit auf: Gerade online erscheinen Waren recht beliebig, abstrakt und vor allem anstrengungslos erwerbbar – sie sind quasi nur einen Klick entfernt. Ebenso entkoppeln Prozesse der Entfremdung die Menschen voneinander: Wir können Social Media leicht als eine Distanzierungstechnologie begreifen, die soziale Interaktionen oder gar Nähe lediglich simuliert. Entfremdung ist auch zu konstatieren, wenn Menschen in einem Herrschaftssystem wesentliche Merkmale ihrer Humanität verlieren, etwa indem sie statt als Bürger zuvörderst als Kunden behandelt werden, die nicht mehr als politische Subjekte handeln, sondern Waren kaufen und konsumieren. Ist es bloßer Zufall, dass die einstmals stabilen politischen Gefüge vieler Industriegesellschaften gerade implodieren und populistisch-extremistische Parteien großen Zulauf haben? Wir müssen uns als Menschen aller dieser möglichen Folgen von Entfremdung bewusstwerden und uns entscheiden, wie wir unser Zusammenleben gestalten wollen. Was für Menschen wollen wir sein, wie wollen wir den spannenden Herausforderungen des Lebens in der Digitalität begegnen?

14.3 Unsere Haltung dem schwer Fassbaren gegenüber

All das liest sich natürlich viel leichter, als es im realen Leben umzusetzen ist. Aber wie bereits angedeutet, sind wir als Menschen angehalten, solche Tugenden auszubilden, die uns im Laufe unseres Lebens zu vortrefflichen Menschen machen, wie es Aristoteles nennt. Bei Phänomenen, die die Freiheit und Würde des Menschen berühren, sind wir geradezu verpflichtet, uns für die Wahrung dieser Menschenrechte einzusetzen. Im Zeitalter der globalisierten, ökonomisierten, digitalisierten, medialisierten und entfremdenden Hochmoderne, in der alles mit allem und jeder mit jedem zusammenhängt, ist das fürwahr nicht einfach. Ohne Haltung geht es nicht. Sie muss sich aber auch in der Realität bewähren. Hierzu ein Beispiel, das auf-zeigt, wie kompliziert dies oft ist:[2]

»Darf Google beim Töten helfen?«, fragt 2018 ein Artikel im Wirtschaftsteil der *Süddeutschen Zeitung*. Googles Mutterkonzern Alphabet, wie auch andere amerikanische Tech-Unternehmen, kooperiert eng mit dem US-Vertei-digungsministerium, berichtet der Beitrag. Aktuell war bekanntgeworden, dass Alphabet beim Pentagon-Projekt »Maven« mitwirkt. Als Teil einer Arbeitsgruppe für »algo-rithmische Kriegsführung« sollen hierbei amerikanische Waffensysteme mit Künstlicher Intelligenz (KI) ausgerüs-tet werden, etwa zur Erkennung von Objekten und Perso-nen. Kampfdrohnen wird es so ermöglicht, Ziele auf dem Boden zu zerstören. Das können auch »feindliche Kämp-fer« oder Terrorverdächtige sein.

Was bedeutet Googles Zusammenarbeit mit dem US-Verteidi-gungsministerium für uns als Endnutzer der Google-Ange-botspalette, also der Suchmaschine Google, des Kartendienstes Google Maps, der Dienste Google Docs, Google Earth, Google Scholar, Google Books ...? Praktisch sind diese Anwendungen ja, und viele Menschen organisieren mit ihrer Hilfe ihren All-tag. Aber das heißt: Wir füttern die Google-Programme mit unseren Daten, der Konzern Alphabet verwertet sie, macht

2 Vgl. Jannis Brühl, »Darf Google beim Töten helfen?«, in: *Süddeutsche Zeitung* 74 (2018) Nr. 124, S. 25.

Profite und finanziert damit u. a. seine Forschungsabteilungen, die wiederum auch auf unsere realen Nutzungsdaten zurückgreifen: als Trainingsdatensätze für eine Künstliche Intelligenz. Der Algorithmus, der mithilft, irgendwo in einem fernen Krisengebiet einen des Terrorismus Verdächtigen ohne Gerichtsurteil per Drohnenangriff zu töten, ist so funktional und ›schlau‹, weil er eben auch mit unseren Daten erprobt wurde, an unseren Datensätzen ›gelernt‹ hat. Sollen wir also noch Google-Produkte nutzen? Aber – mit Blick auf Ethik und Haltung formuliert – was für Menschen sind wir, wenn wir das tun?

Google ist hier nur ein Akteur von vielen – Amazon, Microsoft, IBM und Oracle (und viele ›hippe‹ Start-ups) bieten ihre Softwarelösungen dem Pentagon für seine militärische Verteidigungsinfrastruktur ebenso an. Weiterhin zu googlen, bei Amazon zu shoppen oder Microsoft-Lizenzen zu erwerben, könnte einem also durchaus ein mulmiges Gefühl bereiten. Alternative Handlungsoptionen sind natürlich vorhanden – auf andere Anbieter zurückzugreifen und auf die genannten konsequent zu verzichten –, doch einfach ist das nicht. Es ist sogar unbequem. Aber es schärft den Blick für diejenigen Qualitäten, die uns als Menschen ausmachen und uns deswegen wirklich wichtig sein sollten: Auch wenn wir uns gegen den Verzicht entscheiden, haben wir zumindest die Pflicht, mit den Mitteln der Bürgergesellschaft durch Protest für Aufmerksamkeit zu sorgen und auf inakzeptable Missstände oder Fehlentwicklungen hinzuweisen. Die Google-Mitarbeiter haben so durch weithin beachtete Demonstrationen bewirkt, dass ihr Konzern aus Militärprojekten ausgestiegen ist. Als Menschen fallen uns sicher noch weitere kreative Formen ein, mit denen wir unsere Ablehnung illegitimer oder fragwürdiger Praktiken zeigen können. Auch das ist Ausdruck von Haltung.

Wir müssen allerdings aufpassen, dass unser Protest sich

nicht in selbstgerechten Ritualen erschöpft, wie wir sie in Form vieler Online-Kampagnenplattformen kennen. Die einfache, bequeme Stimmabgabe per Mausklick lässt uns in der Tat stumm, ohne Stimme zurück. Haltung bedeutet aber, seine Stimme als Mensch und Bürger zu erheben. Es ist nicht alles hinzunehmen. Wir können und sollen also die Vorteile der innovativen Digitalität in Anspruch nehmen, wo sie niemand anderem schaden; aber wir sollten nicht vergessen, ebenso die ganz realen Möglichkeiten der Vergesellschaftung in der Offlinewelt zu nutzen und uns so an unsere Humanität zu erinnern. Wir sind freie Menschen. Das wollen wir bleiben.

14.4 Eine Erzählung für das Leben

Haltung ist ein weites Feld. Marc Aurel empfiehlt uns zwar den selbstständig aufrechten Gang, neigt als Stoiker aber auch zur duldsamen Hinnahme, zur Beruhigung des Unvermeidlichen.

Doch die menschliche Existenz und die Gesellschaft sind gestaltbar und veränderbar. Hunter S. Thompson war zu seiner Zeit eher ein Rebell, aber mit der Wahrheit nahm er es nicht immer genau und war vor allem letztlich seiner eigenen Individualität und Eitelkeit verpflichtet. Ein bisschen erkennen wir uns als Netzbewohner sowohl in Marc Aurel als auch in Thompson wieder: Bei ihnen finden sich Schattierungen von Grau, keineswegs von nur Schwarz oder Weiß. Sie waren nicht perfekt, agierten oft sogar widersprüchlich. Auf den Spuren von Aristoteles könnten wir für unsere eigene Ausbildung von Haltung einen Mittelweg suchen und dabei ehrlich zu uns selbst sein, wie weit wir gehen können oder gehen wollen – oder überhaupt vorab erst einmal festlegen, was wir von und in der Digitalität erwarten.

Möglicherweise ist es auch ein Zeichen großer Privilegierung, wenn man auf Social Media, bestimmte Suchmaschinen, Online-Warenhäuser usw. tatsächlich verzichten kann. Das bedeutet jedoch in einem solchen Fall meistens, dass man auf andere, alternative Ressourcen zurückgreift, dass man sich also den Ausstieg oder partiellen Verzicht auch wirklich leisten kann. Vielleicht wertet man sich mit seinem möglichst vielen Leuten kundgetanen Ausstieg gar noch auf. Digital Detox (›digitales Entgiften‹) ist in einigen Kreisen durchaus chic.

Doch ist es nicht die Lösung. Vor allem nicht für diejenigen, die es sich eben nicht leisten können, auf Facebook, LinkedIn, Twitter, Google & Co. zu verzichten, etwa deshalb, weil ihr Geschäftsbetrieb davon abhängig ist, weil der themenbezogene Austausch mit Gleichgesinnten wichtig für ihre Stabilität ist oder sie nicht allein mit ihren Gedanken und Ideen sein wollen.

Es ist nicht unbedingt die große heroische Geste, die Haltung ausmacht. Die Schilderung des Versuchs, eine Haltung gegenüber der Digitalität mit all ihren nützlichen und/oder bequemen Angeboten, aber auch ihren Zumutungen und Gefahren zu entwickeln, könnte die Erzählung unseres Lebens sein. Dies wäre eine Narration, auf die man im Laufe seines weiteren Lebens immer wieder als Ressource zurückgreifen könnte.

Oder anders ausgedrückt: Wir haben nicht nur die Pflicht zur Freiheit, zur Menschenwürde und zur Wahrheit, sondern daraus abgeleitet auch zur Zivilität. Wir müssen dazu bereit sein, diese ›robust‹ zu verteidigen, wie es der Historiker Timothy Garton Ash so treffend formuliert hat. Dies ist die vornehmste Haltung, die wir verfolgen können: eine zukunftsorientierte Ethik für die Welterfahrung auch und gerade in der Digitalität. Digitale Ethik ist somit eine Gestaltungsaufgabe.

Oliver Zöllner

Reflexionsfragen: Haltung im digitalen Zeitalter

1. Was ist im ethischen Sinne eine Haltung?
2. Welche Veränderungsprozesse kennzeichnen unsere Gegenwart?
3. Wie viel Mut kostet es, eine Haltung zu vertreten? Was können Widerstände sein?
4. Wie kann man eine Haltung praktisch umsetzen? Geht das immer?
5. Welche Art von individueller Verantwortung erwächst aus der Vernetzung der Welt?

Literaturhinweise

Bernard, Andreas: Komplizen des Erkennungsdienstes – Das Selbst in der digitalen Kultur. Frankfurt a. M. 2017.

Cukier, Kenneth / Mayer-Schönberger, Viktor: Big Data. Die Revolution, die unser Leben verändern wird. Übers. von Dagmar Mallett. München 2013. [Originaltitel: *Big Data. A Revolution That Will Transform How We Live, Work, and Think*, 2013.]

Ess, Charles: Digital Media Ethics. Cambridge/Malden 2014.

Floridi, Luciano: Die 4. Revolution. Wie die Infosphäre unser Leben verändert. Übers. von Axel Walter. Berlin 2015. [Originaltitel: *The 4th Revolution. How the Infosphere is Reshaping Human Reality*, 2014.]

Funiok, Rüdiger: Wertorientierte Strategien zum Schutz der Privatheit in Sozialen Netzwerken. In: Schöne neue Kommunikationswelt oder Ende der Privatheit? Die Veröffentlichung des Privaten in Social Media und populären Medienformaten. Hrsg. von Petra Grimm und Oliver Zöllner. Stuttgart 2012. S. 97–118.

Garton Ash, Timothy: Redefreiheit. Prinzipien für eine vernetzte Welt. Übers. von Helmut Dierlamm und Thomas Pfeiffer. München 2016. [Originaltitel: *Free Speech. Ten Principles for a Connected World*, 2016.]

Grundmann, Thomas: Philosophische Wahrheitstheorien. Stuttgart 2018. (Reclams Universal-Bibliothek. 19452.)

Hübner, Dietmar: Einführung in die philosophische Ethik. Göttingen 2014.

Jaster, Romy / Lanius, David: Die Wahrheit schafft sich ab. Wie Fake News Politik machen. Stuttgart 2019.

Jonas, Hans: Das Prinzip Verantwortung. Versuch einer Ethik für die technologische Zivilisation. Frankfurt a. M. 1979.

Kant, Immanuel: Grundlegung zur Metaphysik der Sitten. Hrsg. von Bernd Kraft und Dieter Schönecker. Hamburg 1999 [1796].

Lafargue, Paul: Das Recht auf Faulheit. Übers. von Ute Kruse-Ebeling. Stuttgart 2018. [Originaltitel: *Le droit à la paresse,* 1880.]

McLuhan, Marshall: *Die magischen Kanäle.* Übers. von Meinrad Amann. Düsseldorf/Wien 1968. [Originaltitel: *Understanding Media. The Extensions of Man,* 1964.]

Misselhorn, Catrin: Grundfragen der Maschinenethik. 3., durchges. Aufl. Stuttgart 2018 [u. ö.]. (Reclams Universal-Bibliothek. 19583.)

Moore, James H.: The Nature, Importance, and Difficulty of Machine Ethics. In Intelligent Systems, IEEE 21 (2006) H. 4. S. 18–21.

Nida-Rümelin, Julian / Weidenfeld, Nathalie: Digitaler Humanismus. Eine Ethik für das Zeitalter der Künstlichen Intelligenz. München 2018.

Nissenbaum, Helen: Privacy in Context. Technology, Policy, and the Integration of Social Life. Stanford 2010.

Ravenscroft, Ian: Philosophie des Geistes. Eine Einführung. Stuttgart 2008.

Rosa, Hartmut: Beschleunigung und Entfremdung. Entwurf einer kritischen Theorie spätmoderner Zeitlichkeit. Übers. von Robin Celikates. Berlin 2013. [Originaltitel: *Alienation and Acceleration: Towards a Critical Theory of Late-Modern Temporality,* 2010.]

Searle, John: Minds, Brains and Programs. In: The Behavioral and Brain Sciences 3 (1980) S. 417–457.

Skudlarek, Jan: Wahrheit und Verschwörung. Wie wir erkennen, was echt und wirklich ist. Stuttgart 2019.

Turing, Alan M.: Computing Machinery and Intelligence. In: Mind 49 (1950) H. 236. S. 433–460.

Wiegerling, Klaus: Philosophie intelligenter Welten. Paderborn 2011.

Zuboff, Shoshana: Das Zeitalter des Überwachungskapitalismus. Übers. von Bernhard Schmid. Frankfurt a. M. / New York 2018. [Originaltitel: *The Age of Surveillance Capitalism: The Fight for a Human Future at the New Frontier of Power,* 2019.]

Glossar

Affordanz: ist der Fachbegriff für den »Aufforderungscharakter« einer Technologie bzw. technischer Instrumente. Ein soziales Online-Netzwerk beispielsweise fordert uns auf, es regelmäßig in einer bestimmten Art und Weise zu verwenden und unsere Profile mit immer neuen Informationen bzw. persönlichen Daten zu ›füttern‹; ein Streamingdienst verleitet uns dazu, immer mehr Musikstücke, Serien oder Filme abzurufen.
➤ S. 80 f.

Androide: von altgriech. *aner*, ›Mensch‹, und *eidos*, ›Gestalt‹. Ein Androide ist ein Roboter, der in Gestik, Mimik, Aussehen und Verhalten nicht bzw. kaum vom Menschen unterschieden werden kann. Ein Androide ist somit der Spezialfall eines ➤ humanoiden Roboters – ein Roboter, dessen Konstruktion der menschlichen Gestalt nachempfunden ist.
➤ S. 161 f., 180–182

Arbeit 4.0: leitet sich vom Begriff »Industrie 4.0« ab und bezieht sich auf die vierte industrielle Revolution, die Ende der 1990er-Jahre begonnen hat. Ausschlaggebend für die vierte industrielle Revolution sind die Entwicklungen im Bereich des Internets der Dinge (»Internet of Things« / IoT), d. h. in der Digitalisierung und Vernetzung aller ›intelligenten‹ Geräte, die wir im Privatleben und bei der Arbeit nutzen, sowie die Entwicklungen bei der rasanten Weiterentwicklung von Künstlicher Intelligenz (KI) und maschinellem Lernen. Arbeit 4.0 befasst sich mit den Arbeitsformen und Arbeitsverhältnissen der Industrie 4.0.
➤ S. 188, 191, 202

Automation: bedeutet den fortschreitenden Einsatz von Maschinen insbesondere für standardisierte Tätigkeiten, etwa durch Roboter oder Datenverarbeitungssysteme. Menschliche Tätigkeiten werden somit von Maschinen teilweise ersetzt. Menschen stellt sich die Aufgabe, den Einsatz der Maschinen sinnvoll zu steuern und zu kontrollieren. Komplexere computerisierte Automationssysteme zählen zur ➤ Künstlichen Intelligenz.

➤ S. 199, 204

Automatisiertes Fahren: Die Bezeichnung automatisiertes Fahren ist ein Oberbegriff, der sich auf unterschiedliche Grade der Automatisierung in Kraftfahrzeugen bezieht. Es wird dabei in fünf Automatisierungsstufen unterschieden, von Stufe 0 bis hin zur Stufe 5 – je nachdem wie viel Unterstützung der menschliche Fahrer durch verschiedene technische Funktionen in der Bewältigung der Fahraufgaben erhält. Auf der höchsten Stufe 5 ist kein menschlicher Fahrer mehr vonnöten und das Fahrzeug kann alle relevanten Fahrmanöver vollautomatisiert ausführen.

➤ S. 209–213

Autonomes Fahrzeug / Fahren: Die Bezeichnung bezieht sich auf das vollautomatisierte Fahren in Stufe 5. Im wissenschaftlichen Diskurs wird mittlerweile bewusst der Ausdruck ›vollautomatisiertes Fahren‹ verwendet, da dieser eine exakt definierte Begrifflichkeit darstellt.

➤ S. 19–22

Big Data: bezeichnet Datenmengen, die sich anhand von vier Aspekten charakterisieren lassen: Volume (Datenumfang), Velocity (Geschwindigkeit, mit der Daten generiert und ausgewertet werden), Variety (Vielfalt der Datentypen und -quellen) und Veracity (Zuverlässigkeit der Daten). Die Auswertung möglichst vieler detaillierter Daten von möglichst großen Bevölkerungsgruppen erlaubt u. a. die zielgruppenorientierte Ausspielung von Werbung, die Kontrolle und Überwachung von Individuen wie auch die Vorhersage ihres zukünftigen Verhaltens per Mustererkennung und Hochrechnung.

➤ S. 19, 87, 153

Chatbot: Ein Chatbot ist ein Software-Agent, der mithilfe Künstlicher Intelligenz automatisiert auf Chat-Fragen antwortet.
➤ S. 160

Chilling effect: bedeutet, Handlungen und persönliche Meinungen, die vom Staat erfasst werden könnten, aus Angst vor möglichen Folgen zu beschränken. Der Europäische Gerichtshof für Menschenrechte bezeichnet mit dem Begriff (staatliche) Maßnahmen, die zu einer Beeinträchtigung der Meinungs- bzw. Pressefreiheit führen können. Staatliche Überwachung ist damit nicht nur im Kontext von Privatsphäre und informationeller Selbstbestimmung zu sehen, sondern auch im Zusammenhang mit den Medienfreiheiten.
➤ S. 39, 51

Clan: Der übliche Ausdruck für Teams, die sich auf ein oder mehrere ausgewählte Online-Spiele spezialisieren, um in Wettbewerben anzutreten. Clans weisen in der Funktionsweise Ähnlichkeiten zu Vereinen auf.
➤ S. 143 f.

Clickworker: In der sogenannten »Human Cloud«, einem digitalen Arbeitsmarkt im Internet, bieten selbstständig Tätige ihr Fachwissen und Können an, um einzelne Tätigkeiten (Mikrojobs) für einen Auftraggeber gegen ein Honorar zu erledigen, beispielsweise das Programmieren einer Homepage, das Layouten von Werbeflyern o. Ä.
➤ S. 195

Computerisierung: steht für den fortschreitenden Einzug von informationstechnischen (IT-)Systemen in den Alltag und die damit einhergehende zunehmende Prägung von Freizeit, Ausbildung und Arbeit durch Rechner und ihre Software. Computer können dabei in Form von Großrechenanlagen, vernetzten Systemen, Einzelterminal-Rechnern (PCs) wie auch mobilen Handgeräten (z. B. Smartphones) auftreten.
➤ S. 84, 226

Cookie: Datensatz, der von einem Webserver erzeugt und über den Webbrowser des Users als Cookie-Datei auf der Festplatte seines Rechners abgelegt wird. Über Cookies können Nutzerprofile generiert werden, indem Informationen darüber gesammelt werden, welche Seiten des Webservers der User abruft und über welche Internetadresse (IP) dies erfolgt ist. Cookies kommen beim User-Tracking (Nutzerverfolgung) zum Einsatz.

➤ S. 45

Counter Speech: engl. für ›Gegenrede‹; bedeutet, dass Menschen aktiv gegen Hass und Hetze online und offline vorgehen. Sie benennen bestimmt, aber freundlich, dass sie Diskriminierungen, Beleidigungen und Herabwürdigungen nicht akzeptieren. Sie bekämpfen Hass nicht mit noch mehr Hass, sondern mit Argumenten, Dialog und respektvollem Umgang.

➤ S. 132

Cyberwar: Hackerangriff durch einen Staat oder ihm zurechenbare Akteure auf fundamentale digitale Systeme, z. B. die Stromversorgung, eines gegnerischen Staates.

➤ S. 180

Dark Ads: ist die Kurzform von »Dark Advertising« und bezeichnet eine Form der Online-Werbung, die nur für eine bestimmte festgelegte Zielgruppe sichtbar ist. Diese Form der Werbung findet sich oft auf Social-Media-Plattformen, die eine Zielgruppenidentifikation ermöglichen.

➤ S. 38

Deep Learning: Der Begriff (dt. ›tiefgehendes Lernen‹) bezeichnet eine spezialisierte Form des maschinellen Lernens mit künstlichen neuronalen Netzen: Durch eine tiefe mehrschichtige Architektur der neuronalen Netze kann sich ein Computer selbst ›Wissen‹ aneignen, indem er durch Versuch und Irrtum ›Erfahrungen‹ sammelt. Das Lernverfahren ist als Schlüsseltechnologie in Hinblick auf den Erfolg Künstlicher Intelligenzen anzusehen.

➤ S. 164

Digitale Ethik: ist ein neuerer Zweig der Angewandten ➤ Ethik, die sich mit computerbasierten, im weitesten Sinne informationstechnischen Phänomenen, Anwendungen und Auswirkungen befasst. Sie sucht nach angemessenen Regeln, Normen und Werten für legitime Haltungen und Handlungsweisen in der ➤ Digitalität. Digitale Ethik eignet sich für individuelle (Mikroebene), organisationale (Mesoebene) wie auch gesellschaftliche (Makroebene) Fragestellungen.

➤ S. 11, 13 f., 16 f.

Digitalisierung: ist der Prozess der ➤ Computerisierung und des damit verbundenen Einzugs informationstechnischer Systeme in sämtliche Bereiche menschlichen Handelns. Im Zuge der Digitalisierung werden viele Tätigkeiten von Grund auf transformiert; ein Beispiel ist die starke Veränderung des Einkaufsverhaltens vieler Menschen in der industrialisierten Welt, die nun in starkem Maße Online-Kaufhäuser nutzen.

➤ S. 19, 25, 223, 226

Digitalität: bezeichnet den Zustand, umfassend in digitalen Lebensumwelten und mit digitalen Anwendungen und Geräten zu leben. Dieser Zustand scheint sich durch die fortschreitende ➤ Digitalisierung weiter zu verfestigen, indem zunehmend mehr Lebens- und Handlungsbereiche in informationstechnische, rechnerbasierte Systeme überführt werden.

➤ S. 11, 13 f., 219

Doxxing: auch »Doxing«, Kurzform von »document tracing«; bezeichnet das Suchen und anschließende Veröffentlichen von persönlichen Daten einer Person mithilfe des Internets. Doxxing wird oft in Verbindung mit Cyber-Mobbing genannt. Aber auch im Kontext von Hate Speech werden Daten von Mitgliedern einer Gruppe veröffentlicht, um sie öffentlich an den Pranger zu stellen oder sie einzuschüchtern.

➤ S. 123

Ethik: ist ein Teilgebiet der Moralphilosophie. Sie befasst sich mit dem menschlichen Handeln und beschreibt außerdem das Bewusstsein, die Grundhaltung, die ein Mensch oder ein Kollektiv einem Sachverhalt gegenüber hat. Ziel der Ethik ist es, sich mit problematischen Fragen der erfahrbaren Realität auseinanderzusetzen und eine Lösung für das Problem zu suchen. Die für die Problemlösung notwendigen Normen handeln Menschen miteinander aus. Ethik ist nach diesem Verständnis also diskursiv. Am Ende ethischen Abwägens steht eine Entscheidung, sich so oder anders einem Sachverhalt gegenüber zu verhalten. Es gibt zahlreiche Strömungen der Ethik, die auf unterschiedlichen Ansätzen beruhen, etwa auf utilitaristischen, pflicht- oder tugendethischen Ansätzen; zudem gibt es themenbezogene Bereichsethiken, die auf diesen grundlegenden methodischen Ansätzen aufbauen, etwa die feministische Ethik, die Umweltethik oder die ➤ Digitale Ethik.

➤ S. 9–11

Free2Play: Als »Free2Play« werden Videospiele bezeichnet, die der Nutzer aus dem Internet gratis beziehen kann. Der für die Programmierung entstandene Aufwand wird meist durch Werbung oder implementierte Bezahlmodelle gedeckt.

➤ S. 138–140

Gatekeeper: engl. für ›Torwärter‹; bezeichnet in der Kommunikationswissenschaft eine Instanz im Informations- und Meinungsbildungsprozess, die beeinflusst, welche Informationen ausgewählt und dargestellt werden. In der Regel sind damit Journalisten gemeint, die Informationen für ihre Massenmedien auswählen.

➤ S. 110, 114

Gilde: Innerhalb der ➤ MMORPG-Welten spricht man nicht von Clans, sondern von Gilden. Damit sind große Interessensverbände vereint, die innerhalb der Spielwelt selbstgesteckten Zielen nachgehen.

➤ S. 143 f.

Human Cloud: ➤ Clickworker

Humanoide: Humanoide Roboter sind Maschinen, die eindeutig als Maschinen zu erkennen sind, allerdings menschliche Züge verliehen bekommen haben, zumeist durch eine körperliche Gestalt mit Rumpf und Greifwerkzeugen, die an Arme erinnern, wie auch einem Kopf mit Gesicht. Zudem sind Humanoide häufig zu eingeschränkter Kommunikation und Gestik fähig.

➤ S. 182 f.

Hypertrophie: Hypertrophie bezeichnet in der Medizin die (krankhafte) Vergrößerung eines Gewebes oder Organs durch Zellvergrößerung. Im datenschutzrechtlichen Kontext ist damit der Vorwurf einer zu starken und letztlich nicht praxisorientierten Datenschutzregulierung verbunden.

➤ S. 46

Künstliche Intelligenz: kurz KI; beschreibt Systeme, die Daten verarbeiten und auswerten, um ein vorgegebenes Ziel zu erreichen. KI-basierte Systeme können rein softwarebasiert (z.B. Sprachassistenten, Suchmaschinen) oder in Hardwaregeräte eingebettet sein (z.B. Roboter, automatisierte Autos). Nach aktuellem Stand existieren nur solche KIs, die Menschen in spezifischen Anwendungsgebieten unterstützen (sogenannte schwache KIs). Eine KI, die Intelligenz oder Bewusstsein besitzt (starke KI), ist bislang nicht realisiert worden. Ob Letzteres überhaupt möglich ist, ist umstritten.

➤ S. 19, 153 f., 156

LAN-Party: LAN steht für Local Area Network. Gegen Ende der 1990er-Jahre vernetzten die Spieler ihre Computer bei lokalen

Events, um miteinander zu spielen. LAN-Partys finden seit dem Aufkommen flächendeckender Breitband-Internetanschlüsse und Flatrates immer seltener statt und sind heute nur noch im professionellen eSport-Bereich als sportliche Großereignisse üblich.

➤ S. 141

Lifelogging: ➤ Self-Tracking

Lootbox: Frei übersetzt handelt es sich bei einer Lootbox um eine Schatzkiste. In Videospielen sind damit kauf- oder freischaltbare Kisten gemeint, die gegen ein Entgelt geöffnet werden können. Sie enthalten virtuelle Gegenstände.

➤ S. 140 f.

Massenmedien: sind Mittel zur öffentlichen Verbreitung von Inhalten vielfältiger Art, die mit einer gewissen Regelmäßigkeit oder Dauerhaftigkeit angeboten werden und sich an größere Zielgruppen richten. Zeitungen, Zeitschriften, Bücher und Plakate zählen dabei zu den Printmedien, Hörfunk, Fernsehen und Onlinedienste zu den elektronischen Medien.

➤ S. 84, 226

Master-Slave-Modell: Das Master-Slave-Modell bezeichnet eine hierarchisch strukturierte Beziehung, bei der ein Akteur die Rolle des »Masters« (Herrschers) und ein Akteur die Rolle des »Slaves« (Knechts) einnimmt. Der Begriff wird häufig in Bezug auf die Mensch-Maschine-Beziehung verwendet, wobei der Mensch klassischerweise die Position des Masters einnimmt, der sich der Maschine als Werkzeug bedient. Die Rollen könnten aber auch umgekehrt besetzt sein, wie es in Science-Fiction-Filmen oft thematisiert wird.

➤ S. 164

Meme: schlagwortartige Aussagen in Bild- oder Videoform, die darauf ausgelegt sind, eine hohe Verbreitung (im Netz) zu finden. Mittlerweile fester Bestandteil der Netzkultur. Zunehmend durch Schnelllebigkeit und Tendenz zum »Insider-Witz« geprägt, der Durchschnittsnutzer ausgrenzen soll. Zum Teil bewusst grenzüberschreitend und provokant.

➤ S. 122

Microtargeting: ist eine in politischen Kampagnen und Direktmarketing verwendete Kommunikationsstrategie, die Menschen mit auf sie zugeschnittenen Inhalten anspricht. Ziel ist die Beeinflussung der Einstellung und des Verhaltens von Wählern und Kunden.

➤ S. 38

MMORPG: Es handelt sich um ein Massively Multiplayer Online Role-Playing-Game, also ein Videospiel, in dem hunderte oder tausende von Spielern gleichzeitig miteinander interagieren und durch ihre Spielfiguren soziale Rollen in der virtuellen Gesellschaft annehmen.

➤ S. 136, 138, 143

Neuro-Enhancement (Hirndoping): bezeichnet die Nutzung von verschreibungspflichtigen Substanzen zur Steigerung der geistigen Produktivität und Leistungsfähigkeit.

➤ S. 92

Overton-Fenster: Das Overton-Fenster (auch: Overton-Window) ist ein Modell des amerikanischen Wissenschaftlers Joseph P. Overton, mit dem der politisch zulässige Handlungsrahmen zu einem bestimmten Thema abgebildet werden soll. Overton behauptet, dass neben der Vielzahl an möglichen politischen Positionen nur wenige, die nahe links und rechts vom Mainstream einzuordnen sind, auch von der Öffentlichkeit akzeptiert werden. Um extreme Positionen salonfähig zu machen, also das Fenster weiter zu öffnen oder zu verschieben, müsse man dafür sorgen, dass diese Positionen verstärkt thematisiert werden und damit im »Mainstream-Diskurs« ankommen. Ziel ist es dabei, die sogenannten Grenzen des Sagbaren zugunsten der eigenen Sache zu verschieben.

➤ S. 126

Pay2Win: wird als Ausdruck für Monetarisierungsmodelle in Videospielen benutzt, in denen sich Nutzer spielerische Vorteile erkaufen können und dadurch anderen Spielern überlegen sind.
➤ S. 138, 140

Privacy Paradox: Das Privacy Paradox (auch: Privatheitsparadoxon) bezeichnet scheinbar widersprüchliche Verhaltensweisen vieler Internetnutzer: Die Nutzer geben einerseits an, dass ihnen der Schutz der Privatsphäre wichtig sei, andererseits geben sie eine Vielzahl zum Teil auch sensibler Informationen (Standort, private Fotos, Angaben über den Gesundheitszustand) freiwillig im Netz preis.
➤ S. 45

Quantified Self: Der Begriff beschreibt die permanente Selbstvermessung mithilfe von Technik, um mehr über sich selbst zu erfahren – ganz nach dem Motto: »Selbsterkenntnis durch Zahlen«. Aktivitäten und Gesundheitsdaten werden mit Geräten und Applikationen aufgezeichnet, sodass Wissen generiert wird, das zur Optimierung des Lebensstils und Verhaltens beitragen soll.
➤ S. 97

Scoring: Unter Scoring bzw. Screening fallen Klassifizierungspraktiken, die Menschen anhand bestimmter Kriterien oder Merkmalskombinationen mathematisch-statistisch bewerten oder einteilen. Dem Verfahren liegt die Annahme zugrunde, dass das Verhalten einer Person durch eigene vergangene digitale Handlungen oder durch die *anderer* Personen vorhergesagt werden kann, sofern die Kriterien und Merkmalskombinationen der anderen Personen mit jener Person übereinstimmen. So werden anhand der Datensätze fremder Personen Zukunftsprognosen für die Bewertung einer bestimmten Person abgeleitet.
➤ S. 103

Self-Tracking: Unter Self-Tracking oder ➤ Lifelogging versteht man die freiwillige Erhebung und Sammlung von Messwerten, die die eigene Person betreffen. Durch das Protokollieren verschiedener Aspekte des eigenen Lebens sollen Ziele wie Leistungsverbesserung in Sport und Arbeit erreicht werden.

➤ S. 90, 102–104

Social Bots: ist eine bestimmte Art von ➤ Chatbot, die in sozialen Netzwerken automatisch Nachrichten generiert und als Follower oder Fake Account vortäuscht, ein Nutzer zu sein. Social Bots werden für Marketing- oder Propagandazwecke eingesetzt, um öffentliche Debatten zu beeinflussen, indem sie sich zu bestimmten Twitter-Hashtags oder auf Facebook-Profilen äußern und so eine Meinungsmehrheit vortäuschen, die nicht wirklich existiert.

➤ S. 110 f.

Social Media: dt. ›soziale Medien‹; ist der Oberbegriff für digitale Anwendungen, die die Vernetzung von Menschen ermöglichen und stark auf personalisierten Inhalten beruhen. Grundvoraussetzung für die Teilnahme ist die Erstellung eines eigenen Profils, über das man mit anderen Teilnehmern in Kontakt tritt und auf dessen Pflege viele Menschen großen Wert legen. Die bekanntesten Social-Media-Plattformen der Gegenwart sind Facebook, Instagram, Snapchat und Twitter, ebenso Dating- und Flirting-Portale sowie Videoplattformen wie YouTube. In Social Media werden täglich sehr große Datenmengen produziert (➤ Big Data), die von den Betreibern der Plattformen ausgewertet werden.

➤ S. 78, 80, 88, 228

Vernetztes Fahren: Vernetztes Fahren meint die verschiedenen Möglichkeiten, die sich in Zukunft durch die Informationstechnologie bieten, um verschiedene Verkehrsteilnehmer und Transportmittel miteinander zu vernetzten und diese gegenseitig Informationen austauschen zu lassen. Car2Car-Communication bezeichnet dabei die Optionen, die die Vernetzung von Automobilen untereinander beschreiben. Vernetzte Fahrzeuge können dadurch beispielsweise wissen, wann das Fahrzeug vor ihnen bremst und schneller den eigenen Bremsvorgang einleiten. Die Car2X-Communication umfasst die Vernetzung zwischen Automobilen mit sonstigen Verkehrsteilnehmern oder der Infrastruktur. Beispielsweise können in Zukunft Verkehrsleitsysteme oder Ampeln mit Fahrzeugen kommunizieren; oder die Verkehrsplanung einer Stadt könnte eine grüne Ampelwelle für Busse erzeugen, damit diese ihren Fahrplan besser einhalten können.

➤ S. 206, 212, 215

Wearables: am Körper getragene Computersysteme, die auf den Nutzer bezogene Daten sammeln und verarbeiten. Zu Wearables zählen z. B. Smartwatches, Fitnessarmbänder und digitale Brillen.

➤ S. 91, 101, 103

Die Autorinnen und Autoren

Alle Autorinnen und Autoren sind bzw. waren Mitarbeiterinnen und Mitarbeiter des Instituts für Digitale Ethik (IDE) an der Hochschule der Medien in Stuttgart. Das IDE wurde 2014 von Prof. Dr. Petra Grimm, Prof. Dr. Tobias O. Keber und Prof. Dr. Oliver Zöllner gegründet und widmet sich als Forschungsinstitut und Dialogforum den gesellschaftlichen Herausforderungen der Digitalisierung. Weitere Informationen zum IDE und aktuellen Forschungsprojekten finden Sie unter: www.digitale-ethik.de.

Petra Grimm, Prof. Dr., ist Professorin für Medienforschung/ Kommunikationswissenschaft an der Hochschule der Medien in Stuttgart und Ethikbeauftragte der Hochschule. Nebenbei hat sie Mitgliedschaften im Rundfunkrat des SWR, in der AG Big Data der Nationalen Akademie der Wissenschaften Leopoldina, im Forschungsbeirat des Bundeskriminalamtes und in der Fachgruppe »Kommunikations- und Medienethik« der Deutschen Gesellschaft für Publizistik- und Kommunikationswissenschaft inne. Sie ist Trägerin des Landeslehrpreises Baden-Württemberg und (Mit-)Herausgeberin der Medienethik-Schriftenreihe. Ihre Arbeitsschwerpunkte sind Digitalisierung der Gesellschaft, Ethics and Privacy by Design, Mediennutzung von Kindern und Jugendlichen sowie Medien und Gewalt.

- Kapitel 1 (mit Tobias O. Keber und Oliver Zöllner): Digitale Ethik: Positionsbestimmung und Perspektiven
- Kapitel 2: Privatheit – ein digitales Schutzgut?
- Kapitel 6 (mit Nadine Hammele): Das optimierte Ich: Mit Selbstvermessung und Selbstinszenierung zum Glück?
- Kapitel 10 (mit Nadine Hammele): Künstliche Intelligenz: Was bedeutet sie für die Autonomie des Menschen?

Nadine Hammele, M. A., studierte Betriebswirtschaftslehre (B. A.) an der Dualen Hochschule Baden-Württemberg sowie Werbung und Marktkommunikation (B. A.) und Unternehmenskommunikation (M. A.) an der Hochschule der Medien in Stuttgart. Im IDE ist sie als Projektmitarbeterin in Forschungsprojekten tätig und schreibt ihre Doktorarbeit über Künstliche Intelligenz im Film. Ihre Arbeitsschwerpunkte sind Ethics by Design in autonomen Fahrzeugen und narrative Analysen.

- Kapitel 6 (mit Petra Grimm): Das optimierte Ich: Mit Selbstvermessung und Selbstinszenierung zum Glück?
- Kapitel 10 (mit Petra Grimm): Künstliche Intelligenz: Was bedeutet sie für die Autonomie des Menschen?

Clarissa Henning, M. A., studierte Neuere Deutsche Literatur- und Medienwissenschaft, Psychologie und Deutsche Sprachwissenschaft an der Justus-Liebig-Universität Gießen und Christian-Albrechts-Universität zu Kiel. Am IDE sind ihre Arbeitsschwerpunkte als Wissenschaftliche Mitarbeiterin die Mensch-Maschine-Interaktion, Digital Literacy, Arbeit 4.0 und Big Data. In Ihrer Dissertation forscht sie zum Thema »Die Konstruktion von Jugend im Film«. Sie ist gewähltes Mitglied der medienpolitischen Kommission des Katholischen Deutschen Frauenbunds (KDFB).

- Kapitel 11: Nummer 5 lebt! Kriegs-, Pflege- und Sexroboter unter der Lupe
- Kapitel 12: Arbeit 4.0: Zurück in die Zukunft

Tobias O. Keber, Prof. Dr. iur., ist Professor für Medienrecht und Medienpolitik an der Hochschule der Medien Stuttgart und Lehrbeauftragter für Internetrecht im Masterstudiengang Medienrecht am Mainzer Medieninstitut an der Johannes Gutenberg-Universität Mainz sowie Vorsitzender des Wissenschaftlichen Beirats der Gesellschaft für Datenschutz und Datensicherheit (GDD). Die Arbeitsschwerpunkte von Herrn Keber sind internationale Aspekte des Rechts der Neuen Medien, Regulierung und Internet sowie Digitale Ethik.

- Kapitel 1 (mit Petra Grimm und Oliver Zöllner): Digitale Ethik: Positionsbestimmung und Perspektiven
- Kapitel 3: Datenschutz(recht) – Persönlichkeit als Handelsware?

Susanne Kuhnert, M. A., studierte Philosophie, Interkulturelle Kommunikation und Neuere Deutsche Literatur an der Ludwig-Maximilians-Universität in München und ist als Projektmitarbeiterin am IDE in Forschungsprojekten tätig. Ihre Forschungsschwerpunkte liegen im Bereich der Privatheit, der Technikethik, Ethics by Design sowie der Informationsphilosophie und der Sicherheitsethik. Sie schreibt momentan an ihrer Dissertation zum Themenfeld Privacy by Design aus einer ethischen Perspektive.

- Kapitel 4 (mit Tino Wagner): Zur Sicherheit? Überwachung, Transparenz und Kontrolle
- Kapitel 13: Mobilität der Zukunft: Automatisiertes und vernetztes Fahren

Karla Neef, Dipl.-Medienw., studierte Medien-Planung, -Entwicklung und -Beratung an der Universität Siegen und der University of Ulster (UK) und ist seit 2003 Wissenschaftliche Mitarbeiterin an der Hochschule der Medien in Stuttgart. Im IDE sind ihre Arbeitsschwerpunkte die Medien- und Digitalkompetenzförderung, Privatheit, Learning Analytics und die Qualität von Medieninhalten.

- Kapitel 7: Fake News überall?

Matteo Riatti, Dr., hat an der Universität Passau European Studies (B. A. und M. A.) studiert und parallel den Studiengang der Sprach- und Textwissenschaften (B. A.) abgeschlossen. Er ist als Projektmanager an der Hochschule der Medien Stuttgart tätig und unterstützt das IDE in Forschungsprojekten. 2018 promovierte er mit einer medienwissenschaftlichen Arbeit zur Remediation von Genres in Videospielen an der Universität Passau. Er forscht vorwiegend zu Themenbereichen der Game Studies, der Spiel- und Sportsoziologie und der Digitalen Ethik.
- Kapitel 9: Game on, Game over: Acht ethische Diskurse rund ums Videospiel

Tino Wagner, M. A., studierte Philosophie an der Hochschule für Philosophie in München, wo er seit 2016 Promotionsstudent ist. Am IDE arbeitet er als Projektmitarbeiter in Forschungsprojekten. Zudem ist er ehrenamtlich in der Gewerkschaft ver.di als Referent in der Jugendbildung sowie als Betreuer des zem::dg-Projekts Das NETTZ tätig, das als Vernetzungsstelle gegen Hate Speech fungiert.
- Kapitel 4 (mit Susanne Kuhnert): Zur Sicherheit? Überwachung, Transparenz und Kontrolle
- Kapitel 8: Verletzungen und Übergriffe: Cyber-Mobbing und andere Formen von Online-Gewalt

Oliver Zöllner, Prof. Dr., ist seit 2006 Professor für Medienforschung und Mediensoziologie an der Hochschule der Medien Stuttgart sowie Honorarprofessor für Kommunikations- und Medienwissenschaft an der Heinrich-Heine-Universität Düsseldorf. Er leitet das Hochschulradio Stuttgart und ist Mitglied im redaktionellen Beirat der deutschen Ausgabe des »Global Media Journal«. Seine Arbeitsschwerpunkte sind Methoden der empirischen Ethikforschung, Privatheit und Überwachung,

Public Diplomacy, Nation Branding, Bildanalyse und kollektive Identitäten.

- Kapitel 1 (mit Petra Grimm und Tobias O. Keber): Digitale Ethik: Positionsbestimmung und Perspektiven
- Kapitel 5: Der zwanglose Zwang des »Always on«
- Kapitel 14: Haltung im digitalen Zeitalter: Wie wir der Welt begegnen